KB156802

비판적 4·3 연구 **2**

속삭이는
내러티브

비판적 4·3 연구 ❷

속삭이는 내러티브

2024년 3월 15일 초판 1쇄 발행

엮은이 고성만 **펴낸이** 김영훈 **편집장** 김지희 **디자인** 김영훈 **편집부** 이은아, 부건영
펴낸곳 한그루 **출판등록** 제651-2008-000003호 **주소** 제주특별자치도 제주시 복지로1길 21
전화 064-723-7580 **전송** 064-753-7580 **전자우편** onetreebook@daum.net **누리방** onetreebook.com

ISBN 979-11-6867-157-7 (03300)

저작권법에 따라 보호를 받는 저작물입니다.
어떤 형태로든 저자 허락과 출판사 동의 없이 무단 전재와 복제를 금합니다.
잘못된 책은 구입하신 곳에서 교환해 드립니다.

값 18,000원

이 책의 본문은 친환경 재생용지를 사용했습니다.

비판적 4·3 연구 ❷

장은애
허민석
송혜림
고성만
김상애

속삭이는 내러티브

고성만 엮음

한그루

두 번째,
비판적 4·3 연구를
열어가며

4·3 특별법이 제정 21년 만에 전부 개정되면서 '진상규명'과 '명예회복' 실현에 초점을 맞춘 혁신적인 조항이 신설, 보강됐다. 그 가운데서도 보상과 재심, 가족관계 관련 조항은 매년 보완 입법을 통해 '완전한 해결', '정의로운 해결' 담론을 강화하는 데 핵심적으로 역할하고 있다. '해결' 운운하는 시대가 성큼 다가오면서 '희생자·유족' 중심주의에 입각한 과제가 최우선으로 선별되고 발 빠르게 착수되는 등 머지않아 '해결' 선포식 같은 대형 이벤트를 상상하는 일도 불가능하지 않게 됐다.

'해결' 가능성은 어떠한 조건에서 타진되며, 어떠한 상태에 이르렀을 때 공표되는 것일까. 법률에 명시된 목적, 세목화된 의제가 달성됐을 때 이루어지는 것일까. '해결'의 시간적, 공간적 범위는 어떻게 설정되며 그 주체와 대상은 누구인가. 그러할 때 논의의 장에 참여할 자격은 누구에게 어떻게 부여되는가. 그리고 그러한 판단이나 거기에 이르기까지의 합의는 어떻게 이루어지는가.

한편, '해결' 이후의 사회에서는 어떠한 질문이 가능 혹은 불가능, 필요 혹은 불필요해질까. 어떠한 보이지 않는, 들리지 않는 상황이 연장되거나 새롭게 추가될까. '해결' 공표 이후에는 필요 없어질 질문, 혹은 그때까지 더 집요하게 캐물어야 할 질문은 무엇일까. 그러할 때 4·3 연구는 '해결'의 산물들을 어떻게 비평적으로 분석하고, 생존자·유족의 생활세계 가까이서 어떠한 자세로 그들의 목소리를 경청하며 기록해야 할까.

4·3 연구의 질문이 동시대성을 갖추되 당대적 요청에 비판적으로 응답해야 한다는 지적은 더 이상 새롭지 않다. 4·3 연구의 추이와 성과를 점검하고 방향성을 가늠하는 근래의 연구들에서도 새로운 과제를 탐색하기 위한 시도로서 4·3의 현재성에 주목한다.

그 가운데서도 박찬식은 "당시의 상황을 실증적으로 확인하는 역사주의적 접근 방식의 유효성"을 지적하면서도 "4·3이 미친 정치·사회·경제·문화적 영향에 대한 분석도 제주 현대사를 연구하는 데 필수적"이며 이는 "문화사적 시각과 해석, 감성 체계의 도입을 통한 새로운 해석"을 통해 가능하다고 강조한다.[1] 허호준 역시 지역적 틀을 뛰어넘어 보편성을 확보하기 위한 시도로서 국내적, 국제적 차원으로의 연구 영역 확대가 필요하며, 집단 기억에 대한 사

회심리학적 분석의 중요성을 지적한다.[2]

제주 사람들에게 가해졌던 이중적 억압구조와 그에 대한 주체적 저항의 실체를 파악하기 위해서는 한국 사회에 뿌리 박힌, 심지어 소장 학자들의 4·3 연구에도 적용되는 레드컴플렉스를 뛰어넘어야 한다는 양정심의 통찰이나,[3] 국가 주도로 쓰인 제주 개발사에서 4·3의 폭력성을 읽어 낸 김동현이 4·3에 대한 인식의 지평을 넓히기 위해서는 저항의 기억을 소거시키는 로컬리티의 폭력적 재편성을 직시해야 한다는 분석[4] 모두 당대의 소임과 책무에 조응하려는 시대정신과 연구 질문에 바탕을 두고 있다.

연구자들의 견해처럼, 4·3 연구에서 필요한 질문은 현실 세계에서 벌어지는, 혹은 예견되는 현상과 관계를 맺고 문제를 직시할 때 더 탄력적으로 모색될 수 있지 않을까. 우리의 4·3 연구 역시 자기 주제에 대한 탐색적 질문을 통해 연구 세계를 독창적으로 일구어 나가면서도 동시에, 현대 사회의 다양한 변화를 시야에 두며, 특히 '해결' 전야 곳곳에서 벌어지는 현상에 비판적으로 개입하고 분석하려는 시도를 병행해야 하는 것은 아닐까.

4·3 연구의 계보를 거슬러 올라가다 보면 김민주 등과 함께 1세대 연구자로 역사학자 김봉현이 위치한다. 최초의 연구서로 평가되는 『제주도 인민들의《4·3》무장투쟁사: 자료집』(1963)[5]과 『제주도

혈의 역사-4·3 무장투쟁의 기록』(1978)[6]이 학살 이후 한 세대 지나지 않은 시점에, 일본에서, 발표될 수 있었던 배경에는 그의 끈질긴 집념과 노력이 있었다.

흩어진 기록을 모아 전사(全史)를 재구성하는 작업에서 그가 가장 역점을 두었던 것은 '광범위한 재일 제주 동포로부터 들은 증언에 따라 상황을 충실히 밝히는' 일이었다.[7] 일본 전역으로 사라져버린 사람들을 찾아 체험담을 청해 듣고 자료를 수소문하는 일은 사람과 정보의 이동이 지금처럼 빈번하지 않았던 당시에 그가 구사할 수 있었던 유일한 연구 방법이었다. 밀항선에 의지해 일본으로 잠입해 들어온, 자신과 다를 바 없는 처지의 인터뷰이들은 그의 4·3 연구가 상상력과 실증력을 갖추는 데 없어서는 안 될 존재였던 것이다. 파편화된 기억을 찾아 그는 무엇을 경유하여 어디서 어떻게 사람들을 만나 4·3과 그 이후의 제주를 추체험했을까. 무엇을 듣고, 무엇을 듣지 못한 채 4·3을 재구성했을까.

1947년 3·1 사건에 연루했다는 혐의로 수배선상에 오르자, 관 속에 숨어 도피했던 그가 오사카에 안착할 때까지의 여정, 그곳에서 맞닥뜨린 위기 상황과 소소한 실패들, 그에 맞선 궁리와 분투 노력이 책 전면에 드러나지는 않는다. 그러나 밀항해 온 제주 사람들과 자신의 처지를 겹쳐 읽어 냄으로써 비로소 일단락 맺을 수 있게 된 그의 4·3 연구를 통해 우리는 그 바탕에 재일성(在日性)이 뿌리 깊게 자리하고 있음을 깨닫게 된다. 4·3 연구의 토대에는 이처럼 고도성 장기 일본 사회 속 제주 출신 밀항자에 대한 복합적인 이해와 배려가 바탕에 깔려 있고, 초창기 4·3 연구를 파악하는 데에도 그러한 맥락과 정황에 대한 이해가 필수적으로 요청된다.

필자들의 연구는, 4·3 특별법에 토대를 둔 과거사 해결이 '역사의 도도한 흐름'으로 정착되는 시기에 시작되었다는 공통점이 있다. "죽은 자들은 말이 없고 산 자들은 더 말이 없는"[8] 시대를 지나 많은 말들이 사방에서 분출하는 시대. 경험, 관계를 터부시하는 시선과 억압을 피해 말을 숨기거나 비트는 시대가 아닌, 당당한 말들이 넘쳐 나는 시대이기도 하다.

그러한 환경에서 필자들은, "연구가 나에게, 4·3에 어떤 의미인가?"와 같은 자기 반영적 질문을 구체화하고 4·3(의 유산)과 관계 맺는 방식을 익히며 각자의 자리에서 고뇌와 성찰을 거쳐왔다. 최근에는 '청산'과 '해결'이 임박했다는 신호가 곳곳에서 감지되면서 법과 제도, 정책의 변화, 그에 따른 사람들의 태도와 감정을 냉철히 관찰하고 분석해야 할 문제의식도 시야에 넣게 됐다.

이번 『비판적 4·3 연구』가 문학과 영상, 증언과 기록, 여성과 가족·친족에 관한 글로 엮이게 된 것은 포스트 '희생자' 시대를 목전에 둔 시점에서 그 자체로 시대상을 반영하는 현상일지 모른다. 그

가운데서도 여성을 행위자로 하는 학살 이후의 세계가 각 장마다 등장한다는 점에서, '여성'은 이번 『비판적 4·3 연구』의 공통된 관심 주제라 할 수 있다.

'여성의 목소리가 들리지 않는다.'는 목소리가 곳곳에서 들리고, 때로는 그러한 목소리로 인해 더 들리지 않게 되고, 여러 다양한 방식을 도입하여 존재를 발견하고 전파를 모색하는 때이지만, 필자들의 관심은 단순한 수집과 전시에 있지 않다. 그보다는 내셔널리즘, 남성 중심주의와 가부장성, 신고주의와 실증주의, 인정투쟁, 정상가족 이데올로기 같은 '청산'과 '해결'을 지탱해온 논리와 거기에 번롱되는 그녀들의 역사와 현실, 연대와 저항 가능성에 대한 비평적 분석을 추구한다. 그 점에서 필자들의 문제의식은 '청산', '해결' 담론과 긴장을 일으키며 팽팽하게 맞선다.

지난해 『비판적 4·3 연구』 서문에서 밝힌 "알량한 자존심과 능력 부족으로 변변찮은 고료조차 마련하지 못하는 상황"[9]은 올해도 개선되지 못했다. 한편 다른 마음으로는, 공적 자금의 지원 없이는 운동도 연구도 채택되지 못하고, 그래서 발견도 되지 못한 채 없는 것으로 여겨지는 현실에서 보란 듯이 책을 엮어 독자들과 만나고 싶었다. 그러나 돌이켜 보면 그것은 필자들의 헌신 없이 불가능한 일이었다. 더군다나 필자들은 두 번째 『비판적 4·3 연구』의 방향성을 구체화하기 위해 폭염이 한창이던 2023년 7월에 모여 원고를 같이 읽고 수정 방향을 구상했으며 독자들에게 좀 더 친숙하게 다가가기 위해 고쳐쓰기를 반복했다. 그 결과 초출(初出)에서 짧게는 2천 자, 많게는 2만 자를 추가로 집필했고, '에필로그'와 '필자 소개'도 새롭게 덧붙일 수 있었다.

장은애 선생님, 허민석 선생님, 송혜림 선생님, 김상애 선생님께는 더 세련된 기획과 안정감 있는 환경으로 귀한 문장을 엮지 못해 송구한 마음이 크다. 4·3 연구하는 설렘을 새로 깨닫게 해준 진지한 벗들에게 글로는 다 담지 못하는 존경과 감사의 마음을 전한다.

책이 대중의 관심과 기호에서 멀어져 가는 세태 속에 두 해 연속 『비판적 4·3 연구』가 출판될 수 있었던 것은 한그루의 결단 없이 불가능한 일이었음을 밝힌다. 해가 갈수록 쌓여 가는 빚을 어찌 갚을지, 갚을 수는 있는 것인지 난감해할 때마다 되레 "앞으로도 10권 이상은 더 내야 한다."는 격려를 해주셨다. 시류에 과감히 역행하는 한그루가 울창한 숲을 이루기까지, 두근거리는 마음으로 그 여정에 함께하고 싶다. 김영훈 대표님, 김지희 편집장님을 비롯한 한그루 구성원들에게 필자들을 대신하여 깊이 감사드린다.

2024년 2월, 엮은이

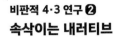

비판적 4·3 연구 ❷
속삭이는 내러티브

『화산도』의 여성주의적 독해:

4·3에서 여성의 목소리를 듣는다는 것

장은애

국민대학교 한국어문학부 강사

이 장은 필자의 「『화산도』의 여성주의적 독해-여성 목소리의 시작점과 합류점을 찾아서」(『여성문학연구』 55, 한국여성문학학회, 2021, 242-283쪽)를 가필·수정한 것이다.

『화산도』의 여성주의적 독해:

4·3에서 여성의 목소리를 듣는다는 것

0. 『화산도』 길잡이: 작품 및 인물 소개를 중심으로

작품 소개

자이니치(在日) 작가 김석범의 대하소설 『화산도』는 해방 이후 미군정 지배하의 한반도와 제주도를 배경으로 4·3으로 불리는, 미군정 지배와 5·10 단선에 대한 반대를 주장하며 일어난 제주도민의 무장봉기를 서사화한다. 소설은 1948년 2월 말부터 제주도에 대한 무력진압이 본격화하기 직전인 1949년 6월까지를 시간적 배경으로 다룬다. 이처럼 『화산도』는 4·3의 비극성이 최고조에 달했다고 평가되는 중산간 지역 초토화 작전이 전개되던 시기를 형상화하는 대신, 중산간 지역 초토화 작전 개시 직후까지를 소설의 시간적 배경으로 한정함으로써 4·3의 배경과 발생 원인을 파악하는 데 집중한다.

이때 『화산도』에서 4·3에 대한 비판적 인식을 개진하는 인물은 이방근이다. 그는 일본의 식민지 지배 당시 사상범으로 투옥되었다가 전향 후 병보석으로 풀려난 이력이 있는 인물로, 해방 후에는 일신상의 이유 때문에 허무주의적 태도를 취한다. 이방근은 무장봉기에 가담하지는 않지만 무장봉기의 당위에 심정적으로 공감한다. 소설은 4·3이 전개되는 과정에서 이방근이라는 인물을 중심으로 남승지, 박산봉, 부엌이, 유달현, 양준오 등 여러 인물과 이방근이 맺는 다양한 관계 양상에 주목한다. 나아가 이 과정을 통해 4·3의 의미를 입체적으로 조명한다.

이때 이방근의 허무주의적 태도 및 현실 인식은 4·3에 대한 비판적 거리를 확보하게끔 하는 인식론적 기반이 된다. 이방근의 인식을 통과한 4·3은 4·3에 대한 통상의 해석을 초과하는 양상을 보인다. 가령 이방근이 무장봉기 세력의 교조주의와 무모함을 비판하면서 하산한 게릴라들이 일본으로 밀항할 수 있도록 도울 때, 이는 표면적으로 무장봉기에 대한 부정의 형식처럼 보이지만 조직의 바깥에서 자유에 기반한 저항의 방법론을 모색했다는 점에서 무장봉기의 한계를 보완하는 혁명적 실천이라고 볼 수 있다.

소설은 남한에 이승만 정부가 수립되고 제주도에서의 중산간 지역 토벌 작전이 본격화한 이후인 1949년 6월 무렵을 배경으로 이방근이 자살하면서 끝을 맺는다. 이러한 결말은 현실의 4·3을 고려하면 언뜻 비관적 전망을 드러내는 것처럼 보인다. 그러나 이방근이 죽기 직전까지 몰두했던 4·3의 정의(正義)를 둘러싼 윤리적 질문과 4·3으로 인한 인명 피해를 만회하기 위해 도모했던 구체적 실천이 현실에서는 실현되지 못한 4·3의 혁명적 국면을 드러나게 한다는 점을 고려한다면, 4·3에 내재한 미완의 혁명적 전망을 『화산도』의 유산으로서 계승할 필요성이 제기된다.

『화산도』는 일본의 식민지 지배와 해방 이후 냉전 구도 속에서 반공국가의 성립으로 귀결되는 대한민국 근현대사에 대하여 그 출발점으로서 4·3의 의미를 조명하는 텍스트이다. 이처럼 4·3을 조망함에 있어 시공간적 범위를 확대함으로써 4·3 당시 서북청년단의 잔학성과 이승만 정권의 폭력성을 제주도민에 대한 탄압 그 이상의 의미를 내포하는 문제적 상황으로 재구성할 수 있다.

또한 『화산도』는 해방공간의 정치적 가능성을 적극적으로 타진해 볼 수 있게끔 하는 텍스트이다. 소설은 4·3을 그리되 피해와 고통의 재현에 머무르지 않는다. 또한 4·3의 복잡성을 좌우익의 대립과 갈등 구도로 단순화하지 않으며 빨갱이 폭동이나 양민 학살 등의 레토릭으로 환원하지도 않는다. 그 대신 4·3의 혁명적 가능성을 조명하는 서사적 구성을 통해, 여러 정치적 가능성이 열려 있었던 해방공간을 배경으로 민중의 주도하에 '새로운 나라'의 몸피를 만들고자 했던 혁명적 실천으로서의 4·3의 의미를 재발견할 수 있게끔 한다.

인물 소개

『화산도』에 등장하는 여러 인물은 기본적으로 4·3에 대한 인식과 태도 등에 따라 그룹을 설정할 수 있다. 그랬을 때 『화산도』의 중심인물이라고 할 수 있는 이방근을 중심으로 주요 인물에 대한 관계도를 〈그림 1〉과 같이 정리하고자 한다.

먼저 『화산도』에서 이방근의 여성 편력은 연애 사건 그 이상의 의미를 지닌다. 소설은 개성적인 여성 인물들과 이방근이 맺는 다양한 관계를 통해 4·3의 다층적 양상을 그려낸다. 여동생인 이유원과 이방근의 관계는 자신의 계급적 한계를 자각하고 독립 주체로서 나아가려는 이유원과 이방근의 갈등을 통해 계급 혁명으로서의 4·3의 의미를 생각해 보게끔 한다. 한편 중산간 지역 출신 하녀 부엌이와 유산 계급 지식인인 이방근의 성적인 관계 속에서 4·3의 주체인 제주 민중에 대하여 보다 정치한 인식과 사유를 전개할 수 있다. 다음으로 해방공간이 이념과 정치적 지향에 따라 명확하게

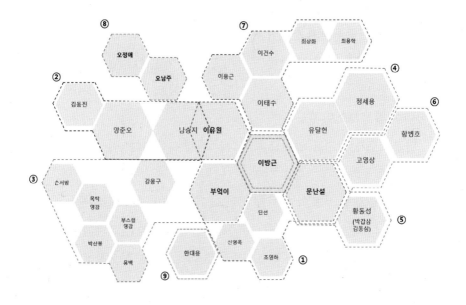

① 이방근과 여성들(이방근, 부엌이, 이유원, 문난설, 단선, 신영옥 등)

② 지식인 계열 그룹(남승지, 양준오, 김동진 등)

③ 제주 민중 그룹(부엌이, 강몽구, 부스럼 영감, 목탁 영감, 손서방, 박산봉, 용백 등)

④ 4·28 평화회담 결렬 주범(유달현, 정세용 등)

⑤ 좌익 선전지 〈국제통신사〉 관련 그룹(문난설, 황동성 등)

⑥ 서북청년단 관련 그룹(문난설, 고영상, 함병호)

⑦ 중도적(기회주의 / 실용주의 / 회의주의) 그룹(이방근, 이태수, 이용근, 이건수, 최상규, 최용학 등)

⑧ 오정애·오남주 남매

⑨ 하산한 무장대의 일본 말항 주도(이방근, 한대용)

그림1 『화산도』의 주요 인물 관계도(필자 작성)

분할되지 않는다는 사실을 문제적으로 보여주는 문난설과 이방근의 관계는 해방공간의 정치적 복잡성을 생각해 보게 한다. 그 밖에도 명월관 기생 단선, 하산한 무장대원인 신영옥, 이유원의 친구 조영하 등 다양한 여성 인물들과 이방근의 관계 속에서 4·3의 여러 국면이 입체적으로 부조된다.

다음으로 눈여겨볼 인물군은 지식인 계열 그룹이다. 이 그룹에 속한 인물들은 허무주의적 성향을 가진 이방근과의 대결 구도 속에서 4·3에 대한 사유의 깊이를 더한다. 그중 해방 이후 일본에서 건너온 남로당원 남승지는 새로운 조국 건설에 대한 믿음과 신념으로 혁명에 임하는 인물이다. 이방근은 혁명적 순수함으로 가득 찬 그에게 복잡한 감정을 느끼는 한편으로 자신의 여동생인 이유원과 그를 맺어주고자 한다. 한편 행동하지 않는 회의주의자 이방근을 비판하는 남승지와 이방근의 갈등 구도 속에서 혁명적 실천의 실제와 이상에 대한 비판적 사유가 치열하게 전개된다. 남승지는 소설 결말부에 토벌대의 포로로 잡히지만 이방근의 수완으로 풀려난 뒤 일본으로 밀항한다. 또 다른 주요 인물인 미군정청 통역사 양준오는 누구보다 이방근을 깊이 이해하는 벗으로, 이방근과의 대화적 관계 속에서 4·3의 가능성과 한계를 타진하는 인물이다. 결말부에 양준오는 혁명에 대한 신념으로 무장대가 되어 입산하지만 조직을 비판하다가 처형당하는 비극적 결말을 맞는다. 그 외에도 제주 한라신문의 기자로서 남로당의 비밀당원인 김동진도 지식인 계열 주요 인물로 분류할 수 있다.

『화산도』는 4·3의 주체로서 민중의 형상을 다채롭게 그려낸다. 특히 '국민'으로 정형화할 수 없는 제주 민중의 다종다기한 형상을 생동감 있게 묘파함으로써 국민-국가의 제한된 상상력을 초월하는 정치적 주체의 가능성을 타진해 볼 수 있게끔 한다. 그랬을 때 부엌이는 제주 민중의 역동적 생명력을 보여주는 인물이라고 할 수 있다.

『화산도』에서 4·28 평화회담은 제주도의 비극을 막을 수 있었던 유일한 가능성으로 그려지는데, 소설은 소설적 상상력을 가미하여 4·28 평화회담이 결렬되는 데 결정적 책임이 있는 두 인물을 그린다. 식민지 시기 친일파였다가 해방 직후에는 인민위원회 활동에 열성적이었으며 현재는 열렬한 남로당 조직원인 것처럼 보이는 유달현과 이방근과는 모계 쪽 먼 친척이면서 식민지 시기부터 현재까지 경찰인 정세용이 그들이다. 이 둘은 사사로운 이익에 눈이 멀어 충분히 막을 수 있었던 비극을 초래하게끔 하는 인물이다. 이방근은 이 둘에 대한 분노로 종래의 관망하는 태도를 버리고 행동하기 시작한다. 그는 유달현과 정세용을 사문(私問)함으로써 두 사람의 죽음에 직접적으로 관여하게 되고, 이로 인해 윤리적인 딜레마에 봉착하게 된다. 유달현과 정세용은 부정적 인물의 전형이라고 할 수 있지만, 이방근과의 관계 속에서 식민지 지배에서 해방기에 이르는 기간 동안 윤리적으로 파탄난 존재의 실존 양태를 문제적으로 재구성하기에 주목할 필요가 있다. 특히 이방근과 유달현의 대립적 관계는 4·3에 참여하는 문제를 둘러싸고 극적 긴장감을 형성하는데, 이러한 갈등 구도는 소설의 핵심 주제로 나아가기 위한 사유를 생성하기에 중요하다.

『화산도』의 특징은 그간의 4·3 담론에서 다소 터부시되었던 남로당 지하 조직 등 좌익 활동을 묘사한다는 것이다. 그랬을 때 주목할 인물은 좌익 선전지인 국제통신사에서 편집국장을 맡고 있는 황동성이다. 그는 과거의 친일 이력을 청산하고 남로당원이 된 인물로, 이방근을 포섭하기 위해 공들인다. 이때 이방근과 황동성의 만남을 주선하는 인물이 기회주의자이자 배신자의 전형인 유달현이라는 점은 주목을 요한다. 친일 경력이 있다는 점에서는 공통되지만 여전히 기회주의적 습속을 버리지 못한 유달현과 과거를 청산하고 남로당에 몸담은 황동성은 식민지 지배를 거쳐 해방기에 이르기까지 다양한 층위에서 문제가 되었던 전향이라는 주제를 문제적으로 재구성한다는 점에서 매우 흥미로운 비교군이다. 한편 황동성과 유달현의 유사성에 주목할 때에도 비판적 질문을 도출할 수 있다. 두 인물은 당조직의 권위를 신봉하고 조직과의 연관성을 과시한다는 면에서 유사한데, 이를 통해 개인의 자유와 집단적 정체성의 긴장을 둘러싼 철학적 질문이 문제적으로 제기된다. 한편 황동성과 문난설은 좌익 선전지인 국제통신사에서 활동한다는 접점이 있다.

문난설의 활동 반경은 서북청년단과 남로당의 영역 모두에 걸쳐 있다. 소설은 평양 출신인 문난설과 같은 이북 출신인 서북청년단 중앙 총본부 사무국장 고영상이 모종의 제휴적 관계를 맺고 있음을 암시한다. 이처럼 문난설이라는 인물은 소설 속에서 남로당, 서북청년단 모두와 일정 관계를 맺으면서 한편으로는 허무주의적 태도를 보이는 이방근의 연인으로 설정되어 있는데, 이와 같은 관계망은 해방공간의 정치적 복잡성을 보여주기 위한 소설적 설정이라고 이해할 수 있다. 한편 정치적 선택을 회피하는 이방근의 허무주의와 비교하여 남로당과 서북청년단을 구분하지 않고 적절한 수준에서 관계를 맺는 문난설의 실용주의적 태도는 여러 흥미로운 문제의식을 낳는다.

한편 『화산도』는 여타의 4·3 문학이 서북청년단을 묘사했던 것과는 다른 방식으로 이들을 조명한다는 점에서 흥미롭다. 일반적으로 서북청년단은 반공을 앞세우긴 하지만 정치적 신념은 없는 폭력 테러 집단으로 묘사되었다. 이는 사실에 기반한 묘사이지만 『화산도』에서는 실향민으로서 자신들의 취약한 기반을 정확히 인식하고 이념과 정치적 신념에 기반해 행위하는 서북청년단의 모습이 부분적으로 묘사되고 있어 인상적이다. 이처럼 흔치 않은 서북 청년단의 형상과 어떻게 대결해야 하는가, 라는 질문은 피해와 가해의 구도를 넘어 4·3에 연루된 자들의 새로운 존재론과 관계 양상을 발견하고자 하는 도전적 현실 앞에서 한층 의미심장하게 다가온다.

『화산도』에는 여러 이유로 중도적 입장을 취하는 인물이 등장한다. 큰 틀에서 보면 회의주의자인 이방근도 중도적 인물군에 포함할 수 있다. 이상에 대하여 이방근의 부친인 이태수는 식민지 시기 적극적인 친일을 하지는 않았지만 일본에 협력하여 부를 축적한 인물이다. 그는 해방 이후 좌우익의 갈등이 심화하는 혼란 속에서 경제인다운 감각으로 사태의 추이를 지켜보는 가운데 5·10 단선을 지지하는 입장을 취하기도 한다. 그런가 하면 제주도의 위기를 잠재울 수 있다는 판단하에 4·28 평화 협정을 지지하는 연평장에 서명을 하기도 한다.

이방근 큰형인 이용근은 창씨개명을 하고 일본 여성과 결혼하여 데릴사위가 된다. 이용근은 해방 이후에도 일본에 거주하며 개인 병원을 운영하는데, 그는 의사라는 직업에는 인종이나 국가를 뛰어넘는 보편적 속성이 있다고 언급하면서 자신의 선택이 국가주의나 인종주의의 범주를 초월하여 다른 차원의 실존을 모색하기 위한 것이었다고 설명한다. 이러한 이용근의 존재론은 국가나 인종

등 집단적 소속에 의해 규정된 정체성이 겉보기에 단일하고 고정된 것처럼 보이더라도 그 이면에는 무수한 스펙트럼이 존재할 수 있음을 시사한다.

다음으로 중도적 인물군 중 최상화는 이태수와 마찬가지로 제주도의 유지 격인 인물이다. 그는 이태수의 추천으로 이승만 파의 국회의원 후보로 입후보하기도 하는데, 식민지 시기부터 5·10 단선 이야기가 오가는 현재까지 그의 정치적 행보를 살펴보면, 해방 직후에는 제주도 인민위원회 부위원장 직을 역임하다가 남한에서 이승만 세력이 우위를 점하자 우익 쪽으로 급선회한 이력을 보유하고 있다. 다분히 기회주의적 면모를 보이는 최상화이지만 4·28 평화회담에 관한 이야기가 나왔을 때는 그것이 비록 현실적 판단에 의한 것이었을지라도 회담이 성사될 수 있도록 앞장선다. 이렇듯 정치적 판단에서든, 기회주의적 이유에서든 『화산도』에는 다양한 이유로 중도적인 태도를 취하는 인물들이 등장한다. 이태수의 사촌 동생이자 이방근의 작은아버지인 이건수 등 중도적 인물군으로 묶을 수 있는 이상의 인물들은 이념적 지향이 뚜렷해 보이는 인물에 비해 그 존재감이 두드러지지는 않지만, 이러한 인물들에 주목함으로써 『화산도』가 조망하는 4·3을 둘러싼 현실의 스펙트럼이 어디까지 펼쳐지는지 가늠해 볼 수 있다.

오정애, 오남주 남매의 경우, 4·3이 전개되는 과정에서 여성에게 가해졌던 중층적 폭력의 양상을 가시화하기에 주목할 필요가 있다. 무장대로 입산한 큰오빠를 대신해 서북청년단 출신 남성과 결혼한 오정애를 저주하면서 그녀의 남편을 죽이겠다고 하는 오남주의 폭력성은 오정애가 겪은 고통의 실제를 삭제한다는 점에서 문제적이다.

마지막으로『화산도』는 4·3의 좌절을 돌파하기 위해 서사적 상상력에 기대어 제3의 길을 모색하고자 기획한다. 이와 관련하여 주목할 인물은 이방근과 한대용이다. 한대용은 이방근의 후배로 식민지 시기 학도병으로 징병되어 싱가폴 전선에 배치되었다가 일본의 패전 후에는 BC급 전범 포로가 되어 수용소 생활을 거친 뒤 제주도로 귀환하는 인물이다. 그는 수용소 생활을 하는 과정에서 정치적, 사상적으로 각성하고, 고향인 제주도로 돌아와서는 조국을 위해 헌신하고자 하지만 사람들은 일본군이었던 그를 믿을 수 없다며 배척한다. 친일파들이 해방 이후 아무런 반성 없이 호의호식하는 현실에 좌절하던 한대용은 이방근의 제안으로 한일호라는 배를 구입해 중산간 지역 초토화 작전이 본격화한 이후 무장대에서 일탈한 사람들을 일본으로 밀항시키는 데 조력한다. 이방근과 한대용의 한일호 기획은 조직의 입장에서 볼 때 혁명에 반하는 행위처럼 보인다. 하지만 4·3이 정당한 의거임에도 현실적으로 승리할 가능성이 극히 희박했던 무모한 기획이었다는 사실을 고려해 본다면, 한

일호 기획은 4·3의 정신적 유산을 계승하면서도 4·3의 현실적 한계를 넘어서기 위한 방법론으로서 주요한 참조점을 제공한다.

이상과 같이 『화산도』의 인물들은 이방근과 직접적으로 연결되지 않더라도 관계의 네트워크 속에서 중심인물이라고 할 수 있는 이방근의 서사와 합류한다. 나아가 이방근과의 다양한 관계 양상 속에서 4·3에 대한 인식을 심화 확장한다. 그렇지만 물론 이 관계는 고정적이고 절대적인 것이 아니라 인물의 관계를 조망하는 방식에 따라 유동적으로 변한다.

이상에 덧붙여 논문에서 언급하는 주요 인물에 관한 자세한 설명은 아래와 같다.

이방근: 제주도의 지역 유지인 이태수의 차남. 이방근은 식민지 지배에 협력하여 부를 축적한 부친 이태수와 달리 학창 시절 일본 천황의 위패를 모신 봉안전에 소변을 싸는 등 반일 성향이 다분한 인물이다. 해방 전 정치범으로 투옥되었다가 건강상의 이유로 위장 전향한 뒤로는 허무주의에 빠져 소파에 앉아 종일 사색만 한다. 4·3이 발발하고 각 진영에서 그를 포섭하려고 하지만 허무주의에 빠진 이방근은 도무지 소파에서 일어나려고 하지 않는다. 그는 무장봉기의 당위에 공감하면서도 무장봉기 세력의 교조주의와 현실 감각 결여에 대해서는 강하

게 비판한다. 소파에 앉아 사태를 관망하기만 하던 이방근은 남한에 이승만 정권이 들어서고 제주에서는 무장대 및 제주 민중에 대한 무차별 학살이 본격화되면서 인명 피해가 속출하자 한일호라는 이름의 배를 구입해 하산한 게릴라들을 일본으로 밀항시키는 결단을 감행한다. 한편 4·3을 평화적으로 종결시킬 유일한 해결책으로 제시되었던 4·28 평화 협정을 고의로 망친 유달현과 정세용을 사문하고 극심한 정신적 혼란을 겪다가 '자유로운 정신은 죽이기 전에 자살한다.'라는 윤리적 패러독스를 품은 채 자살한다.

오정애: 큰오빠가 입산하자 가족의 목숨을 살리기 위해 서북청년단 출신 남성과 결혼한다. 가족과 자신의 목숨을 지키기 위한 희생이었음에도 불구하고 오빠인 오남주에게 모욕을 당한다. 한편 남편인 양(楊)은 제주도 출신인 그녀를 의심하고 감시한다. 오정애는 결국 자살하는데, 그녀의 죽음은 다른 사람의 입을 통해 소문처럼 전해진다. 그 소문에 의하면 오정애는 오빠인 오남주가 남편 양을 총으로 쏴 죽인 뒤 복숭아 나무에 목을 매어 자살했다고 한다. 소문을 전한 이는 오정애가 죽기 전에 남편 양의 죽음을 알고 있었는지 아닌지 확실하지 않다고 이야기한다. 한편 아들의 폭주 때문에 공포에 질린 오 씨 남매

어머니의 횡설수설을 통해 오정애가 양의 아이를 임신한 채로 자살했을지도 모른다는 가능성이 제기되는데, 이 또한 진위를 확인하기 어렵다. 이처럼 오정애의 생애와 죽음은 물음표 투성이다.

오남주: 제주 출신 청년으로 이유원과 친교가 있다. 서울 S대학 건축학과를 휴학 중이던 어느 날 제주도에 있는 여동생이 서북청년단 출신 남성과 결혼하게 되었다는 전보를 받고 분에 겨워 멀쩡하게 살아 있는 어머니와 여동생의 경야(經夜)를 치른다. 여동생의 남편인 양을 죽이겠다는 일념으로 제주도에 입도한 오남주는 양을 권총으로 쏴 죽이고 입산한다. 오남주가 입산한 뒤 그의 모친은 토벌대에 끌려가 아들에게 귀순 권고를 하던 끝에 사살당하고, 오남주는 멀리서 그 모습을 지켜본다.

부엌이: 이방근 집안의 식모이자 이방근과 종종 육체적 관계를 갖는 인물. 중산간 지역 출신이며 15살에 조혼한 이래로 두 번의 사산을 겪고, 결혼 후 10년이 지났을 무렵에는 남편을 잃는다. 남편과 사별한 뒤로는 이방근 집안에 상주 하녀로 들어간다. 부엌이는 이따금 이방근과 잠자리를 갖는다. 말수가 적고

투박한 외모에 몸집이 큰 부엌이는 종종 제주도의 야성적인 자연과 등치된다. 한편 이방근과 부엌이가 잠자리를 한다는 것을 알게 된 이방근의 계모 선옥이 부엌이를 내쫓자 부엌이는 집을 떠나 무장대의 아지트인 해방구로 간다. 부엌이가 집을 나갔다는 소식을 들은 이유원이 부엌이를 만나기 위해 해방구를 찾아가고 그로부터 얼마 뒤에 부엌이가 이방근의 집으로 돌아온다. 과묵한 성격인 부엌이는 자신의 신변에 관한 이야기를 거의 하지 않았지만, 우직한 태도로 무장대의 일원으로서 암약한다. 특히 무장대 게릴라가 성내에 들어올 때마다 주인집 식구들 몰래 대문을 열어 아지트를 제공하는 부엌이의 역할은 무장대 활동에서 중요하다. 한편 부엌이는 하녀라는 신분 때문에 4·3 와중에도 비교적 이동이 자유로운데, 그 덕분에 떠돌이 부스럼 영감, 목탁 영감 등과 같이 거처가 정해지지 않은 인물이나 남승지 등 무장대의 소식을 성내에 전하거나 성내의 소식을 무장대에게 알리는 역할을 하기도 한다.

이유원: 이방근의 여동생. 서울에서 유학하면서 S여자 전문학교 음악과에 재학 중이다. 이방근의 소개로 만난 남승지와 연인 관계로 발전한다. 부잣집에서 어려움 없이 곱게 자랐지만, 시간이 지남에 따라 현실을 자각하고 유산 계급으로서 자신의

한계를 성찰한다. 이유원은 이방근과의 스캔들 때문에 집을 나간 부엌이를 만나기 위해 무장대의 아지트인 해방구를 방문하고, 이 일을 계기로 자신의 계급적 한계를 깨닫는다. 이후 서울로 돌아간 이유원은 부조리한 현실을 바꾸고자 이승만 정권에 반대하는 삐라를 뿌리는 등의 활동을 전개하지만 얼마 못 가 경찰에 붙잡힌다. 달라진 이유원이 혹여 위험에 휩쓸릴까 우려한 이태수와 이방근은 이유원의 일본 유학을 추진한다. 결과만 놓고 본다면 아버지와 오빠의 뜻대로 일본 유학을 떠나는 이유원을 남성 중심 세계에 굴복한 인물이라고 평가하기 쉽다. 그러나 여성주의적 관점에서 이유원이 걸어온 발자취를 눈여겨보면 부엌이와 유대적 관계를 계기로 자신의 계급적 한계를 깨달은 뒤 혁명의 연대자로 거듭나고 가부장제의 그늘에서 벗어나 독립적인 인간으로 성장하는 역동적인 드라마를 확인할 수 있다.

문난설: 이방근의 연인. 평양 출신으로 현재는 서울에 거주하면서 자신이 소유한 집을 서북청년단 서울지부 숙소로 제공하고 있다. 문난설의 아버지는 조선총독부 식산국 상공과장을 거쳐 식산부장을 지낸 친일파인데, 문난설은 아버지의 뜻에 따라 은행원과 결혼한 뒤 남편과 함께 남한에 정착한다. 그러다 해

방기 혼란 통에 북한의 가족들과 연락이 끊긴다. 처음부터 잘 맞지 않았던 남편과도 이혼한다. 문난설에게는 친아버지 이외에도 남한에서 그녀를 돌봐주는 양아버지가 있다. 문난설의 양아버지는 젊은 시절 만주에서 무장 독립운동에 참여한 이력이 있는 민족주의 성향의 인물로, 해방 이후에는 우파 정당에 소속된 국회의원이자 국제통신사 회장직을 역임한다. 문난설과 양아버지의 관계는 식민지 시기 그녀의 생부와 양아버지 사이의 특별한 인연까지 거슬러 올라간다. 문난설의 생부와 양아버지는 동향 선후배이자 도쿄대학 동창이었는데, 식민지 시기 문난설의 양아버지가 민족주의 운동에 연루되어 옥고를 치르고 나온 뒤 문난설 생부의 도움으로 시작한 과수원 사업이 큰 성공을 거둔 것이다. 이렇듯 식민지 자본가의 궤도에 오른 문난설의 양아버지는 해방 이후 남한에서 우파 정당의 국회의원으로 승승장구하게 된다. 한편 문난설은 육촌 오빠의 친구인 서북청년단 사무국장 고영상 등 서북청년단과 모종의 관계를 맺으면서 우파 정당 국회의원의 수양딸로 살아가는 한편으로 좌익 쪽 선전선동기관인 국제신문에 관여하는 등 이중 생활을 하는 독특한 인물이다.

1. 서론: 여성의 목소리를 듣는다는 것

『화산도』[1]는 4·3을 '혁명'으로 재정의하고자 할 때 출발점으로 삼을 수 있는 텍스트이다. 여기서 전제는 4·3을 경험한 인물의 의식이다. 인물의 의식은 서사 내부와 서사 바깥의 현실을 매개하는데, 이때 서사가 전개될수록 각 인물의 의식은 4·3에 대한 독자적인 인식으로 발전하여 4·3을 다른 방식으로 사유하게끔 한다.

『화산도』의 서사는 인물들의 의식을 대화적 상황에 배치함으로써 4·3에서 혁명으로 이어지는 연속성을 그린다. 이 과정에서 각

그림2 한국어판 『화산도』(보고사, 2015, 위)와 일본어판 『화산도』(문예춘추, 1983-1997, 아래)[2]

인물은 4·3에 대한 고유한 인식을 보유하게 된다. 그리고 이것은 4·3을 전일적 당위가 아닌 다원적 폴리포니(Polyphony)의 혁명으로 거듭나게 하는 전제가 된다.[3] 여기서 문제는 여성이다. 『화산도』가 여성 인물의 의식을 혁명을 추동하기 위한 단계까지 진전시켰느냐고 질문하면 망설임 없이 그렇다고 대답하기는 어렵다. 부엌이, 이유원, 문난설 등 『화산도』에는 여러 중요한 여성 인물이 등장하지만 여성의 의식은 남성 인물에 비해 철저하게 형상화되지 않기 때문이다.[4]

4·3 당시 제주 여성은 갖은 수난을 겪었다. 그러나 4·3이 금기시 되는 상황에서 4·3으로 인한 여성의 고통은 발화되지 못했다. 그러다 1978년 현기영의 「순이삼촌」이 계간지 『창작과 비평』에 발표된 이래로,[5] 2000년 4·3 특별법의 제정 및 2021년 두 번에 걸친 4·3 특별법 개정,[6] 4·3에 대한 국가의 책임을 인정하고 사죄한 2003년 노무현 대통령의 담화, 같은 해 『제주4·3사건 진상조사보고서』 발표[7] 등이 계기가 되어 4·3에 대한 사회적 공감대가 확대되었으며 이상의 흐름에 힘입어 다수의 4·3 연구가 축적되었다.

앞서 언급한 상황들이 전개되는 가운데에서도 4·3을 겪은 여성들의 존재는 충분히 가시화되지 못했다. 가시화된다고 하더라도 계급, 민중과 같이 집단의 일부로서 언급되는 등 제한적이었다. 여성에 주목했던 『화산도』의 선행연구들도 이러한 경향에서 크게 벗어나지 않지만,[8] 최근 들어서는 그동안 주목받지 않았던 여성 인물을 정치하게 해석한 연구가 제출되기도 했다.[9] 한편 사회학이나 역사학, 여성학 분야에서도 젠더의 관점에서 4·3과 여성의 문제를 다룬 연구들이 제출되었으며, 이들 연구는 생애사나 구술사, 4·3에서의 여성의 위상학적 위치 등을 주제로 삼았다.[10]

『화산도』를 경유하여 4·3과 여성에 관해 이야기할 때 새롭게 보이는 것은 무엇인가. 『화산도』는 기본적으로 남성인 이방근을 중심으로 직조된 서사이다. 그러나 한편으로 여성 인물에 주목함으로써 남성 중심적 시각으로는 포착하기 어려운 4·3에 대한 새로운 인식을 통찰해 내기도 하는데, 그러한 인식은 여성 인물의 불안정한 실존적 자리로부터 출현한다.

남성만이 인식과 발화의 정통성을 가질 때 여성은 예외적이고 '비정상'적인 자리에서 4·3을 조망한다. 여성은 자신이 처한 불안정하고 취약한 실존적 지위로 인해 남성을 중심으로 직조된 4·3 인식에 위화감을 느낀다. 이 경우 여성의 위치는 4·3에 대하여 기존과는 다른 방식의 탐색과 사유를 산출하는 조건이 된다. 그뿐만 아니라 여성은 현실과 연결된 유·무형의 자원으로부터 소외된 탓에 기존 질서에서 벗어난, 이질적인 방식으로 현실을 재구성한다. 따라서 여성의 자리에서 송출되는 목소리는 주류 역사의 이해(理解)와 충돌하고 어긋나며, 기존의 언어로는 번역할 수 없는 형태로 굴

절되면서 낯선 언어로 재구성되고 채워진다.

여성의 현실은 안정된 질서를 교란하고 위협하면서 4·3의 새로운 면모를 드러낸다. 따라서 여성주의적 시각을 통해 4·3을 재인식하려는 시도는 여성이라는 존재의 실존적 취약성 때문에 대단히 대범하고 전위적인 기획이 된다.

2. 제주 여성, 4·3에서 지워진 존재

4·3 당시 제주 여성이 처한 폭력적 상황은 생활고를 비롯해 노동 착취, 혈육의 상실, 생활기반의 파괴, 실존적 위기, 생명의 위협에 이르기까지 그 양상이 무척 다양했다.[11] 그중에서도 특히나 여성들을 고통스럽게 했던 것은 성폭력이었다. 제주 여성에게 가해진 성폭력이 문제적인 까닭은 그것이 여성의 목소리를 억압하는 강력한 '금기'로 작용했기 때문이다. 4·3 당시 제주 여성에게 가해진 성폭력에 관한 여러 고발·증언 중에서도 민관군경이 '빨갱이 소탕', '공비 토벌'이라는 미명하에 '빨갱이 씨를 말려야 한다.'면서 임산부를 욕보이고 뱃속의 태아까지 살해했다는 이야기는 충격적이다. 이러한 폭력은 그 자체만으로도 매우 충격적이지만 더 경악스러운 것은 폭력을 행사하며 가해자가 구사하는 논리이다.

아래의 인용은 토벌대가 제주 여성을 성고문하면서 동원한 논리가 무엇인지 보여준다.

> 남편이 '입산자'로 몰려 한 젊은 여성이 끌려왔다. 참으로 매력적인 여성이었다. 정주임은 사냥꾼이 사냥감을 포착한 듯 눈을 빛내면서 대동청년단원 한 사람을 지목하여 그녀의 옷을 다 벗겨 나체로 그 앞에 세우라고 했다.
>
> 나체가 된 그 여성은 임신 중이었다. 정주임의 입에서 욕이 튀어나왔다.
>
> "이 빨갱이 간나 새끼들이 붙어먹었구만 이?"
>
> 정주임은 옆에 세워놓았던 총부리를 난로에 넣어 벌겋게 달궜다. 그리고는 그 여성을 발로 차 넘어뜨리고는 가랑이를 벌리더니 달군 총부리를 그 여성 성기에 찔러 넣었다. 그녀의 단말마 비명과 함께 살이 타는 냄새가 지서 안에 진동했다.[12]

인용문은 입산자로 몰린 남성의 아내가 토벌대에게 성폭력을 당했다는 내용을 담고 있다. 여기서 토벌대 정주임이라고 지시되는 남자는 서북청년단 출신 경찰 간부였던 정용철인데, 그는 4·3 당시 여성에 대한 가학적 성폭력을 자행한 것으로 악명이 높은 인물이다.[13] 인용문을 좀 더 살펴보면 정주임의 명령으로 여자의 옷을 벗기자 그녀가 임신 중이라는 사실이 드러났고, 여성이 임신했다는 사실을 확인한 정주임이 "이 빨갱이 간나 새끼들이 붙어먹었구만이?"라며 모욕한 뒤 여성을 성고문했다는 내용이 언급된다. 이때 정주임의 욕설은 제주도민을 '빨갱이'라는 인종적 타자로 낙인찍어 대한민국이라는 국민-국가의 외부로 몰아내는 정치 동학의 일부로서 모욕 이상의 의미를 지닌다.[14]

'빨갱이 사냥'의 배후인 이승만 정권은 취약한 정치적 입지를 역전시키고자 제주도를 '빨갱이 소굴'로 낙인찍고 탄압했다.[15] 그 가운데 모든 제주도민은 이미 '빨갱이'를 생산한 죄가 있으며 장차 '빨갱이'를 생산할 불온한 존재라는, '빨갱이 사냥'의 논리가 만들어졌다. 그중에서도 제주 여성은 '빨갱이'를 재생산하는 '위협적인 몸'으로 대상화되었으며, 여성에 대한 성폭력은 '빨갱이'의 재생산을 방지[16]하고 '빨갱이'의 부정한 신체를 국민의 양순한 신체로 '정화'하고 '길들이'는 행위로 정당화되었다.[17]

한편, 제주 여성은 제주 남성과 토벌대라는 이질적인 두 남성 집단을 매개하는 대상으로 지목되기도 했는데, 그 배경에는 여성을 '남성의 대가 되물림되도록 재생산을 매개하는 몸'으로 파악하는 가부장제적 인식이 자리하고 있었다. 다음의 인용은 이상에서 언급한 내용을 보여주는 하나의 사례이다.

그 서청단원 소장은 '홍아무개'가 자신의 약혼녀를 성노리개의 제물로 바친 대가로 겨우 목숨을 부지하고 풀려 난 사실을 알고 있었다. 이를 약점으로 잡고 다시 '홍아무개'를 잡아들였다. 그리고는 그에게 조카딸을 주면 목숨을 보장하겠다고 살려준다는 조건을 노골적으로 제시하였다.

　　'홍아무개'는 자신이 죽으면 집안의 대가 끊어지니 제발 서청단원인 그 소장과 조카딸을 결혼시켜 자신의 목숨을 구해달라고 문중에 호소하였다.

　　결국 '홍아무개'는 조카딸을 그 서청지서장과 정략결혼을 성사시켜 이후 비교적 토벌대와 특별중대나 특수대는 물론 경찰들에게 시달리지 않고 일상생활을 영위할 수 있었다고 한다.[18]

　　인용문의 홍 아무개 사례처럼 4·3 당시 약혼자나 남편 혹은 집안의 남성을 석방하는 조건으로 여자를 토벌대에 시집보내는 경우가 적지 않았다. 가부장제 사회에서 여성은 공동체의 안녕을 위해 희생될 수 있는 존재로 간주되었다. 이는 제주도 또한 마찬가지였다.

　　한편으로 제주의 가부장제 공동체 내에서 여성의 성폭력 피해는 가문의 수치로 여겨지고는 했다. 그 때문에 집안에 성폭력 피해자가 발생하더라도 피해 사실이 담장 밖으로 새 나가지 못하도록 단속했고, 이러한 상황 속에서 여성들이 자신의 고통을 이야기하지 못하도록 하는 억압의 구조가 고착되었다.[19] 더욱이 여성에게 가해진 성폭력 피해는 제주 공동체의 순수성을 훼손하는 문제로 간주되었으며, 이러한 통념 속에서 성폭력 피해 여성은 토벌대에게 '순결'을 '빼앗기'고 '더럽혀'진 존재로 낙인찍혀 마을 공동체로부터 배척당했다.[20]

제주 여성은 가부장제의 존속을 위한 희생양이 되었다. 그것도 모자라 공동체의 타자로서 배척되었으며 급기야 입이 있어도 말하지 못하는 존재로 전락했다. 이러한 폭력의 연속은 정원옥이 지적하듯 "4·3사건 피해여성들은 말할 수는 있지만, 인종주의와 민족주의, 가부장제가 강요하는 이데올로기로부터 자유로울 수 없으며, 그 가운데서도 성폭력 피해경험은 남성 중심의 지배담론 사이에서 여전히 말할 수 없거나 침묵당하"는 층층적 억압에 기인한 것이었다.[21]

여성이 피해 사실을 고발하거나 고통을 호소할 수 있는 창구는 부재했다. 여성들은 언어화할 수 없는 고통스러운 경험들에 대해 입을 닫았고, 기억의 주체라는 자리에서 자신을 소외시켰다. 그 결과 고통스러운 경험을 떠올릴 때마다 실어증 증세를 보이거나 말더듬이가 되었다.[22] 언어를 억압당한 여성은 누군가가 대리해주지 않으면 모습을 드러낼 수 없게 되었다.[23] 이때 여성의 대리자는 남성이었다. 이에 대하여 김성례는 "강간을 비롯하여 성적 유린에 관한 증언은 주로 남성이 하고 있다는 사실에 주목할 필요가 있다."라

▮ 인명 피해 실태

제주4·3사건진상규명 및 희생자명예회복위원회(약칭 : 4·3위원회)가 확정한 희생자 수는 2023년 현재 14,738명이다. 이는 공식적으로 집계된 희생자 수치일 뿐, 진상조사보고서는 4·3 당시 인명피해를 2만 5,000명에서 3만 명으로 추정한다. 당시 제주도 인구의 10분의 1 이상이 목숨을 잃은 것이다.

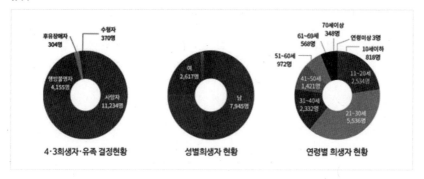

성별 희생자 현황 (2023. 3. 기준)

구분	계	사망자	행방불명자	후유장애	수형자
소계	14,738	10,562	3,678	213	312
남	11,652	7,945	3,308	117	282
여	3,113	2,617	370	96	30

그림3 제주4·3평화재단 홈페이지에서 4·3 피해 현황을 확인할 수 있는데, 해당 자료에 여성에 대한 성폭력 피해 관련 내용은 언급되어 있지 않다.[24]

고 지적한다.²⁵

고통의 당사자인 여성은 입을 닫았다. 그렇지만 여성의 이야기는 남성 대리자의 입을 통해 계속해서 전달되었다. 그로 인해 사실상 여성의 기억과 경험이 기억 공동체로부터 배제되었음에도 불구하고 실제와 달리 마치 현실에 존재하는 것 같은 착시가 발생했다. 이러한 상황은 4·3에서 여성의 존재가 지워지는 현실을 은폐한다는 점에서 매우 문제적이라고 할 수 있다.

3. 남성에 의해 전유(轉有)된 여성의 이야기

『화산도』는 기본적으로 남성인 이방근을 중심으로 구축된 서사이다. 그러나 한편으로『화산도』는 4·3이 여성의 삶에 초래한 면면을 비교적 상세하게 전한다. 그 과정에서 남성의 자리에서는 볼 수 없었던 4·3의 새로운 측면을 통찰하기도 한다. 사건의 담지자로서 주요 거점을 장악한 남성에게 밀려 주체로서 자리를 확보하지 못한 여성들은 예외적이고 비정상적인 자리에서 4·3을 조망한다. 그리고 여성의 불안정한 실존적 자리로 인해 4·3에 대한 마스터 내러티브를 초과하는 다른 모습의 4·3이 드러나게 된다.

하지만 기본적으로 남성의 서사인『화산도』에서 여성들의 경험과 통찰은 주인공인 이방근의 인식을 풍부하게 하는 자원으로 회수되는 경향이 있는데, 소설에서는 이처럼 남성이 자신의 행위에 정당성을 부여하거나 여성의 자원을 흡수해 사상이나 신념을 풍성하게 하는 경향이 '경야(經夜)'[26]라는 문제적 사건과 부엌이와 이방근의 성적인 관계를 중심으로 전개된다.

이상과 관련하여 '재현의 폭력'이 재현의 양식적 특성에서 비롯된 것임을 지적하는 스피박의 논의를 참조하고자 한다. 그는 재현이라는 개념에 내포한 '다시-제시(re-presentation)'와 '대변(speaking for)'을 구분하는데, 그에 따르면 재현으로 인한 문제는 '다시-제시'와 '대변'이 연쇄적으로 작용함으로써 발생한다.

그중 어떠한 대상을 '다시-제시'하는 경우, 재현되는 대상은 스스로 모습을 드러내지 못하고 대표를 자처하는 다른 누군가에 의해 묘사되거나 혹은 '대변'된다. 이때 대상은 스스로 재현의 주체가 될수 없다. 재현이 언어를 매개로 하는 현상임을 감안한다면 자신의 언어를 갖지 못한 존재가 스스로를 재현하고자 발화하는 순간 곧바로 자신을 식민화하는 언어의 상징적 질서에 포획되어 버리는 메커니즘을 짐작하기란 어렵지 않다. 대상이 스스로를 재현하는 것처럼 보일 때조차 그것은 타자의 언어로 대변되는 것에 지나지 않는다. 이렇듯 재현되는 대상은 재현의 주체가 될 수 없기에 언제나 타자화, 대상화의 폭력에 노출된다.[27]

그러나 재현과 번역 혹은 독해의 불가능성은 여성들로 하여금 우회의 전략을 모색하게 하는 조건이 되기도 한다. 따라서 이 장에서는 재현의 불가능성과 함께 여러 제약에도 불구하고 여성의 목소리가 우리에게 어떠한 방식으로 말을 걸어오는지, 그 가능성의 영역을 살펴보고자 한다.

도둑맞은 여성의 고통

『화산도』에는 부재한 여성의 자리가 남성에 의해 대체되는 문제와 관련하여 문제적인 장면이 등장한다. 경야(經夜)가 그것이다. 오정애와 오남주 남매의 서사를 중심으로 전개되는 경야 사건의 경위는 다음과 같다.

서울에서 유학 중인 제주 출신 청년 오남주는 고향으로부터 여동생 오정애가 서북청년단 출신 남성인 양(楊)이라는 자와 결혼하게 되었다는 소식을 전해 듣는다. 오정애가 서북청년단 출신 남성과 결혼한 까닭은 무장대로 입산한 큰오빠로 인해 요주의 대상이 된 일가친척을 구하기 위해서이다. 오남주도 그 사실을 모르지 않지만 마치 자신이 모욕을 당한 듯한 분노를 느끼며 어머니와 여동생이 엄연히 살아 있음에도 불구하고 경야를 치른다. 경야는 여러 모로 문제적인 사건이지만 남성에 의해 여성의 존재가 삭제되고 그렇게 해서 부재하게 된 여성의 자리를 남성이 차지해 버린다는 점에서 특히 문제적이다.

친척들의 목숨을 보전하는 대가로 서북청년단과 결혼해야만 했던 오정애의 목소리가 부재할 때 오정애의 빈자리를 대체하는 것은 '오욕의 땅'이 된 제주도를 지키지 못했다며 괴로워하는 오남주의 자기연민이다. 오남주의 과장된 영웅심은 오정애의 흔적을 삭제한다. 그러한 이유로 오남주를 경유하지 않고 오정애의 독립적인 자취를 추적하기란 쉽지 않다. 따라서 오정애의 흔적을 더듬기 위해서는 어쩔 수 없이 오남주의 발자취를 쫓아야만 한다.

오남주는 여동생과 어머니의 경야를 치르면서 처음으로 살해 욕망을 자각한다. 그리고 이방근을 찾아가 내면의 끓는 증오를 고백한다.

> 선생님, 그건, 그건 어젯밤, 저는 밤을 새웠습니다만, 그것은 이상한 밤샘이 결코 아니었습니다. 아시겠습니까. 죽어 주는 편이 얼마나 깔끔한 밤샘이 되었을지……." 그는 어찌된 일인지 이번에는 휘청거리면서도 불쑥 일어났다. 그리고는 양팔을 벌리더니, 우와 하고 마치 야수처럼 소리를 질렀다. "……그-, 그 애는 죽었습니다. 여동생도 어머니도 죽었습니다……. 그건 살풀이의 밤샘이었습니다. 이상한 밤샘이 아닙니다. 다 죽어 버려라! (7권 84쪽)

어머니와 여동생이 차라리 죽어버렸으면 좋았을 거라고 저주를 퍼붓던 오남주의 원망과 증오는 토벌대를 향한 살의로 이어진다. 여기서 문제는 어머니와 여동생마저 토벌대와 마찬가지로 죽어 마땅한 존재로 간주된다는 점이다. 이로써 폭로되는 진실은 '동포'의 피해와 고통에 반응하는 오남주의 감각 그 어디에도 여성을 위한 자리가 없다는 점이다. 그렇기 때문에 오남주는 "제주도로 건너가, 여동생의 남편인지를 여동생과 함께, 권총이 있다면 그것으로 쏴 죽이고 나도 죽고 싶다고, 어젯밤 내내 생각"(7권 70쪽)했다고 말할 수 있는 것이다.

오남주는 점차 살의의 분출 대상을 여동생의 남편인 양으로 구체화한다. 그런데 오남주가 양을 살해하고자 할 때 여동생의 삶은 고려의 대상이 아니다. 서북의 처인 오정애는 "정복자의 아내"(07:71)라 하여 제주 공동체로부터 백안시당한다. 반면 오정애의 남편은 공비의 가족이라며 그녀에게서 의심의 눈초리를 거두지 않는다. 제주 땅 어디에도 오정애가 발붙일 곳은 없다. 그러나 증오로 가득 찬 오남주에게 여동생의 고통은 보이지 않는다.

그렇지만 한편으로 오정애의 삶은 더욱 비참해져야만 한다. 오정애의 고통이 커질수록 양을 살해하려는 오남주의 계획에 명분이 실리기 때문이다. 이러한 이유로 오남주는 동생의 고통을 날조한다. 오남주는 오정애의 빈자리에 자기연민을 채워 동생의 삶이 더욱 비참하고 참혹하게 보이도록 각색한다. 그것은 동생의 비참에 공감하는 것이 아니다. 오정애의 삶을 도둑질한 것이다.

이러한 상황에서 사태의 비극성을 고발하는 것은 미친 듯 오열하는 오 씨 남매의 모친이다. 이때 모친의 울부짖음은 박탈당한 여성의 자리와 목소리에 대한 몸의 증언이라고 할 수 있다. 모친이 여성의 자리에서 감각한 4·3의 본질은 오남주의 생각처럼 단순하지 않다. 오남주는 여동생을 유린한 양을 제거하기만 하면 사태가 종결되리라고 믿는다. 그러나 모친이 보기에 4·3이 초래한 비극은 그보다 더 깊고 짙다. 모친은 그와 같은 진실을 누구보다 민감하게 감지하지만 정제된 언어로 논리정연하게 표현할 수 없기에 횡설수설하며 울부짖기만 한다.

하지만 모친의 울부짖음이야말로 사태의 폭력성을 적나라하게 폭로하는 고발이며, 인간의 언어를 빼앗기고 비존재의 영역으로 추방돼 육신으로 전락한 그녀가 할 수 있는 최대치의 저항이다.

선생님, 부디 저 좀 도와주세요. 전 늙은 몸, 죽어도 상관없지만, 딸이 불쌍해서……. 술에 취해 날뛰는 아들을, 어머니와 여동생 앞에서 둘 다 죽어 버리라고 울부짖는 아들을, 서울에서 어머니와 여동생의 제사를, 살아 있는 육친과 여동생의 경야를 자기 혼자 치렀다는 아들을 어머니는 두려워하고 있었다. 이래저래 울며 호소하던 그녀의 목소리가 되살아났다. ……'서북'의 자식이……. 아이고-, 태어날 아이에게 무슨 죄가 있다는 거우꽈……. 하지만 '서북'의 자식이 태어나는 게 무서워요……. 부디 선생님, 저를 도와주세요. 그 아이를 달랠 수 있는 사람은 선생님뿐이우다……. (9권 392쪽)

제주에 입도하고서 얼마 지나지 않아 오남주의 행방이 묘연해진다. 이에 경찰은 요주의 인물인 오남주를 수배하는 한편으로 조사를 위해 그의 모친을 잡아들인다. 당황한 모친은 울부짖으며 도와주러 온 이방근에게 두서없이 하소연을 늘어놓는다. 모친은 자신을 저주하는 아들에게서 공포를 느끼지만 동시에 아들이 무사하기를 바라고, 서북의 자식이 태어나는 것을 두려워하지만 죄 없는 생명이 마주해야 할 비정한 앞날에 비애를 느낀다. 이처럼 그녀의 충돌하는 언어들 속에 제주 여성이 겪었던 고통의 복잡함이 각인되어 있다.

그녀는 현재의 비극이 누군가가 죽는다고 해서 해결될 문제가 아니며, 원한과 증오 때문에 죽고 죽이는 현실이 계속되는 한 영원히 끝나지 않으리라는 것을 예감한다. 남매의 모친은 4·3의 현실적인 원인에 대해서는 어두울지도 모른다. 그러나 증오 속에서 타인을 해치는 부조한 현실이 계속되는 한 모두가 상처 입고 고통스러우리라는 진실을 그 누구보다 통절하게 느낀다.

모친이 전하는 또 다른 진실은 비정한 세계에서는 새 생명이 환대받으며 태어날 수 없다는 어두운 전망이다. 모친은 횡설수설 중에 오정애가 임신했을지도 모른다는 가능성을 넌지시 드러낸다. 이때 눈길을 끄는 점은 오정애의 임신 사실을 암시하는 모친의 언어가 그녀 자신의 온전한 언어가 아닌, 마치 아직 태어나지 않은 아이의 목소리가 오남주 모친에게 빙의된 것처럼 제시되고 있다는 것이다. 오정애가 품은 복중의 생명은 이제 곧 비정한 세계에 던져질 거라는 사실 때문에 공포에 질린다. 태아의 공포와 모친의 비애가 서로 공명한다. 태아는 모친에게 빙의하여 비정하고 잔인한 세계에 던져질 자신의 공포를 말하지만, 인간의 언어를 익히지 못한 탓에 그저 울부짖을 수밖에 없는 것이다.

소설 말미에 오 씨 일가의 비극이 후일담처럼 전해진다. 오남주는 양을 권총으로 사살한 뒤 입산했다고 한다. 그의 모친은 공비의 가족으로 토벌대에 붙잡혀 오남주가 숨어있던 아지트 근처에서 아들에게 귀순 권고를 하다가 사살당했다고 한다. 한편 오정애는 복숭아나무에 목을 매고 자살했다고 하는데, 그 정확한 시기는 알려져 있지 않다. 소설은 그저 다른 사람의 입을 통해 오정애가 죽었다는 소식을 전하면서 오남주가 양을 살해당하는 현장에 그녀도 함께 있었는지, 오정애가 죽을 때 오남주가 양을 죽였다는 사실을 알고 있었는지 분명하지 않다고 스치듯 언급할 뿐이다. 다만 모친의 횡설수설에 따르면 목을 맨 시점에 그녀가 임신한 상태였을지도 모른다고 추측해 볼 뿐인데, 그것이 사실이라면 그녀는 자살을 통해 자신뿐 아니라 태중의 아이까지 죽였다는 말이 된다. 그렇다면 가장 강력한 살의를 품은 것은 오정애였을지도 모른다. 오정애의 죽음이 이토록 웅변적인 까닭이 바로 여기에 있다. **28**

여성성 신화의 여성혐오적 측면

가부장제 구조하의 여성은 남성과의 비대칭적 권력 관계 속에서 남성의 관념에 의해 규정되고 재현되는 것으로 그 역할이 제한되어 왔다. 그리고 그것은 여성의 자기소외 및 타자화를 야기했다. 남성은 인식론적 차원에서 여성을 남성의 지배하에 둠으로써 세계에 대한 장악력을 공고히 할 수 있었다. 이처럼 여성을 소외시킴으로써 남성들이 역사(HISTORY)를 전유(專有)해 온 것에 대하여 문제를 제기할 필요가 있다.

『화산도』에서 이러한 문제는 부엌이와 이방근의 성적인 관계를 중심으로 나타난다. 부엌이는 이방근의 아버지인 이태수의 집에서 살림을 봐주는 하녀이다. 15살에 조혼한 그녀는 결혼생활 동안 두 번의 사산을 겪고, 결혼한 지 10년이 지났을 무렵에는 남편을 잃는다. 남편을 여읜 부엌이는 이태수 집에 상주 하녀로 들어간다.

한편 그녀는 이따금 이방근과 잠자리를 하는데 이방근은 자신과 성교하는 부엌이를 다음과 같이 묘사한다.

언제나 놀랄 만큼 부엌이의 하복부는 풍부한 털로 덮여 있었다. 그곳을 지나다 보면 반드시 길을 잃어버린다. 알몸을 햇볕에 계속 드러낸다 해도, 털이 무성한 그 속까지는 빛이 결코 닿지 못할 것이다. 긴, 시간 냄새가 발효하여 출렁이고, 취해서 커진 이방근의 콧구멍을 더욱 크게 벌려 놓는다. 여자의 숨결과 함께 청새치 자반의 썩은 냄새가 밑바닥에서 무언가 꽃가루를 갈아 으깬 듯한 냄새의 층이 열린 두꺼운 목구멍 안쪽으로부터 격렬한 기세로 솟구쳐 올라온다. 그것은 이방근의 입안에서 확실한 형태를 이루며 팽창한다. 그는 냄새의 심해 속으로 해초를 몸에 휘감으며 잠겨 들고 또 잠겨 든다. [중략] 부엌이는 많은 인간 가운데 하나의 여체에 불과했다. 몸집이 큰 편이기는 하지만, 기껏해야 2평방미터 남짓한 피부에 둘러싸인 60킬로 정도의 여체에 지나지 않았다. 그러나 그 몸은 추상적인 냄새에 의해 확대되고, 하나의 여체를 넘어 자연의 공간 속으로 펼쳐져 간다. 그리고 하나의 존재로서 냄새를 풍기기 시작한다.

이방근은 어두운 온돌방에서 땀이 밴 몸을 맞비비며, 야광충으로 빛나는 숙취의 바다 속으로 계속 잠겨 들어갔다. 부엌이, 자네한테서 냄새가 나……. 자네 입에서 풍기는 냄새는 자네의 혼이야……. 어둠 속에서 그녀의 눈이 빛나고, 입가에 희미한 미소가 떠오른 듯하지만, 입에서 나오는 것은 냄새이지 말이 아니다. 돼지가 똥을 위장 속에 밀어 넣는 생명의 리듬……. (1권 281-282쪽)

소설에서 묘사되는 부엌이의 형상은 이방근의 관념과 뒤섞여 있기 때문에 소설 속 묘사만으로는 부엌이의 내면세계를 알기 어렵다. 이방근의 타자화된 시선에 포착된 부엌이는 제주도의 자연을 나타내는 하나의 표상으로서 드러날 뿐이다. 이때 부엌이와 자연을 매개하는 것은 '냄새'라는 추상적인 감각이다. 무성한 음모로 뒤덮인 부엌이의 야성적인 육체는 해초가 넘실거리는 깊고 어두운 심해로 들어가는 관문이다. "청새치 자반의 썩은 냄새 같은"(1권 281쪽) 부엌이의 토속적이고 관능적인 체취는 그녀의 육신을 벗어나 부풀어 오른다. 그것은 "여름철 풀숲의 훈김처럼 충만한 냄새, 깊은 바다의 해초떼처럼 흔들리는"(4권 305쪽) '추상적인 냄새'이다. 이처럼 끝을 모르는 감각의 확장 속에서 급기야 이방근은 자신이 "냄새나는 대지와의 교합"(4권 305쪽)을 하고 있다는 환상에 빠진다. 이러한 와중에 부엌이라는 실체는 사라지고 냄새의 흔적만이 생명의 리듬으로 변주하여 순환한다. 이렇듯 부엌이는 이방근의 관념 속에서 생명의 리듬이 충만한 제주도의 원형으로 환원된다. 그랬을 때 이방근의 입장에서 부엌이와의 성적 결합은 인간 부엌이와의

정서적, 육체적 교감이 아닌 제주
도의 근원에 근접해 가는 것을 의
미한다.

그러나 한편으로 이방근에게 제
주 민중은 낯설고 이질적이며 두
려운 타자이다. 제주는 생의 충동
이 넘실거리는 생명의 도가니지
만 한편으로 깊이를 헤아릴 수 없
는 바다처럼 두렵고, 검고 거친 현
무암 대지처럼 척박하다. 이방근
은 친밀감을 표현하지도 않고 심
중에 무엇을 감추고 있는지 내색

그림4 이방근의 감각 속에서 돌하르방으로 표상되는 제주 민중은 낯설고 이질적이며 두려운 타자이다.**29**

하지 않는 부엌이가 '돌하르방'을
닮았다고 생각한다. 그것은 제주 민중에 대한 이방근의 감각이기
도 하다.

건물 양옆에는 현무암으로 만든 돌하르방이 묵묵히 서 있었다. 거대
한 코, 툭 튀어나온 둥글고 커다란 눈, 꽉 다문 커다란 입, 한 아름 하고
도 반이나 되는 두루뭉술한 몸통에 새겨진 글러브 같은 양손. 벙거지를
뒤집어쓴 모양으로 사람 키의 두 배는 족히 됨직한 거대한 노인상은 거

친 화산암 속에 말을 가두어 버린 듯 뭔가 할 말이 있는 것 같으면서도 말이 없다. 돌로 변한 노인이었다. [중략] 그 모습은 마치 국민학생의 조각처럼 소박하고 괴이하다. 문득 돌하르방이 천천히 고개를 움직이기 시작한 듯한 느낌을 받으며 이방근은 관덕정 옆을 지나갔다. 부엌이를 닮았다. 감정을 침묵하는 육체 안에 가두어 버린 듯한 부엌이의 표정과 닮아 있었다. (2권 41쪽)

우락부락한 눈과 코, 굳게 다문 입, 투박한 손, 거대한 몸집, 소박하지만 괴이한 돌하르방의 형상은 이방근의 눈에 비친 제주 사람의 모습 그 자체이다. 섬의 안녕과 질서를 수호하는 돌하르방의 투박한 생김새는 언뜻 제주 민중의 낙천적이고 소박한 품성을 표현하고 있는 것처럼 보인다. 그런가 하면 단단한 현무암으로 만들어진 돌하르방은 심중의 어떠한 비밀도 발설하지 않겠다는 듯 고집스러워 보이기도 한다. 이렇듯 제주 민중이 돌하르방으로 표상될 때 그것은 그들의 불가해성에 대한 관찰자의 불안을 표현한다. 이방근은 제주 민중의 생명력을 긍정하지만 한편으로 생명의 근원인 자연의 불가해성에 위축되고 공포를 느낀다.

한편 이방근은 부엌이와의 성교 도중 부엌이-제주섬-제주 민중을 가로지르는 관념의 직선 회로를 발견한다. 이러한 인식이 전개되는 장소는 이방근의 관념이고, 부엌이, 제주섬, 제주 민중이라는 개별적 대상을 매개하는 심상은 왕성한 생명력이다. 그랬을 때 자신의 의사와 무관하게 이방근에 의해 결정되는 부엌이의 실존적 지위는 주체가 아닌 대상으로 추락한다. 이방근의 주체성은 이렇듯 부엌이를 타자화하는 폭력 속에서 발현되는 것이라고 볼 수 있다. 부엌이와 이방근의 성적 관계는 이러한 관점에서 재고되어야 한다.

부엌이-제주섬-민중을 연결시키는 이방근의 의식의 경로에서 그 출발점은 부엌이의 '여성성'이다. 이방근은 부엌이의 여성성을 "심해와 같은 검은 치마"(7권 355쪽)로 형상화한다. 그 검은 치마 아래에서 피어오르는 "냄새의 바다"(9권 208쪽) 속에서 제주 민중이 태동한다. 이처럼 현란한 심상의 변주 속에서 부엌이는 제주 민중을 잉태하고 출산하는 모체가 된다. 이때 부엌이는 인간을 초월한 존재이자 자연에 가까운 존재로 간주된다.[30] 이방근의 관념에 의해 구성된 부엌이의 여성성이 곧 실제의 부엌이를 압도하는 것이다.

이처럼 여성을 여성성이라는 본질로 환원하여 숭배하는 것은 여성에 대한 억압과 혐오의 또 다른 모습임을 지적할 필요가 있다. 여성의 다양한 모습을 무시한 채 여성성이라는 본질주의적인 기표에 박제함으로써 여성을 현실로부터 유리시키고 실재에 영향을 미칠 수 없는 신화적 영역에 구속해 버리기 때문이다. 이러한 상황에서 우리에게 주어진 과제는 부엌이를 현실의 존재로 구출해 내는 것이라 할 수 있다.

4. 서사로부터 융기하는 4·3의 여성들

『화산도』가 여성 인물을 그리는 방식에 한계가 없는 것은 아니다. 그럼에도 불구하고 『화산도』는 개성적인 여성 인물의 활약이 돋보이는 소설이라고 평가할 수 있다. 특히 부엌이, 이유원, 문난설의 활약상이 눈에 띄는데, 이 장에서는 이들 여성 인물이 각기 다른 방식으로 이방근이 중심이 되는 『화산도』의 서사를 전복한다는 점에 주목하고 싶다.

『화산도』에 이처럼 돋보이는 여성 인물이 등장하는 배경은 무엇인가. 이와 관련하여 작가의 창작 동기에서 그 실마리를 찾을 수 있다. 특히 김석범이 여러 지면에서 언급한 '유방 없는 여자' 일화는 『화산도』를 여성주의 시각으로 독해함에 있어 중요한 참조점이 된다.

우리는 김석범이 4·3이라는 문제적 사건과 문학을 통해 대결하겠다고 마음먹은 계기로 잘 알려진 이 일화를 통해 1949년 초 당시 일본에 살던 김석범이 제주도에서 온 밀항자를 인도하러 갔다가 우연히 26, 7세가량의 유방이 없는 여성을 만나게 되고 그녀에게 4·3에 관한 이야기와 유방이 도려내진 내력을 전해 듣는 장면과 만나게 된다. 김석범이 전하는 이야기에 따르면 그녀는 4·3 당시 고문으로 가슴이 잘려나가게 되었다고 한다. 이 만남을 계기로 그때까지 지독한 허무주의에 빠져 있었던 김석범은 종래에 자신을 괴롭혀 온 허무주의를 극복하기 위한 돌파구로서 4·3에 관한 소설을 집필하고자 결심한다. 인간이 감당하기 어려운 고통을 겪고도 다시금 생을 마주하는 여자에게서 좌절과 허무를 넘어서는 구체적 삶의 형상을 발견했던 것이다.[31]

'유방 없는 여자' 일화는 단순한 에피소드가 아니라 김석범 문학 세계의 근간이 되는 원체험이다. 특히 제주 여성의 삶에서 니힐리즘의 극복이라는 『화산도』의 테마를 정초했다는 사실을 확인하는 것은 중요하다. 『화산도』에서 제주 여성의 위상은 관념을 뛰어넘는 구체적 실체로서 중요한 위치를 차지한다. 그랬을 때 제주 여성의 실존이 투영된 『화산도』의 여성 인물들이 『화산도』의 서사적 특징으로 언급되는 관념성을 향해 범람해 들어오는 것은 당연해 보인다. 실제로 4·3을 체험하지 않아 4·3을 관념으로밖에 구성할 수 없었던 작가에게 있어서 제주 여성은 4·3의 구체성으로서 육박해 오는 실체였을 것이다.

이러한 창작자의 태도나 인식이 4·3으로 인한 여성들의 고통에 민감하게 반응하도록 했고, 제주 여성들이 4·3에서 어떠한 역할을 담당했었는지 주의를 기울이도록 했으며, 그 결과 전형에서 벗어난 개성적인 여성 인물을 창조하도록 이끌었으리라 짐작해 볼 수 있다. 그러나 한계도 있다. 여성 인물들의 개성이 주인공인 이방근

『화산도』 주요 인물 관계도
- 이방근과 여성 인물의 관계를 중심으로

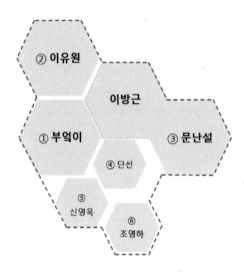

① 이방근 집안의 식모. 이방근과 육체 관계를 갖음.

② 이방근의 여동생.

③ 이방근의 연인.

④ 명선관(明仙館) 기생.

⑤ 하산한 여성 무장대. 이방근의 도움으로 일본으로 밀항.

⑥ 이유원의 친구.

그림5『화산도』의 여성 인물들은 어느 지점에 이르러 이방근과 상징적·실질적으로 결합한다는 점에서 '이방근의 여자'라는 타이틀로부터 자유로울 수 없다(필자 작성).

의 서사로 회수되는 경향이 있다는 점이다. 『화산도』의 여성 인물 각각은 자신들의 구체적인 경험 속에서 4·3에 대한 독자적 의식을 발전시키지만, 어느 지점에 이르면 이방근과의 상징적·실질적 결합을 통해 자신들이 이룩한 정신적·육체적 에너지와 4·3에 대한 전망을 이방근에게 양도한다. 그리고 여성들에게서 유무형의 자원을 받아들인 이방근은 현재의 상태보다 더 높은 차원으로 도약한다. 그런 의미에서 부엌이, 이유원, 문난설은 '이방근의 여자'라는 타이틀에서 자유롭지 못하다.

그럼에도 불구하고 『화산도』에 등장하는 여성 인물의 역할과 가능성을 적극적으로 발견하고 평가하는 것은 의미 있는 일이다. 여성의 존재가 전부 이방근에게 회수되는 것도 아닐뿐더러 회수되지 않은 부분은 잉여로 남아 이방근을 중심으로 직조된 『화산도』의 서사를 흔들기 때문이다.

부엌이, 싸우는 여자

부엌이는 중요한 인물이지만, 그러한 평가는 어디까지나 주인공인 이방근과의 관계 속에서만 유효하다. 『화산도』의 서사 내에서 부엌이라는 인물의 위상은 존재 그 자체만으로 고려의 대상이 되지 못하고, 이방근과의 종속적인 관계 속에서 이방근의 의식을 심화하기 위한 보조적 인물로서 파악되었던 것이다. 특히나 부엌이는 이방근의 관념 속에서 제주 민중을 표상하는 존재로서 대상화되었는데, 지금 이 순간부터 부엌이를 '투사'라고 불러줄 것을 요청한다.

부엌이와 이방근의 관계는 겉으로 보기에 단순한 주종 관계처럼 보인다. 그러나 겉으로 드러나는 위계적 관계에도 불구하고 부엌이에 대한 이방근의 불안은 진작부터 존재했었다. 이때 주목할 점은 부엌이를 향한 이방근의 두려움이 관념적 차원의 문제가 아닌 인왕(仁王)이라는 구체적 형상 속에서 실체화한다는 것인데, 이는 이방근과 부엌이의 위계적 관계에서 현실의 부엌이가 존재감을 드러냄에 따라 관계의 역전이 일어날 가능성을 시사한다. 이상의 문제의식 아래 부엌이에게서 인왕을 겹쳐보는 이방근의 의식을 따라가 보자.

커다란 부엌이의 모습이 귀 안쪽에서, 아니 더 깊은 머릿속 공간에 나타나는 것을 보았다. …… 큰 도끼를 힘껏 치켜들고 인왕처럼 우뚝 선 그녀의 주위는 피바다였다. 길바닥에 나뒹구는 참살된 사체, 사람을 어지럽게 만들며 황홀경에 던져 넣는 도끼의 빛과 피의 바다, 장작처럼 정수리를 두 개로 쪼개는 도끼는 없는가, 부엌의 손에 큰 도끼는 없는가……. 오랜만에 머릿속에 떠오른 환상이었지만, 이전과 같은 박력과 현실감은 없었다. [중략] "……부엌이가 게릴라 측에 서서 큰 도끼를 치켜들고, 힘껏 도끼를 치켜들고, 장작을 팬다……. 핫, 핫하, 나는 무슨 말을 하고 있는 것일까. 큰 도끼가 아니지. 그래, 죽창, 죽창을 꽉 쥐고 이 가슴을 푹 찔러 주면 좋을 텐데……. 음, 죽창, 이건 좀 폼이 안 나는군. ……장작처럼 정수리를 두 개로 쪼개는 큰 도끼가 발하는 빛은 어떤가? 그리고 피바다, 사람을 어지럽게 만들며 황홀경에 던져 넣는 큰 도끼의 빛……. (5권 195쪽)

이방근은 표정을 알 수 없는 부엌이에게 은근히 두려움을 느끼면서 "큰 도끼를 든 인왕(仁王)"(8권 196쪽)의 모습을 한 부엌이가 자신의 정수리를 쪼개고 피바다 한가운데 서 있는 장면을 상상하기도 한다. 하지만 환상은 이방근의 관념 속에만 존재하며, 환상이 아무리 도발적이더라도 주종 관계나 다름없는 이방근과 부엌이의 실제 관계에 영향을 미치는 일은 없다. 이 사실을 알기에 이방근은 시체가 나뒹구는 참혹한 환영을 보면서 "성내에서도 모두 동시에 봉기해서 민중이 폭동을 일으켜, 이태수 일가는 습격을 받아 불타고, 참살된다…… 그런 유쾌한 환상의 유희였다구."(5권 196쪽)라고 말할 수 있는 것이다.

부엌이 자신이 스스로 존재를 드러내기 전까지 이방근의 위기감은 그저 관념적 차원에 머무를 뿐이다. 이처럼 부엌이의 실체가 부재한 가운데 어렴풋한 느낌으로만 존재하던 이방근의 불안이 실체가 있는 감각으로 바뀐 순간은 "기계나 노예처럼 온순"(1권 281쪽)하기만 하던 부엌이가 스스로를 자신의 이야기를 하기 시작했을 때이다.

부엌이의 목소리는 4·3의 국면이 점차 무장대 쪽에 불리해지기 시작하는 타이밍과 맞물려 우리에게 당도한다. 하필 4·3의 위기 속에서 침묵하던 부엌이가 그동안의 침묵을 깨고 목소리를 내는 것이다. 그리고 우리는 이러한 부엌이의 모습을 통해 혁명에 대한 믿음과 신념을 가지고 우직하게 나아가는 '투사'의 형상과 만나게 된다. 이는 『화산도』의 전체 서사를 통틀어 4·3에 대한 사유를 가장 치열하게 전개했다고 평가되는 이방근조차 쉽게 도달하지 못한 차원이다.

구체적인 장면을 살펴보면, 4·3의 판세가 게릴라에게 불리하게 돌아가고 이에 따라 게릴라들의 성내 활동에 여러 제약이 생기자 게릴라들은 군경의 감시가 상대적으로 느슨한 이방근의 집을 그들의 아지트로 이용하기 시작한다. 그러한 상황에서 부엌이는 문지기이자 연락원으로서 게릴라들이 이방근의 집을 자유롭게 드나들 수 있도록 집안사람들 몰래 뒷문의 자물쇠를 벗겨둔다.

게릴라를 집안에 들인 것이 발각되었을 때 제일 위험한 것은 부엌이다. 그럼에도 불구하고 부엌이는 위험을 무릅쓰고 묵묵히 맡은 바 역할을 수행한다. 그런 의미에서 부엌이는 혁명의 주변 인물이 아닌, 누구보다 혁명 활동에 적극적으로 임하는 주역으로 평가받아야 마땅하다. 또한 혁명을 위해서라면 이방근까지 속이는 능동적인 인물로 평가해야만 한다.

부엌이가 이방근과의 추문 때문에 성밖으로 떠났다가 집으로 되돌아온 일도 이와 같은 맥락에서 재고할 필요가 있다. 소설에서 부엌이가 자신의 입을 통해 이방근의 집으로 되돌아온 이유를 설명하는 대목은 없다. 그러나 과묵한 부엌이가 누설하지 않은 비밀이 있다. 그리고 이처럼 부엌이가 말을 아끼기에 상황을 보다 적극적으로 해석할 여지가 생기기도 한다.

한편 여기서 짚고 넘어가야 할 문제가 있다. 적극적인 상상력을 발휘하여 『화산도』의 서사적 공백을 채우려는 시도에 대하여 그러한 독법이 서사나 인물에 대한 과잉 해석을 낳을 수 있다고 비판하는 것은 적절하지 않다는 점이다. 오히려 이러한 독법은 부엌이라는 인물이 품은 '진실'을 보다 더 적극적으로 드러내기 위한 정치적이고 전략적인 독해이다. 많은 경우 공적 기억과 목소리를 전하는 과정에서 여성의 기억과 목소리는 누락되어 왔다. 이처럼 공식 기억으로부터 여성을 소외시키는 것이 가부장제 이데올로기이며, 여성에 관한 진실은 그러한 가부장제적 동기에 대하여 "저항하고 재해석하고 의도적으로 거슬러 읽기를 하고 전복적인 해석"을 함으로

『화산도』 주요 인물 관계도

- 부엌이를 중심으로

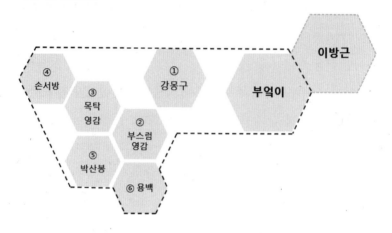

＊부엌이는 제주 민중성에 대한 표상이자 혁명적 투사이다.

① 남로당 제주도 부위원장 겸 조직부장.

② 종기를 치료해주고 끼니를 해결하는 떠돌이 노인.

③ 산천단 동굴에 기거하는 노인.

④ 죽창을 만드는 솜씨가 좋은 육지 출신 구두수선공.

⑤ 남해 자동차 트럭 운전수.

⑥ 관음사의 공양주.

그림6 민중의 표상이자 혁명적 투사인 부엌이와 제주 민중의 관계망 속에서 제주 민중의 혁명적 투지를 조망해 볼 수 있다(필자 작성).

써 "지배적인 의미를 바꿔놓아야만"[32] 드러날 수 있기 때문에 남성 중심 서사에 가려지거나 왜곡된 여성의 흔적을 적극적으로 찾아서 재구성해 보려는 노력이 필요하다. 그러니 앞서 확인한 사실들과 다음에 이어질 사건들을 단서로 적극적인 상상력을 발휘해 보자.

게릴라들이 드나들 수 있도록 이방근의 집 뒷문 자물쇠를 풀어 두는 것은 부엌이만 할 수 있는 일이다. 그렇다면 이렇게 가정해 볼 수 있을 것이다. 부엌이는 자신의 사명을 위해 이방근의 집으로 되돌아왔다. 이러한 가정 속에서 우리는 부엌이를 혁명을 완수하기 위해 위험을 감수하는 용기 있는 인물이자 동시에 혁명에서 자신의 역할이 무엇인지 알고 실천하는 '투사'로서 재인식하는 것이 가능하다. 그러므로 부엌이는 이방근이 그리는 것처럼 수동적인 여성이 아니다. 이방근이 미련하고 의뭉스럽다고 표현하는 부엌이의 성격도 혁명가다운 과묵함과 진중함으로 재평가해야 한다.

그런가 하면 부엌이의 내면은 이방근이 파악하고 있는 것처럼 단순하지 않다. 문면에 표현되지 않는 그녀의 심리는 매우 복잡하다. 이방근과 몸을 섞을 때마다 이방근의 관념 속에서 비인간으로 추락한다는 것에 대한 굴욕과 모멸을 견뎌야 하고, 게릴라를 위해 몰래 문을 열어줄 때마다 주인댁과 이방근을 배신한다는 죄책감이 엄습한다. 또 혁명에 대한 기대와 열망을 숨겨야 하는 답답함, 혁명에 무관심한 척 자신의 존재를 숨길 때의 괴로움 등 여러 화해할 수 없는 감정들이 부엌이의 내면을 어지럽힌다. 그러나 부엌이는 내면의 갈등과 분열을 겉으로 드러내지 않는다.

부엌이가 게릴라들에게 뒷문을 열어주는 행위는 내면의 혼란을 혁명에 대한 열망으로 수습한 결과이며, 그것은 자발적인 선택에 의한 것이다. 그러나 이방근은 부엌이의 자발성을 부정한다. 그는 게릴라들이 자신의 집을 아지트로 사용했다는 사실보다 부엌이가 자신을 기만했다는 사실에 보다 더 두려움과 분노를 느끼고, 급기야 그는 자신이 부엌이에게 게릴라들을 위해 문을 개방하도록 허락한 것이라며 사실을 왜곡하기까지 한다.

이방근이 부엌이에게 느꼈던 불안과 공포는 부엌이의 고백으로 현실이 된다. 4·3이 격화하는 가운데 게릴라에 대한 감시가 한층 더 삼엄해지고, 임무를 위해 성내에 잠입한 남승지가 부엌이의 도움으로 이방근의 집에 숨어든다. 이 사실을 알게 된 이방근은 부엌이의 배신을 부정하고 싶은 나머지 부엌이의 도움 없이 남승지가 월담하여 집으로 들어온 거라며 자신을 속인다. 그러나 부엌이는 이방근의 기대를 저버리고 그간의 '죄'를 고백한다.

> 서방님, 저는 죽어도 모자랄 여자이우다. 제가 사람을 뒤쪽에서 들였수 다……. 주인마님을, 서방님을 배신한 지옥에 떨어질 여자이우다. (9권 349쪽, 강조 필자)

위의 인용은 어떤 경우에도 자신의 속내를 드러내지 않던 부엌이가 예외적으로 자신의 생각을 말하는 대목이기에 의미심장하다. 과묵하던 부엌이가 심중에 아껴둔 말을 꺼낼 때 그 말이 주변에 미치는 파장은 크다. 더욱이 말의 내용 또한 매우 충격적이다. 부엌이의 고백은 언뜻 죄지은 사람의 수동적인 방어처럼 보인다. 그러나 달리 보면 자신이 조직원이라는 사실을 간접적으로 인정하는 고백으로도 읽힌다.

이처럼 도발적인 부엌이의 고백에 직면하여 부엌이에 대한 기존의 평가는 이제 수정되어야만 한다. 그동안 부엌이는 제주 민중을 상징하는 표상으로 독해되어 왔다. 이는 부엌이에 대한 이방근의 평가에 기반을 둔 해석이었다. 물론 그러한 평가에 부엌이를 폄훼하려는 의도는 없었다. 오히려 부엌이로 대표되는 제주 민중의 왕성한 생명력을 긍정하고자 했다. 하지만 이러한 평가는 이방근의 관념 속에서 구성된 부엌이의 이미지에 의존한다는 점에서 문제적이다. 따라서 부엌이의 목소리를 기반으로 그녀의 존재론을 다시 쓸 필요가 있다. 그랬을 때 우리는 부엌이에 대한 이방근의 평가가 부엌이의 목소리에 의해 전복되는 장면을 확인할 수 있을 것이다.

이유원, 연대하는 여자

『화산도』의 서사 전체를 통틀어 이유원만큼 비약적으로 변모한 인물을 찾아보기 힘들 정도이다. 이유원의 서사는 여성의 자유를 억압하는 가부장제 질서에 의문을 제기하고 독립된 주체로서 자신의 길을 개척하고자 하는 여성 서사이자 유산 계급인 자신의 계급적 한계를 깨닫고 민중 항쟁인 4·3의 옹호자가 되어 부조리한 역사를 변혁하는 흐름에 동참하고자 하는 혁명의 서사이다. 이렇듯 이유원이라는 인물이 서사적 차원에서 달성한 성장 가운데에서도 여성과의 연대, 특히 계급과 신분의 장벽을 초월한 부엌이와의 연대는 특별히 더 감동적이다.

이유원과 부엌이의 연대는 이유원이 이방근의 성추문 때문에 집을 나간 부엌이의 마음을 돌리고자 해방구를 방문한 일화를 중심으로 전개된다. 사건의 경과는 이렇다. 부엌이와 이방근이 잠자리를 가진다는 사실을 알게 된 이방근의 계모 선옥이 굿판을 벌여 사람들 앞에서 이방근과 부엌이의 관계를 폭로한다. 이에 스캔들의 장본인인 부엌이가 이방근의 집을 나오면서 사건은 우선 일단락된다. 그러던 중 사건의 전모를 알지 못한 채 그저 오빠를 통해 부엌이가 집을 나갔다고만 전해 들은 이유원이 부엌이를 설득해 집으로 데리고 오겠다며 서울에서 제주도로 돌아오면서 사건은 새로운 전기를 맞는다.

이유원은 계획대로 부엌이를 만나기 위해 해방구를 찾아가지만 부엌이를 설득하는 데는 실패한다. 한편 그 사건은 이유원에게 커다란 영향을 미친다.

> 우리 생활은 도대체 뭔가요. 조국이 두 개로 나뉘어 영원히 분열되려고 하는 시기에, 많은 사람이 희생되고 있는 때에, 우리들의 이 기생충 같은 생활은 뭔가요. 지금까지의 생활을 파괴하여 새로운 생활을 창조한다……. 저는 우리의 생활이 결코 정의가 아니라는 것을 알고 있어요. …… 급우 한 사람이 경찰에 체포되어, 우리들은 지금 지원도 하고 있어요……. 최근에 자주 입에 담고 있는 말이었는데, 유원은 경제적으로 혜택받은 가정에서 자라난 자신의 처지를 성찰하면서, 오빠의 '무위도식'하는 생활에도 비판적인 시선을 보내기 시작한 것도 사실이었다. 물론 제주도민에 의한 4·3봉기의 충격이 그녀의 계급적인 눈을 뜨게 만든 큰 계기가 되었다고 할 수 있었다. (5권 304쪽)

해방구에서 부엌이와 만나고 집으로 돌아온 이유원은 제주 민중의 현실과 동떨어진 자신의 유한계급적 삶을 반성적으로 돌아본다.

자신을 가리켜 '기생충'이라고 하는 이유원의 반성은 신랄하다.

더욱이 이유원의 반성은 관념적 차원에 그치지 않고 구체적인 실천으로 이어지는데 이 부분이 중요하다. 이유원은 해방구 방문을 계기로 "지금까지의 생활을 파괴하여 새로운 생활을 창조"(5권 304쪽)하겠다는 구체적인 목표를 세운다. 그리고 서울로 돌아가서는 동료들과 이승만 정부에 반대하는 삐라를 뿌리는 등 자신만의 방식으로 부조리한 현실에 저항한다. 그러던 중 이유원이 종로경찰서에 구류되는 사건이 발생하고 이방근이 그녀를 감옥에서 빼내지만, 이유원은 감옥에 남아 있는 동료들을 생각하며 자신만 특혜를 받았다는 사실에 괴로워한다.

이유원은 혁명의 연대자로서 자신의 가능성과 한계를 시험해 나간다. 이에 대하여 이방근은 아버지와 오빠의 울타리에서 벗어난 이유원이 위험에 휘말리게 될 것을 우려해 동생의 일본 유학을 추진한다. 그러나 이유원은 조국의 어두운 현실과 동료들이 겪는 고통을 외면할 수 없다며 제안을 거절한다. 이처럼 이유원은 오빠인 이방근과의 수직적 관계에서 벗어나 "결의한 인간이 앞으로 한 걸음씩 내딛듯이"(5권 306쪽) 독자적인 자기 세계를 형성하고자 한다.

이유원은 이방근과의 관계에 있어 대등한 주체로서 극적 긴장감을 형성하기도 하지만, 결국 오빠의 권유를 받아들여 일본 유학길에 오른다. 그러나 이것을 이유원의 좌절로 평가해서는 안 된다. 이유원은 또 다른 방식으로 자신의 의지를 관철하기 때문이다.

『화산도』 주요 인물 관계도

- 이유원과 이태수 집안 가계를 중심으로

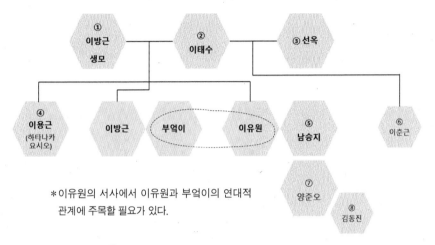

*이유원의 서사에서 이유원과 부엌이의 연대적
 관계에 주목할 필요가 있다.

① 이용근, 이방근, 이유원 남매의 생모.

② 이방근 남매의 아버지. 식민지 시기 일제에 협력하여 부를 축적.

③ 이태수의 후처.

④ 이방근의 형으로, 일본인과 결혼하여 일본에 귀화함.

⑤ 이유원의 연인. 해방 이후 조국의 통일을 염원하며 나고 자란 일본을 뒤로한 채 입
   국하여 남로당원이 됨.

⑥ 이방근의 이복 남동생. 제주도 토벌이 본격화한 이후, 이방근이 자살하기 며칠 전
   에 태어남.

⑦ 미군정 통역이자 남로당 비밀 조직원.

⑧ 남로당원이자 제주 한라신문 기자.

그림7 유한계급으로서 한계를 자각하고 아버지와 오빠에게 종속된 세계에서 벗어나 독립
적인 인간으로 성장하는 이유원의 서사에서 부엌이와 이유원의 연대적 관계는 중요하다(필
자 작성).

부엌이를 만나기 위해 입도했던 이유원은 유학 전 마지막 제주도 방문이 되는 이 여정을 마무리하면서 이방근에게 **"오빠, 부디 부엌이에게 잘해 주세요."**(9권 321쪽, 강조 필자)라고 당부한다. 이 당부는 사실상 소설 속 이유원의 마지막 발화이다. 따라서 오빠를 향한 당부에 이유원이 도달한 최종 인식이 담겨 있다고 봐도 무방할 것이다. 그랬을 때 이유원의 시선이 부엌이를 향해 있다는 점에 주목할 필요가 있다. 가부장제 울타리를 넘어서 바깥 세상으로 나아갈 이유원 앞에 펼쳐질 미지의 여로가 어느 곳을 향해 있을지 암시하기 때문이다.

이유원의 마지막 말을 좀 더 음미해 보자. 그것은 일차적으로 부엌이를 향한 이유원의 연대의 마음을 표현하고 있다. 동시에 그것은 가부장제의 구속을 박차고 나온 이유원이 주체로서 독립성과 자율성을 주장하는 선언이기도 하다. 이렇듯 두 가지가 연동되는 까닭은, 가부장제 질서와 신분·계급 질서가 여성에 대한 중층적 억압의 현실을 구성할 때 서로 다른 세계에 속한 이유원과 부엌이의 연대를 상상하는 것이 사실상 불가능하기 때문이다.[33]

아울러 이유원과 부엌이의 흥미로운 관계를 좀 더 섬세하게 독해하기 위해 리처드 로티의 논의를 빌려 주체성의 발현과 타자와의 연대가 연동된다는 흥미로운 사실에 관해 좀 더 이야기하고 싶다. 로티는 기성화된 세계의 질서를 거부하고 현재의 역동성을 포착하기 위해 새로운 언어와 표현 방식을 실험할 때 새로운 자아의 창조와 기존의 형식에 구애받지 않는 관계가 생성될 수 있다고 설명하면서 이것을 가리켜 '혁명'이라고 지칭한다.[34] 로티의 설명대로라면 가부장제라는 기성 질서의 거부는 이유원이라는 여성 주체를 생성하는 창조적 계기이면서 동시에 이유원과 부엌이의 연대가 실현되기 위한 조건이며, 나아가 기존의 부조리한 세계를 허물고 새로운 세계를 창조하는 실천이라는 점에서 혁명이라고 할 수 있다.

이유원의 서사에는 4·3을 혁명으로 정초함에 있어 이방근이 느꼈던 고립감과 허무주의의 정조가 드리워져 있지 않다. 이유원의 혁명은 가부장제의 억압에서 벗어나 자신의 이야기를 서술하는 것이고, 나아가 자신을 타자와의 연대 속에 새롭게 배치함으로써 존재로서의 가능성을 확장해 나가는 것이기 때문이다.

문난설, 교란하는 여자

문난설은 『화산도』의 여러 인물 중에서도 손에 꼽을 만큼 복잡하고 다면적인 면모를 지닌 인물이다. 그리고 문난설의 그러한 면모는 대체로 그녀의 예사롭지 않은 내력과 관련되어 있다. 문난설은 평양 출신으로 그녀의 아버지 문준원은 조선총독부 식산국 상공과

장을 거쳐 평안남도 식산부장이 된 친일파이다. 한편 그녀의 양아버지인 서운제는 젊은 시절 만주에서 무장 독립운동에 참여한 이력이 있는 민족주의적 성향의 인물로, 해방 이후에는 우파 정당에 소속된 국회의원이자 국제통신사의 회장직을 역임한다.

문난설이 서운제의 수양딸이 된 내막을 알기 위해서는 '식민 지배의 아이러니'라고 할 법한, 문난설의 아버지 문준원과 서운제의 특별한 인연을 이야기해야만 한다. 문준원과 서운제는 고향 선후배이자 도쿄대학 동창이다. 식민지 시기 서운제는 좌우합작 민족운동조직 신간회(新幹會)에 몸담았다가 이후 조선 민족주의 운동 그룹 사건에 연루되어 2년간 옥고를 치른다. 형기를 마치고 낙향한 서운제에게 당시 식산국 상공과장이었던 문준원이 경성 은행 융자를 소개하여 과수원을 매입하게 하고, 총독부 농림국에서 강원도 농림과에 소개하여 서운제가 수확한 과실에 대한 출하 판매 편의를 제공한다. 그 덕에 한때 독립운동에 투신했던 서운제는 식민지 자본가로 변신한다.

한편 해방기 혼란 통에 평양에 있는 가족들과 연락이 끊긴 문난설은 서운제를 양아버지로 모시면서 친아버지의 유산인 서울 저택을 서북청년단의 서울본부로 임대해 주고 거기서 나온 수입으로 생활을 영위한다. 그런가 하면 좌익 쪽 당조직의 선전선동기관인 국제신문에 적을 두는 등 좌우익으로 양분되는 이념 지형에 구애

『화산도』 주요 인물 관계도
- 문난설을 중심으로

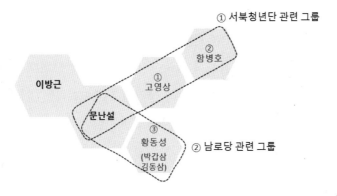

＊문난설은 서북청년단, 남로당과 모두 연결된 문제적 인물이다.

① 서북청년단 중앙 총본부 사무국장.

② 서북청년단 제주도 지부장.

③ 국제통신 편집국장이자 남로당 비밀당원.

그림8 서북청년단과 남로당 양쪽에 모두 걸쳐 있는 문난설의 행보는 좌우익으로 양분되는 이념적 지형을 초과한다는 점에서 문제적이다(필자 작성).

받지 않는 독특한 행보를 보인다.

이상의 짧은 요약만 보더라도 문난설의 이력은 매우 복잡다단하다. 특히 식민지 시기부터 해방 이후에 이르기까지 대한민국 근현대사의 여러 질곡들을 헤쳐 온 문난설의 내력은 개인사 이상의 의미를 지닌다. 문난설은 복잡하게 얽히고설킨 대한민국 근현대사에 단 하나의 얼굴을 부여할 수 없음을 상징적으로 드러내는 인물인 것이다. 그리고 문난설의 이와 같은 면모는 연인인 이방근조차 압도한다.[35]

문난설의 존재감은 유난히 육감적이고 관능적인 육체의 형상 속에서 두드러진다. 이방근은 첫눈에 문난설의 범상치 않은 면모를 알아보고 강하게 이끌린다. 하지만 문난설의 여러 모습 중 이방근이 본 것은 성애화한 그녀의 육체뿐이다. 그런데 이 대목에서 문난설의 육체에 매료된 이방근이 문난설을 두고서 "애를 낳지 못하는 여자"(5권 146쪽)일 거라고 추측하는 모습은 일면 모순적이면서도 흥미롭다.

문난설의 석녀 이미지와 짝패를 이루는 것은 불능에 대한 이방근의 강박이다. 이방근은 문난설이 특유의 육체성으로 육박해 올 때마다 자신이 불능일지도 모른다는 두려움에 사로잡힌다. 이방근에게 문난설의 육체는 매혹의 대상이면서 한편으로 자신이 남성적으로 무능할지도 모른다는 위기감을 불러일으키는 위협이기도 하다. 그럴 때마다 이방근은 문난설을 석녀로 치부함으로써 문난설의 압도적인 육체성을 무력화하고 그녀가 촉발한 내면의 동요를 진정시키고자 한다.

하지만 문난설과 이방근의 애정 관계에서 실질적으로 관계를 리드하는 것은 문난설이다. 둘의 관계에서 이방근은 문난설에게 끌려다니는 것처럼 보이기까지 한다. 이방근은 자신의 의식이 문난설에게 점령당했다고 고백한다. 그리고 앞서가는 문난설을 점령당한 그의 의식이 뒤쫓는다고 말한다. 이렇듯 문난설은 언제나 이방근이 인식할 수 있는 범위를 초과한다. 이방근은 관념 속에서조차 그녀를 정복하는 데 실패한다. 이로부터 알 수 있는 사실은 이방근의 관념성과 문난설의 육체성이라는 대립 구도에서 문난설의 육체성이 우위를 차지한다는 것이다. 그러므로 이방근이 문난설 앞에서 느끼는 불안은 자신의 관념성에 대한 불안이다. 그런데 이방근의 관념을 압도하는 문난설의 육체성이란 무엇인가.

여기서 문난설의 육체성이란 문난설이라는 인간의 실질적 생애와 욕망을 아우르는 존재론적 차원의 넓은 의미로 이해할 필요가 있다. 문난설은 복잡한 내력을 가진 인물이다. 그녀 자신이 적극적으로 드러낸 바는 없지만 복잡한 내력만큼이나 내면 또한 굉장히 복잡하고 섬세하리라고 짐작할 수 있다. 그런가 하면 문난설은 기득권과 긴밀한 관계를 유지하면서 이에 따른 특전을 누리는 것에 특별히 거부감을 느끼지 않는 것처럼 보이기도 한다. 그런데 여기서 흥미로운 점은 그러한 특전을 권력이 원하는 방식과 반대로 사용한다는 것이다. 이처럼 양극단의 생활을 오가는 가운데 문난설에게 실존적 위기나 정신적 파탄이 문제되지 않는다는 점은 특기할 만하다. 문난설의 이러한 특징은 이방근이 실존적 자유의 추구와 혁명 참여라는 상반된 요구에 직면하여 존재론적 위기에 봉착했던 것과 대조적이다.

능력 면에서도 문난설은 이방근보다 더 큰 존재감을 발휘할 때가 많다. 계엄령 때문에 서울에서 제주로 향하는 뱃길이 막혔을 때 인맥을 동원해 통행증을 발급받을 수 있도록 한 것은 문난설이었다. "그녀의 배경은 어떤 형태로든 도움이 된다."(11권 413쪽)라는 이방근의 말은 현실에서 문난설이 가진 실질적인 힘과 영향력을 단적으로 드러낸다.

이방근은 관념과 현실 모두에서 문난설을 장악하는 데 어려움을 겪는다. 그러던 그가 문난설이 자신의 인식을 초과하는 존재임을 깨닫게 되는 결정적인 계기는 문난설이 이방근에게 자신의 이야기를 들어 달라고 청해 왔을 때이다.

제 이야기를 들어줄래요? 귀찮아하지 말고. '이런 이야기'를 듣는 건, 좋아하지 않으시죠. (11권 403쪽, 강조 필자)

이방근에게 자신의 이야기를 들어 달라고 청한 뒤, 문난설이 풀어놓은 이야기는 이방근의 경험과 인식으로는 감당하기 어려울 만큼 복잡한 것이다. 그런데 문난설의 삶이 이처럼 다면적일 수 있었던 까닭은 상당 부분 그녀가 여성이라는 사실과 관련 있다. 여성이었기 때문에 원치 않는 결혼으로 고향을 떠나 경성에 정착해야만 했고, 여성으로서 살아남기 위해 친일파, 민족주의자, 서북청년단 등 다양한 남성 집단과의 관계 속에서 전략적으로 자신의 위치를 설정해야만 했던 것이다.

　문난설이 이상과 같이 자신의 이력을 전부 고백했을 때 이방근은 문난설이 낯선 타자라는 사실을 인정할 수밖에 없게 된다. 『화산도』에서 문난설의 육체성은 관념의 불모성을 매혹하고 압도한다. 나아가 관념의 세계를 흔들고 부수고 해체한다. 그렇다고 할 때 문난설은 이데올로기화한 혁명을 압도하는 생생한 생(生)과 욕망으로써 혁명에 활기와 역동성을 담보하는 존재라고 할 수 있을 것이다.

5. 곧, 터져나올 목소리를 찾아서

『화산도』의 여성 인물들이 획득한 인식론과 여러 무유형의 자원은 4·3으로부터 혁명의 가능성을 타진함에 있어 매우 중요한 자산이다. 그러나 한편으로 여성들이 이룩한 다양한 가능성이 서사의 주인공이자 남성인 이방근의 서사에 흡수되어 버린다는 점 또한 부인할 수 없는 사실이다. 이는 이 글에서 포착하고자 한 다성성으로서의 혁명과 거리가 먼 결론이다. 우리는 대화적 다성성 속에서 의식들이 서로 갈등하고 토론하는 가운데 '혁명'이라는 생성적 가능성을 향해 나아갈 수 있음을 기억해야 한다.

이상의 문제의식 하에 4·3 당시 다중의 억압에 짓눌린 제주 여성들의 실존에 대하여 『화산도』/4·3의 여성들은 말할 수 있는가?'라는 물음을 던져보고 싶다. 앞의 질문은 이렇게 변주되기도 한다.

'『화산도』/4·3에서 여성의 목소리를 들을 수 있는가?'

이상의 질문에 대하여 나는, 쉽지 않겠지만 고통을 증언하는 목소리와 그에 응답하는 목소리가 서로 공명할 때 어떤 가능성이 느리게, 그렇지만 착실하게 형성되리라는 희망을 이야기하고 싶다. 덧붙여 이로부터 혁명이 시작될지도 모른다는 낙관까지 조심스럽게 제시해 보고 싶다.

더불어 '기억'의 문제가 중요하다는 사실을 강조하고 싶다. 이와 관련하여 4·3에 있어 기억의 문제가 중요하다는 사실을 새삼 일깨우는 작가의 말을 인용해 보자.

> 과거는 과연 영원히 사라졌습니까? 아닙니다. 지배자들은 그렇게 기대했을 것이었으나 그렇게 되지는 않았습니다. 이제 4·3의 과거가 현재형으로 되살아나서 앞으로 나아가고 있습니다.
>
> 기억을 잊은 사람은 시체나 마찬가지랍니다. 지배자들은 사람들의 기억을 뿌리째 없애버리고 죽음에 한없이 가까운 망각으로 몰아냄으로써 우리들을 기억 없는 시체와 마찬가지로 취급하고 그렇게 만들어 왔습니다. 우리는 기억을 되살리면서 일어섰습니다. 그리하여 기억은 앞으로 망각을 되돌아가거나 사라지는 것이 아니라 역사를 전진시키는, 승리를 향하는 담보가 될 것입니다.[36]

"우리는 기억을 되살리면서 일어섰다." 이 말은 기억 생성의 주체로서의 권리를 박탈당한 여성들에게 한층 더 절실한 말이다. 그럼에도 불구하고 4·3에 대해 발화하는 여성의 목소리가 '폴리포니-다성음악'이 되는 것은 아직 이른, 미래의 일일지도 모른다. 현재 시점에서 4·3을 증언하는 여성의 목소리는 인간의 '언어'가 되기 이

전 상태의 무엇, 예를 들면 심방[巫覡]의 웅얼거림이나 생사의 기억이 희미해져 가는 망자의 횡설수설일지도 모르겠다. 그러한 소리는 단정한 언어가 아니기에 분명 듣기 괴로울 것이다. 그러나 그것을 주어진 형식에 맞게 정리하라고 요구할 수는 없다.

마지막으로 4·3의 기억을 구축하고 그것을 혁명으로 정초함에 있어 여성들의 목소리에 귀 기울이는 것이, 이미 짜여진 판에 여성의 목소리를 덧붙이거나 추가하는 방식이어서는 안 된다는 점을 중요하게 언급하고 싶다. 여성을 4·3의 담지자로 인정하고 그들의 목소리에 공명하는 것은 4·3을 통해 바라볼 수 있는 세계관을 비약적으로 확장한다. 그런 의미에서 4·3에서 여성의 목소리를 듣는다는 것의 진정한 의미는 억압에 짓눌려 있던 피억압자의 기억이 또 다른 피억압자의 목소리를 해방함으로써 연대와 혁명이라는 하모니를 생성하는 것에 있다고 믿는다.

희생자의 얼굴 너머:

4·3 다큐멘터리 영상과 재일제주인 여성

허민석

서울대학교 국어국문학과 박사과정 수료

이 장은 필자의 「탈장소화되는 제주-4·3 다큐멘터리에서 재일제주인 여성의 재현을 중심으로」(『여성
문학연구』 51, 한국여성문학학회, 2020, 314-345쪽)를 가필, 수정한 것이다.

희생자의 얼굴 너머:

4·3 다큐멘터리 영상과 재일제주인 여성

1. 희생자, 여성, 디아스포라

2019년 12월 시행된 '제주4·3에 대한 국민 인식 조사' 결과는 그동안 4·3에 대한 시민 사회의 인식이 크게 변화했음을 보여준다. 해당 조사에서 4·3을 안다고 말한 응답자의 비율은 무려 82.9%에 달했으며, 4·3의 성격을 묻는 질문에는 '양민학살'(52.4%)이라는 응답이 압도적으로 많았다('항쟁'(9.8%)·'사건'(8.7%)·'폭동'(7.4%)이라는 언급은 그 뒤를 이었다).[1] 이런 지표는 일부 폭동론자들의 주장에도 불구하고, 4·3이 폭넓은 대중에게 '국가폭력' 사건으로 인식되고 있음을 가리킨다. 대중의 인식 변화와 더불어 4·3의 진상규명 및 희생자 명예회복을 위한 법적·제도적인 절차 또한 순조롭게 진행되고 있는 듯 보인다. 일례로 지난 2021년 '제주4·3사건 직권재심 합동 수행단' 출범 이후 2023년 상반기까지 1,000여 명이 넘는 수형인이 직권재심을 청구했으며, 2022년 10월부터 4·3 희생자에 대한 국가 보상금이 지급되기 시작하면서 4·3 문제는 이제 실질적인 '해결' 단계에 진입하리라는 전망이 지배적이다.

그러나 이렇게 4·3 문제 해결을 위한 담론이 국가 주도로 제도화되는 과정에 문제를 제기하는 목소리도 꾸준하게 이어져 왔다. 2003년 노무현 정부의 『제주4·3사건진상조사보고서』 발표를 기점으로 4·3 문제를 둘러싼 논의가 본격적으로 이뤄질 수 있었지만, 동시에 4·3의 역사적 의미가 '희생자'의 서사로 일원화되고, 4·3 문제에 관한 사회적 논의 역시 '희생자는 누구인가'에 집중되기 시작했다. 특히 국가가 4·3을 국가폭력의 역사로 승인하는 과정에서 무장대와 항쟁의 기억은 배제되고 말았다. 이런 현상에 대해 문학평론가 김동현은 정부 주도의 과거청산 담론이 4·3을 '무고한 희생'의 기억으로 환원시키며, "가해의 구체성을 은폐시키는 동시에 개별적 주체의 주체성을 희생에 한해서만 인정하게 한다"라고 비판한 바 있다.[2] 사회학자 고성만 또한 "4·3에 연루됐던 사람들을 '희생자'로 일원화, 균질화하는 한편, '희생자'와 비(非)'희생자'로 위계화, 서열화"하는 과거청산의 방식이 점차 고착되고 있음을 지적한다.[3]

이처럼 희생자 서사를 중심으로 구성되는 제도화된 4·3 담론은 역사적 사건으로서 4·3이 지닌 내전 혹은 항쟁으로서의 의미, 즉 해방 후 미군정기와 남한 정부 수립 과정에서 발생한 대대적 수탈과 폭압에 맞선 '항거'라는 측면을 삭제한다. 대신에 대한민국 정부는 4·3의 비극을 국가가 저지른 '과거'의 잘못이라 인정하고 무고한 희생자의 상(像)을 생산하며, 사죄와 보상을 통해 과거의 국가가 자행한 죄과를 '청산'할 수 있다는 모델을 고수한다. 하지만 문경수가 지적했던 것처럼, 4·3을 둘러싼 과거청산의 아포리아는 4·3이 해방 후 미군·우익·친일 세력의 승리로 성립된 "대한민국이라는 국가의 정체성 자체를 겨냥"[4]하는 사건이라는 점에 있다. "4·3의 해결은 정치와 이념의 문제가 아"니며 "생명과 인권을 유린한 잘못된 과거를 청산하고 치유해 나가는 '정의와 화해'의 길"이라고 말할 때,[5] 지금 우리가 발 딛고 서 있는 대한민국이라는 정치체의 폭력적 기원은 더 이상 물어지지 않는다.

다시 말해 '4·3은 희생의 역사'라는 기억의 제도화는 내전 혹은 항쟁으로서 4·3의 기억에 대한 집단적인 망각을 바탕으로 가능해지는 것이다. 이때 집단적인 망각은 법과 제도를 통해서만 이뤄지지 않으며, 반드시 감성적·미학적 차원에서의 '공상'의 매개를 필요로 한다.[6] 따라서 4·3을 재현한 서사물과 이미지들을 고찰함으로써, 지금 우리가 '누구'의 시점으로 '무엇'을 보(지 않)고 있는가를 되묻는 작업은 긴요하다.

특히 과거사 인식과 밀접한 관련을 맺는 영상 매체인 다큐멘터리는 한국 사회에서 4·3의 문화적 기억이 어떤 관점 아래 구축되고 있는지 고찰하기에 적합한 대상이다. 국내에서 4·3을 다룬 다큐멘터리들은 1990년 무렵 지역 공영방송과 독립영화 집단을 중심으로 제작되기 시작했다. 「영원한 아픔 4·3 사건」(제주 KBS, 1989), 「이제는 말할 수 있다, 제주 4·3」(MBC, 1999)이나, 「다랑쉬굴의 슬픈 노래」(김동만, 1993), 「잠들 수 없는 함성」(김동만, 1995), 「레드헌트 1」(조성봉, 1997), 「레드헌트 2」(조성봉, 1999) 등은 모두 초기의 대표적인 사례다. 「산·들·바다의 노래」(제주 MBC, 2014), 영화 「비념」(임흥순, 2012), 「수프와 이데올로기」(양영희, 2021), 「돌들이 말할 때까지」(김경만, 2022) 등 최근까지도 4·3을 주제로 한 다큐멘터리는 비교적 중단 없이 발표되고 있다.

4·3 다큐멘터리에 주목한 논의로는 이미 1990년대부터 2000년대 중반까지의 초기 사례를 고찰한 권귀숙의 연구 성과가 존재한다. 그의 논의에 따르면, 텔레비전 다큐멘터리의 담론은 '이념에 의한 비극'(1989~97) → '대량학살과 상처'(1998~2002) → '새로운 과제의 모색'(2003~)으로 변화되어 온 한편, 독립영화 다큐멘터리에서는 '민중항쟁 사건'(1993~1996) → '국가폭력과 인권유린'(1997~)으로 메시지의 초점이 이동한다. 이러한 설명에서 4·3 특별법 공포(2000)

와 진상조사보고서(2003) 발표를 배경으로, 상당수의 4·3 다큐멘터리들이 새롭게 공식적 역사로 자리 잡은 국가폭력(혹은 양민학살)론의 관점을 채택하게 되었음을 짐작할 수 있다.[7]

그렇다면 구체적으로 4·3 영상물은 어떤 표상을 통해 국가폭력론의 관점에서 4·3의 기억을 불러내고 있는가? 이에 대해 권귀숙은 대부분의 사례에서 "고정화된 피해자로서의 여성상"을 등장시켜 제주인의 피해자성을 강조하는 가운데, "여성이 기억하고 경험한 실제는 사적인 것으로 주변화"되고 있다는 사실을 지적하고 있다.[8] 그는 기존의 4·3 다큐멘터리에서 제주 여성은 대체로 무고한 희생의 산증인인 동시에 비극의 아픔을 감내하는 '모성'의 이미지로 나타난다고 설명한다.

이렇게 전쟁의 문화적 기억에서 여성을 희생자의 이미지로 표상하는 방식은 매우 오래되고 보편적인 관습이다. 일례로 1차 세계대전 당시 독일군에게 처형당한 영국인 간호사 이디스 카벨이 대중 매체를 통해 "앳되고 연약한 여성이자 희생과 돌봄을 실행하다 유린당하는" 모습으로 그려져, "독일의 야만성을 부각하고 영국과 연합국 남성의 분노를 일깨우는 기제로 활용"됐던 사실을 떠올릴 수 있다.[9] 이것은 희생자화된 여성 표상이 남성 중심적인 민족주의와 애국주의에 복무한다는 사실을 보여주는 전형적인 사례다. 영국의 사례에서 '여성=희생자' 표상이 자국/적국의 관계를 선/악의 구도로 치환시키기 위한 상상적 장치라면, 제도화된 4·3의 기억에서 그것은 과거/현재의 국가를 비정상/정상(化)의 구도로 탈바꿈시키는 문화적 기제다. 즉, 4·3은 과거 국가의 비정상적인 작동으로 말미암은 억울한 희생이며, 지금의 국가는 과거의 억울한 희생을 기억하고 책임지려 한다는 것, 그러한 국가 정상화 서사 안에서 '여성=희생자' 표상이 작동한다. 하지만 '여성=희생자' 표상은 4·3의 압도적 비극성을 환기하면서, 역설적으로 국가 정상화 서사의 잔여로 남은 존재들, 혹은 희생의 역사로만 설명될 수 없는 또 다른 4·3의 기억을 망각하게 만든다.

이상의 논의를 종합하면 '여성=희생자'라는 관습적 표상은 4·3의 기억을 국민국가/가부장제적 시점에서 포섭하려는 담론의 생산물로서, 공식화된 4·3의 진실에 근거해 재생산되며 동시에 그렇게 제도화된 기억의 보편화에 기여한다고 설명할 수 있다. 따라서 '여성=희생자'라는 보편적 이미지를 매개로 4·3을 기억할 때, 한편으로 우리는 4·3을 몸소 겪어낸 여성들의 기억을 국민국가 혹은 남성 주체의 시선으로 '수취'하면서, 다른 한편으로 공식적인 역사 바깥으로 내몰린 존재에 대한 망각에 동참하는 셈이다.

그렇다면 이 글이 제기하고자 하는 의문은 다음과 같은 것이다. 우리는 어떻게 국민국가(가부장제)적 시점에 포획당하지 않은 채 4·3을 기억할 수 있을까? 국민국가의 시계(視界) '바깥'에서 4·3을 다

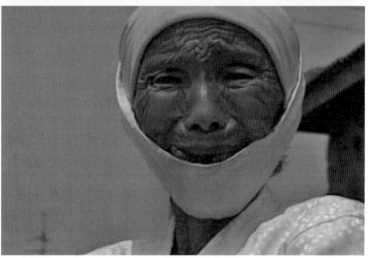

그림1 「레드헌트」(조성봉)에 삽입된 강요배 화백의 「피살」(위)과 「무명천 할머니」 중의 한 장면(아래)

시 사유하기 위해 어떠한 표상적 차원의 실천을 도모할 수 있을까?

이 글은 바로 그런 실천의 가능성을 모색하기 위해서, 동시대 4·3 다큐멘터리 영상에 등장하는 재일제주인 여성 표상에 주목한다. 2000년대 이후 한국의 인문사회학계에서 디아스포라 개념은 민족주의와 국민국가의 경계를 넘어 "민족과 국가를 이루고 있는 내외부의 경계들을 풍부하게 사유할 수 있게" 해주는 개념으로서 빈번하게 호출되고 있다.[10] 특히 월경하는 여성에 대한 관심은 국제결혼과 이주노동을 통한 여성 이주가 세기 전환기의 주요한 특징이 된 상황을 반영하며, 그들이 "국민국가와 법의 경계, 젠더 배분의 견고한 안정성에 불안을 초래"하는 존재라는 점에서 비롯한다.[11] 이 글에서 재일제주인 여성에 주안점을 두는 이유 또한 내셔널리즘의 남성 중심적 시선에 회수되지 않는 4·3의 기억법을 탐색하기 위한 것이다. 4·3 발생 이후 일본으로 건너가 살길을 모색할 수밖에 없었던 무장대와 그 친인척들의 생애,[12] 오사카에서 민단과 조총련의 협력으로 이뤄지고 있는 4·3 운동[13] 등을 고려하면, 4·3과 재일제주인의 관계에 주목할 때 내셔널리즘적인 국내의 4·3 담론으로부터 비판적 거리를 확보하는 것이 가능해지리라 기대한다.

물론 이 글은 재일제주인의 생애사나 일본 내 4·3 운동의 현황을 검토하는 연구와는 맥을 달리한다. 다시 말하자면 이 글의 관심은 재일제주인 여성이 표상되는 방식에 있다. 당연한 얘기지만 디아스포라 여성의 존재 자체가 곧 내셔널리즘 '외부'의 시각을 담보하는 것은 아니다. 어떻게 재현하느냐에 따라서 디아스포라 여성 표상은 오히려 내셔널리즘의 시각을 강화하는 데 이용될 수도 있기 때문이다. 예를 들면 "귀환하지 못하는 자의 노스탤지어 혹은 어디에도 속하지 못하는 자의 분열성"[14]이 강조될 때, 도리어 민족 혹은 국가라는 개념에 특권적인 의미가 부여되기 마련이다. 그리고 4·3 재현에서 재일제주인 여성이 실향민의 정체성이 더해진 '여성=희생자' 표상의 연장에 불과한 것으로 나타나게 될 가능성 또한 배제하기 어렵다. 그러므로 디아스포라 여성의 표상을 분석하는 작업이 국민국가의 시점으로 회귀하지 않기 위해서는 고국을 떠나온 여성의 여정에 주목하기보다, 그들의 증언과 이미지를 경유해 자명한 것으로 간주됐던 고국의 경계가 불안정해지는 순간을 포착하는 새로운 공간(론)의 발견으로 나아가야 한다.[15]

그러나 4·3을 공간(론)적 관점에서 파악한다는 것은 4·3을 단지 제주라는 로컬(local)의 역사로 간주하자는 주장을 의미하지 않는다. 4·3이 제주에서 전개된 로컬적 투쟁이라 할지라도, 투쟁의 지역성에 과도한 의미 부여가 이뤄지게 되면 중심/지역의 이항대립을 반복하는 가운데 후자를 '진정한' 장소로 낭만화하면서 오히려 로컬적 실천을 고립시키는 결과를 낳을 수도 있다. 중앙과 지역, 대한민국과 제주라는 장소를 자명한 경계에 의해 구획되어 있는 실체적 공간이 아닌 "개방적이고 관계적인 **구성물**(강조 필자)"[16]로 인식할 때, 궁극적으로 고국(고향)을 정체성의 기원적 장소로서 자연화하는 태도로부터 벗어나게 된다. 즉, 장소(location)는 폐쇄적인 실체가 아닌 지속적인 탈구(혹은 탈-장소, dislocation) 과정의 산물이라는 이해를 바탕으로 디아스포라는 고국(고향)으로부터 '뿌리 뽑힌' 존재가 아니라, 혼돈과 우연으로 가득한 공간의 관계적·구성적 성질을 체현하는 존재로서 다시 정의될 수 있다.

공간은 운동적으로 구성되는 것이라는 관점에 따를 때, 결정적으로 고국(故國, homeland)이 디아스포라의 기원적 장소(즉, 뿌리 뽑힌 자의 '뿌리')라는 통념적인 이해는 도전받는다. 브라이언 키스 액슬(Brian Keith Axel)은 차라리 고국이 디아스포라에 의해 '발명'되는 것이라는 생각이 더 생산적이라고 주장한다.[17] 이를 조금 달리 표현하면, 우리는 디아스포라의 표상을 매개로 고국이라는 상(像)을 생산해 낸다고 말할 수도 있다. 예를 들어, 한국에서 태어나 한국에서 생활하는 한국 국적의 시민이 '고국으로서의' 한국이라는 개념을 떠올리는 경우는 매우 드물 것이다. 오히려 '고국으로서의 한국'을 강하게 의식하는 쪽은 재외한국인 사회이며, 재외한국인의 표상을 통해 보통의 한국 시민에게는 너무 자연스러운 것이기에 의식조차 되기 어려운 '고국=한국'이라는 관념이 의식 위에 떠오르게 된다.

내셔널리즘적인 과거사 담론에 비판적으로 개입하기 위해, 이 글은 4·3 영상에서 재일제주인 여성 표상을 통해 이처럼 고국/고향의 기원적 성격이 역으로 재구성되는 과정을 추적해 나갈 것이다. 국민국가가 고국으로 구성되는 과정을 밝힘으로써, 우리는 4·3을 국가 혹은 국경이라는 장소에 대한 비판적 사유를 촉발하는 사건으로서 기억할 수 있게 될 것이다.

이어지는 장에서는 4·3 다큐멘터리 영상에 나타나는 재일제주인 여성의 증언과 이미지를 분석한다. 분석 대상은 4·3과 재일제주인의 관련성이 비교적 분명하게 드러나는 사례에 한정했으며, 각 매체의 특수성과 제작 환경의 차이 등을 고려해 텔레비전 다큐멘터리와 다큐멘터리 영화를 구별해 논의할 것이다. 특히 공영방송이 제작하는 텔레비전 역사 다큐멘터리는 "이데올로기적 장치로서 사회적 기억 제도"의 일종이며, "현재적 시점의 집단 기억을 생성하고, 이를 통해 동일 과거를 경험한 사회의 구성원이라는 의식을 조장"할 수 있다.[18]

이런 지적을 염두에 두면서, 다음 장에서는 먼저 제주 MBC 다큐멘터리 「4·3 속 재일제주인, 멈출 수 없는 기억」(10부작, 2018)과 「망향의 세월, 4·3과 재일제주인」(도쿄/오사카 편, 2018)을 살펴본다. 여기서 재일제주인 여성은 주로 '4·3으로 인한 이주'와 '타국살이의 비애'라 요약할 수 있는 탈향 서사 안에서 등장하고 있다. 이 글은 두 개의 대표 사례에서 재일제주인 여성의 4·3 체험과 이주 이후의 삶을 일종의 수난 서사로 묘사하면서 '여성=희생자' 표상을 반복·변주하는 양상, 그리고 '망향'의 정서를 부각함으로써 고국(고향)을 재일제주인의 정체성의 기원으로 재구성하는 과정을 비판적으로 고찰한다.

3장에서는 다큐멘터리 영화로 분류되는 양정환의 「오사카에서 온 편지」(2017)와 임홍순의 「우리를 갈라놓는 것들」(2019)에 등장하는 재일제주인 여성의 표상을 비교 검토한다.[19] 제작 주체나 상영 방식의 차이를 감안할 때 두 영화를 대등하게 비교하기는 쉽지 않다. 하지만 4·3의 기억과 재일제주인 여성 표상을 관계지음에 있어서 상반된 관점을 보여주는 두 사례를 나란히 고찰함으로써, 과거사 인식과 디아스포라 여성 서사가 빈번하게 결합되는 동시대의 현상을 양면적으로 고찰할 수 있을 것이라 판단했다. 특히 임홍순의 작품은 상술한 공간론적 관점에서 4·3을 기억하려는 표상적 실천의 사례라 할 만하다. 이 글에서는 「우리를 갈라놓는 것들」에 등장하는 무장대 출신 재일제주인 여성의 증언과 이미지에 주목하는 가운데, 단순히 '여성=희생자'의 역상(逆像)으로서 '여성=무장대'의 표상을 발견하는 것이 아니라 '희생자/무장대'라는 이항대립적 표상으로 환원되지 않는 존재의 기억을 포착하고자 한다. 영화 속 여성 빨치산의 표상은 희생자와 무장대를 분리하는 제도화된 기억에 균열을 일으키며, 오히려 그들을 분할하려는 힘의 작용 속에서 국민국가의 경계가 유동하는 것임을 드러낸다.

마지막 장에서는 이 글이 제안하는 공간론적 관점에 따라 과거사를 대하는 우리의 책임과 윤리를 다시 정의하는 방법에 대해 논할 것이다.

2. '제주'/'4·3'이라는 서사적 기원: 텔레비전 다큐멘터리의 경우

2019년 1월, KBS 뉴스에서는 4·3 당시 일본으로 건너간 제주인들을 촬영한 증거 영상을 최초 입수하여 보도한 적이 있다.[20] 이 영상에는 1949년 3월 4일 일본 나가사키를 출발한 부산행 여객선의 한국인 승객들이 등장하는데, 그들은 대부분 일본 정부에 의해 입국을 금지당해 강제 추방된 한국인 밀항자들이었다. 이 중 상당수가 '제주 출신자'였을 것으로 추정된다. 해당 영상과 관련해 한 4·3 희생자 유족은 일제강점기 동안 오사카와 제주 사이에 정기선이 오갔으며, 일본에 살다가 해방 후 제주도에 들어온 사람들이 4·3을 피해 다시 일본으로 떠나는 경우가 많았다고 설명한다. "(나는) 일본에서 태어나서 왔어요. 해방돼서 나왔어요."라는 그의 말에서 흥미로운 점은 그의 증언이 4·3의 여파로 난민이 될 수밖에 없었던

그림2 KBS 뉴스("4·3사건 당시 일본행 한국인 난민들"…증거 영상 최초 발굴) 중 장면

제주인의 역사를 대변하면서, 동시에 '제주 출향자'라는 명명 자체의 불분명함도 함께 암시한다는 사실이다. 영상 속 여객선의 탑승객에게 일본을 떠나 한국으로 가는 여정은 '귀향'이었을까, 아니면 '출향'이었을까?

난민 혹은 디아스포라는 이처럼 장소와 정체성 사이의 관계를 묻게 하는 존재다. 재일조선인 학자 서경식은 개인이나 집단의 정체성을 구성하는 국가의 범주를 조국(=자신의 조상이 살던 나라)/고국(=자신이 태어난 국가)/모국(=자신이 국민으로서 소속된 국가)으로 나누고, 자신(=재일조선인 2세)은 조국(=조선)/고국(=일본)/모국(=대한민국)이 모두 불일치하는 경우라고 설명한다.[21] "본적지가 제주도이면서 일본에 거주하는 자, 그리고 그들의 배우자와 직계자녀 2세와 3세"[22]를 가리키는 개념인 재일제주인도 의미는 비슷하지만, 실제 용법에서 재일조선인, 재일한국인(코리안) 등의 인접 개념과는 약간의 차이가 있다. 다른 개념들이 정체성의 기원을 나타내는 표지로서 민족 혹은 국가의 이름을 포함하고 있는 것과 달리, 재일제주인이라는 명명에서는 '제주'라는 지역명이 그 자리를 대신한다. 여기에는 제주가 조선/한국과는 다른 범주라는 인식, 혹은 제주가 오랫동안 조선/한국의 내부식민지였다는 의식이 내포되어 있다. 따라서 재일제주인이라는 개념은 국민국가(한국)의 경계 안팎에 존재하면서도, 국민국가를 정체성의 기원으로 삼지 않는 사람들의 존재를 가시화한다.

한국 근현대사에서 재일제주인의 이주가 본격화된 시기는 일제의 토지 수탈이 시작된 1910년대 무렵까지 거슬러 올라간다. 제주 어민(해녀)과 공장 노동자들은 대부분 경제적인 이유에서 일본으로 건너가 오사카를 중심으로 생활권을 형성했다. 그 결과 1924년 제주-오사카 간 정기항로 체제가 확립된 이후, 1934년 말에 이르러 일본에 거주하는 제주도민은 전체 인구의 5분의 1 수준에 달하게 된다.[23] 해방으로 일본과 제주 사이에 국경선이 그어진 후, GHQ의 허가를 얻지 못한 외국인의 일본 입국이 불법화됐음에도 불구하고 제주인의 일본 도항은 계속 이어졌다. 4·3과 한국전쟁으로 제주의 생활 공동체와 경제적 상황이 더없이 피폐해진 것도 해방 이후 지속된 일본 이주의 한 원인이었다. 그러다 한국 사회에서 한동안 잊힌 존재였던 재일제주인이 다시 수면 위로 떠오르게 된 것은 1960년대 박정희 정권 아래 수립된 경재개발 5개년 계획과 제주도 종합개발계획을 배경으로 해서다. 지역의 토착적 자본이 사실상 전무했던 당시에, 재일제주인은 '애향심'과 '향토애'를 바탕으로 지역 근대화의 밑거름을 마련할 '국민적 의무'를 지닌 자들로서 호명되기 시작했다.[24]

이처럼 지역 발전의 주역으로서 재일제주인을 소환하는 현상은 지금도 교육·문화 분야에서 흔히 목격할 수 있다. 예를 들어, '재일제주인 고향애(故鄕愛) 발자취 기록화' 사업은 "고향 제주가 과거 빈곤한 시절을 이겨내고 눈부신 성장을 이룰 수 있도록 견인차 역할을 한 재일제주인 1세대들의 업적을 기리고 향후 미래지향적인 발전적 관계를 형성"[25]하기 위한 목적으로 지난 2012년부터 이뤄지고 있다. 이런 사업에서 재일제주인 사회의 역사를 제주 지역사의 일부로 포섭하려는 의도를 읽어내기는 어렵지 않다.

제주 MBC에서 제작·방영하는 다큐멘터리 시리즈 '자랑스러운 재일제주인'도 재일제주인 기록화 사업의 일환으로 계속되어 왔다. 아래 표에서 확인할 수 있듯이 2010년대부터 '재일제주인'이 표제에 등장하는 다큐멘터리가 급증하는데, 이는 같은 지역의 공영방송인 제주 KBS의 경우와 비교할 때 확연하게 눈에 띄는 부분이다. 제주 MBC의 재일제주인 관련 다큐멘터리는 재일제주인을 향한 제주 지역 사회의 관심을 촉구하는 한편, "재외 제주인들의 애향심과 정체성을 확보"[26]하기 위해 제주도민과 재일제주인 3·4세를 대상으로 한 교육자료로 만들어져 배포된다. 여기서 재일제주인 1세(특히 여성)는 대부분 고향을 잃은 아픔을 딛고 일어나 제주 발전의 토대를 세운 세대로 그려지고 있다.

표1 제주 MBC 제작·방영 '재일제주인' 관련 다큐멘터리 영상 **27**

프로그램명	연도
일본으로 간 4·3 영혼들	2001
섬을 떠난 사람들	2004
재일제주인(3부작)	2006
이쿠노구 아리랑(2부작)	2010
재일제주인 1세 고향방문기, "살암시난"	2011
재일제주인 1세 고향방문기, "살암시난" 2	2012
재일제주인 애항 100년, "나의 살던 고향은"(20부작)	2012
재일제주인 1세 고향방문기, "살암시난" 3	2013
재일제주인 기업 성공기, "현해탄을 건넌 꿈"(10부작)	2013
자랑스런 재일제주인(10부작)	2017
시대를 넘은 삶, 재일 여성(10부작)	2018
스토리 공감 "망향의 세월, 4·3과 재일제주인"(도쿄편/오사카편)	2018
스토리 공감 "재일제주인 1세대들의 구슬픈 망향가"	2018
4·3 속 재일제주인, "멈출 수 없는 기억"(10부작)	2018
재일제주인 "현해탄 아리랑"(6부작)	2019
자랑스러운 재일제주인 "나의 살던 고향은"(10부작)	2021
2022 자랑스런 재일제주인 "애항의 빛"(8부작)	2022
자랑스러운 재외제주인 하나되는 우리는 제주인(10부작)	2023
특집 다큐멘터리 "화산도"	2023

4·3과 재일제주인을 함께 다루는 경우, 다큐멘터리의 내러티브는 재일제주인의 '제주인'으로서의 정체성을 확보하기 위해 4·3의 비극이 제주인의 대대적인 이산을 촉발한 사건이라는 사실에 초점을 맞춘다. 다만 비교적 초기의 사례라고 할 수 있는 「일본으로 간 4·3 영혼들」, 「섬을 떠난 사람들」 등이 4·3을 피해 고향을 떠날 수밖에 없었던 사람들의 아픔을 전달하는 데 집중한다면, 최근에 제작된 다큐멘터리들은 재일제주인이 겪은 4·3의 아픔을 치유하기 위해 제주와 일본에서 함께 이뤄지고 있는 4·3 운동의 현황과 성과를 알리는 데 주력한다. 특히 2018년 4·3 70주년을 맞아 일본에 거주하는 4·3 희생자 및 유족이 제주도를 방문하는 등 당시 확산됐던 평화적인 분위기를 배경으로, 제주 MBC의 4·3 다큐멘터리는 새로운 진상규명 과제나 추가적인 피해 사실처럼 무거운 주제를 다루기보다는 동시대의 4·3 운동이 해원과 상생을 논의하는 단계로 전개되고 있음을 강조한다.

10부작 다큐멘터리 「4·3 속 재일제주인 '멈출 수 없는 기억'」(이하 「멈출 수 없는 기억」)은 그 대표적인 사례다. 「멈출 수 없는 기억」을 구성하는 각각의 에피소드는 시리즈 전체를 개괄·정리하는 1부('산 자의 기억')와 10부('평화의 꽃을 피우다')를 제외하면, 모두 일본에서 4·3 운동에 관여하고 있는 재일제주인 인사들의 활동을 조명한다. 4·3 운동의 1세대인 김석범과 김시종(2부)에서 '제주4·3을 생각하는 모임'의 도쿄 대표 조동현(3부), 재일본제주4·3유족회장 오광현(4부), 문경수 교수(5부), 출판사 신간사 대표 고이삼(6부), 연극인 김철의(7부), 민족무용가 김영란(8부), 가수 이정미(9부)로 이어지는 전체 흐름은 일본에서 4·3 문제를 공론화하고 4·3 관련 조직 활동과 문화 행사를 평화 운동의 일환으로 정착시켜 온 재일제주인 지식인 및 문화인들의 역사를 잘 보여준다. 「멈출 수 없는 기억」의 10부작 구성에서 무엇보다 눈에 띄는 것은 재일제주인 2·3세의 활동이 중심적으로 다뤄진다는 점이다.

「멈출 수 없는 기억」에서 중심을 차지하는 내용이 재일제주인 2·3세의 4·3 운동사라면, 배경을 이루는 부분은 직접 4·3의 비극을 겪고 일본으로 이주한 재일제주인 1세 여성들의 증언이다. 중심인물의 활동이 조명되는 중간에 종종 등장하는 그들은 4·3 당시의 참상과 함께 가족과의 이별, 일본으로의 밀항 경험 등에 대해 설명한다. 전체적인 구도에서 보면, 재일제주인 1세는 4·3으로 인한 희생과 아픔을 대변하는 한편, 그들의 후세대는 앞 세대의 고통스러운 기억을 치유하는 주체로 표상된다. 그러므로 「멈출 수 없는 기억」은 일본의 4·3 운동사가 국가폭력으로 비롯된 가족의 죽음과 실향이라는 재일제주인의 아픈 기억(1세)을 용서와 화해의 계기로 정립하는 단계(2~3세)를 향해 나아가고 있다는 일종의 세대 서사를 구축한다. 이러한 세대 서사적 구성 아래 묘사되는 재일제주인 사회의

그림3 「멈출 수 없는 기억」 중 장면

로컬적 4·3 운동은 4·3을 평화의 기표로 재서술하는 한국 정부의 과거청산 담론과 그리 멀리 떨어져 있지 않은 것처럼 보인다.[28] 달리 말해 재일제주인의 4·3에 대한 기억들은 과거사 문제를 평화 운동으로 전환하려는 국내의 지배적인 담론을 조건으로 삼아서 공적인 역사 재현의 영역으로 귀환하는 듯이 보인다.

휴먼다큐 프로그램 '스토리 공감'의 에피소드 「망향의 세월, 4·3과 재일제주인」(이하 「망향의 세월」) 역시 비슷한 관점에서 재일제주인의 증언과 이미지를 활용하고 있다. 도쿄편에서는 먼저 재일제주인 여성들의 4·3 체험을 다루고 난 다음, '4·3 70주년 도쿄 위령제'를 이끌어가는 재일제주인 2·3세 문화인들의 모습을 주로 비추고 있다. 반면 오사카편에서는 일본 유가족·동포·시민 평화기행단의 제주도 방문을 따라가는 중에 4·3 당시 가족과 이별한 사연을 들려주는 재일제주인 여성들이 등장한다. 특히 그들이 운명을 달리한 가족을 회상하거나 제주를 방문해 가족의 위패나 유해를 찾는 장면에서 비극적인 분위기가 고조되고, 가족이 잠든 고향 땅에 대한 망향(望鄕)의 정서가 영상 전반에 짙게 깔리기 시작한다. 여기서 재일제주인 여성은 4·3의 피해 당사자이자 재일제주인의 뿌리가 잃어버린 고향 땅인 제주도에 있음을 보증하는 역사의 증인으로서 호명된다. "4·3의 시대를 강인하게 살아낸 모든 어머니"의 이야기를 기억해야 한다는 내레이션과 함께, 재일제주인 여성의 이

시려워도 울지 못한 한의 세월에
목이 메이는 할아버지

4.3 평화공원에서 찾은
어머니와 할머니, 할아버지의 위패

그림4 「망향의 세월」 중 장면

미지 위에는 "이제는 돌아가고 싶은 고향 제주", "세월이 갈수록 그리워지는 고향" 같은 자막이 덧씌워진다.

「멈출 수 없는 기억」과 「망향의 세월」에서 재일제주인 여성들은 공통적으로 직접 겪은 4·3 체험을 들려주는 역할에 배치된다. 오랜 침묵 속에서 '복원된' 그녀들의 목소리는 제주와 4·3이라는 재일제주인의 역사적 시원을 알려주는 것이자, 후세대의 재일제주인에게 거듭 전승돼야 할 것으로 의미화되고 있다.

하지만 그들의 증언을 통해 4·3의 비극이 고향 상실과 가족 이산의 기억으로 맥락화될 때 또 다른 문제가 발생한다. 위의 두 사례처럼 재일제주인의 생애를 전형적인 탈향의 서사로 재현하는 방식은 그들의 삶을 특정한 방향으로 이해하도록 유도하기 때문이다. 물론 4·3이 재일제주인의 삶에 막대한 영향을 미쳤음을 무시할 수 없지만, 이 장의 서두에서 언급했던 것처럼 출향/귀향이라는 구분 자체가 애매한 경우나 도일의 직접 원인이 4·3이 아닌 경우도 얼마든지 존재한다.

1948년 4월 3일을 전후해 일본으로 건너가지 않았더라도, 해방 전부터 계속 일본에서 생활했거나 한국에서 4·3과 한국전쟁을 모두 겪은 뒤 일본으로 도항한 재일제주인들 역시 직·간접적인 4·3의 여파 속에서 살 수밖에 없었다.[29] 하지만 탈향 서사의 문법을 사용하는 4·3 다큐멘터리는 은연중에 4·3을 재일제주인의 일본 이주의 기점이 되는 사건으로 축소한다. 실제 재일제주인의 4·3 경험이 매우 다양한 맥락과 배경에서 이뤄졌다는 사실을 고려하면, 「멈출 수 없는 기억」과 「망향의 세월」에서 '제주'와 '4·3'은 일종의 서사적 효과에 의해 재일제주인의 기원으로 구성된다고 말해도 과언이 아니다.

또한 4·3 다큐멘터리에서 탈향 서사를 동원할 때, 특히 재일제주인 여성을 4·3 피해자이자 실향민이라는 희생자 표상으로 소환할 때, 그들이 고국을 떠나도록 만들었던 고국이 자행한 폭력의 기억은 희석되고 만다는 점도 문제적이다. 더 나아가 재일제주인 여성의 생애 재현에 있어 4·3으로 인한 실향의 아픔과 망향의 정서를 반복적으로 강조하는 경우, 그들의 디아스포라적 존재는 장소성을 상실한 불완전한 상태로, 고국/고향만이 결여를 채울 수 있는 '진정한' 장소로 의미화되기 마련이다. 그 결과 '4·3'과 '실향'이라는 이중적인 피해의 경험자로 묘사되는 재일제주인 여성은 내셔널리즘적인 4·3 담론이 수집하는 희생자의 표상에 부합할 뿐 아니라, 도리어 과거사 인식에 있어 내셔널리즘적인 시각의 강화에 복무하게 된다. 결국 재일제주인 사회에서 로컬적 실천으로 지속되고 있는 4·3의 문화적 기억 역시 이처럼 희생자 서사에 흡수되고 만다면, 국민국가의 시점에서 구축되는 4·3 담론의 한계를 동일한 형태로 반복하게 될 뿐이다.

앞서 살펴본 다큐멘터리 영상에서 특히 무장대 출신의 재일제주인 여성 김동일이 표상되는 방식의 변화는 징후적이다. 2001년 제작된 「일본으로 간 4·3 영혼들」에서도 물론 4·3 당시에 김동일이 여성으로서 겪은 피해 사실이 어느 정도 설명되고 있지만, 이 다큐멘터리는 김동일이 무장대 사령관 이덕구의 지도를 받은 "소녀 무장대"였으며 그녀의 피해가 '토벌대'에 의한 것이라는 사실을 분명하게 밝힌다. 또한 이덕구의 조카이자 이좌구(무장대 총무부장)의 아들인 이양우의 인터뷰와 함께 배치된 것에서 짐작할 수 있듯이 김동일은 무장대의 기억을 대표하는 사례로 등장한다. 그러나 김동일 사후에 제작된 「멈출 수 없는 기억」에서 김동일은 "4·3 활동가"로 명명되고 있으며, 「망향의 세월」(도쿄편)에서는 4·3 이후 고향을 떠나 살 수밖에 없었던 김동일의 사연이 더 중점적으로 소개되고 있다. 두 경우 모두 김동일이 무장대 출신임은 매우 희미하게 드러나며 '이덕구'라는 이름은 아예 언급조차 되지 않는다.

김동일의 사례는 공식적인 4·3 재현에서 재일제주인 여성이 표상될 수 있는 한계와 조건이 무엇인지를 다시금 시사해 주고 있다. 이 장에서 살펴본 두 개의 텔레비전 다큐멘터리에서 김동일은 4·3으로 인해 시작된 여성 수난 서사의 주인공(「망향의 세월」)으로서, 아니면 4·3의 비극적 진실을 알리고 평화 운동의 정착에 기여한 활동가(「멈출 수 없는 기억」)로서 주체화된다. 이것은 제도화된 4·3의 문화적 기억에서 재일제주인 여성에게 허락된 자리는 4·3의 희생을 직접 경험한 당사자 혹은 희생의 기억을 전하는 증언자라는 사실을 암시한다. 무장대가 상징하는 내전 혹은 항쟁의 기억 또한 4·3과 재일제주인 역사의 일부이지만, 이런 기억은 대한민국 정부 수립의 역사적 정당성을 되묻는 것이기에 표면화되지 않는다. 대신에 재일제주인 여성은 4·3의 참상을 기억하며 동시에 고향을 그리워하는 존재로 그려진다. 물론 여기서 노스탤지어의 대상인 고국/고향은 폭력의 기억으로 점철된 역사적 공간이 아닌 관념상의 고향이다. 그들의 증언과 이미지 주변에 둘러져 있는 강력한 노스탤지어의 정서가 언젠가 '귀환'해야 할 장소로서 관념적인 고국/고향의 상을 구성한다.

3. 산(山)의 기억을 불러내기: 다큐멘터리 영화의 경우

'양민'/'폭도' 표상의 분할 (불)가능성

국민국가의 시점에서 디아스포라 서사는 결국 귀환하지 못한 자들의 이야기로 번역된다. 이처럼 국민국가의 외부마저 국민국가의 자장 안으로 흡수해 버리는 내셔널리즘의 중력에서 벗어나기 위해서는 공간을 이해하는 새로운 방법이 필요하다. 서론에서 언급한 바와 같이 공간이 관계적이고 개방적인 '구성물'이라면, 공간이 자명한 경계에 의해 구획되어 있으며 단일한 정체성으로 이뤄져 있다는 생각은 더 이상 유지되기 어렵다. 공간을 둘러싸고 있는 경계 역시 부단히 구성되는 것이라고 할 때, 경계를 실체적인 것으로 간주하며 경계 너머의 존재를 뿌리 뽑힌 자로 묘사하는 재현의 폭력은 불가능해질 것이다. 이런 공간론적인 이해를 바탕으로 이 장에서는 미술작가이자 영화감독인 임흥순의 다큐멘터리 작업을 통해 4·3을 기억하는 대안적인 관점의 수립 가능성을 검토할 것이다. 본격적으로 임흥순의 작품에 대해 논의하기 전에, 비교 사례로서 다큐멘터리 영화 「오사카에서 온 편지」(2017)를 살펴보자.

이 영화의 주인공은 권경식과 문인숙이라는 두 명의 재일제주인 여성이다. 권경식의 경우 4·3 당시 경찰에 의해 남편과 시아버지를 잃고 본인도 모진 고문을 당했던 기억, 딸을 남겨두고 일본으로 건너가 생활하던 중 딸이 사고로 죽는 바람에 다시 만날 수 없었던 비극적인 사연이 소개된다. 문인숙의 경우 4·3을 피해 먼저 일본으로 떠난 부모를 찾아 밀항했으나 신분이 적발되어 오무라(大村)수용소[30]에 수감되었던 경험이 주로 다뤄진다.

앞서 검토한 텔레비전 다큐멘터리의 사례와 비슷하게, 「오사카에서 온 편지」는 두 여성의 기억을 '4·3 발생'에서 '가족 이산'으로 전개되는 전형적인 탈향 서사로 재구성하며, 그 과정에서 증언에 의존하기보다 많은 부분을 비극적인 정조로 채색된 재연 드라마로 대체하고 있다. 또한 영화는 "제주4·3 사건이 아니었다면 굳이 겪을 필요도 없었을 문인숙 형제의 가슴 아픈 이야기, 지금도 제주 4·3 사건이 끝나지 않았다는 것은 남겨진 아이들의 마음의 상처가 채 아물지 않았기 때문일 것이다"라는 내레이션을 덧붙이며 그들의 이주 경험을 4·3으로 인한 피해 사례의 하나로 간주할 수 있음을 강조한다.

「오사카에서 온 편지」는 4·3 다큐멘터리에서 (재일제주인) 여성을 희생자로 표상하는 전형적인 방식을 보여주며, 동시에 그런 제작 의도가 매우 노골적으로 작품에 표면화된 사례이기도 하다. 영화는 러닝타임 내내 인물 묘사와 자막 등을 활용해 거듭 순수한 희생자의 상을 정의하고자 시도한다. 일례로 영화에 삽입된 재연 드라마에서 주민들은 "빨갱이? 빨갱이는 또 뭔데요?"라고 물으며 4·3 희생자들이 정치나 이념과 무관한 순수한 피해자임을 드러내고자 한다. 또한 감독은 자막을 통해 4·3을 "제주도에서 공산주의를 선동하며 활동 중인 약 400명의 빨갱이를 소탕하기 위한 작전에 약 30,000명의 제주도민이 빨갱이란 오명으로 학살된 사건"이라고 설명하고, "본 드라마에서는 약 400명의 빨갱이가 아닌 약 29,600명의 억울한 희생자와 당시 아무런 준비 없이 남겨진 아이들의 이야

그림5 「오사카에서 온 편지」 중 장면

기를 말하고자 한다"라는 자신의 의도를 직접 표명한다. 유튜브 채널에서 진행한 인터뷰에서 감독은 심지어 4·3 당시 입산한 사람들 중에서도 남로당 사람과 단지 살기 위해 무장한 사람을 철저히 '분리'해야 한다고 주장하기까지 한다.[31]

'양민'과 '폭도'를 구별하고 전자만이 애도와 추모의 대상이 될 수 있다고 보는 감독의 입장은 사실 특별한 것이 아니라 지금까지 한국 사회에 공유되고 있는 합의된 시각에 가깝다. 제주4·3평화공원이 설립된 이후 매년 반복되어 온 소위 '불량위패' 논란이나, 지난 2017년 4·3위원회에서 김의봉의 희생자 결정을 취소한 사례[32] 등은 모두 남로당 출신자 혹은 무장대 활동 이력이 있는 사람을 희생자로 인정할 수 없다는 시각이 우리 사회의 지배적인 입장이라는 점을 보여준다. 4·3 당시 무장한 사람들 가운데 무장의 목적에 따라 희생자와 비(非) 희생자를 나눌 수 있다(혹은 나눠야만 한다)는 주장 역시 동일한 입장에서 파생되는 목소리에 불과하다. 예를 들어, 4·3의 항쟁적 성격을 "비민주적 통치에 대한 일종의 정당한 '자위권' 행사"로 간주하는 소극적(자위적) 항쟁론 역시 대다수의 제주 민중을 "반체제적인 무장대와는 구분되는 범주로 제시"한다는 점에서, 양민과 양민이 아닌 사람(무장대)을 논리적으로 분할하는 국가폭력(양민학살)론과 비슷한 전제를 공유한다.[33]

하지만 「오사카에서 온 편지」의 감독은 입산자 중에서 양민과 폭도를 어떻게 구별해 낼 수 있는지에 대해서는 이야기하지 않는다. 여기서 핵심은 둘을 구별할 수 있다(혹은 그래야 한다)는 믿음 그 자체다. 이런 믿음이야말로 정치와 이념에 '오염'되지 않은 희생자라는 '희생자다움'의 표준을 구성하며, 무고한 희생자의 표상은 그렇게 정의된 희생자성의 기준에 따라 수집되는 것이다. 특히 「오사카에서 온 편지」에서 권경식의 생애를 그리는 방식은 '여성=희생자'라는 관습적 재현을 그대로 반복하고 있다는 점에서 실로 문제적이다. 그녀의 삶은 가족과 친지의 죽음, 전쟁으로 인한 귀향의 실패 등 오로지 수난을 중심으로 서사화되고 있으며, 애상적인 분위기의 음악과 함께 비춰지는 노년 여성의 신체는 국가폭력의 기억을 전시하는 장소 이상의 의미를 부여받지 못한다. 따라서 영상 속 서사의 주인공은 희생자라는 정체성에 고착되고 만다.

그림6 김동일 증언집 『자유를 찾아서』(2008)

이처럼 4·3 다큐멘터리가 여성을 희생자라는 단일한 형상으로 재현할 때, 이런 관습적인 표상이 반복 재생산됨으로써 우리의 문화적 기억에서 배제되는 역사적 형상들이 존재한다. 한 가지 예는 4·3 당시 한라산에서 활약했던 여성 빨치산들의 존재다. 2장에서 언급했던 재일제주인 1세 여성 김동일(1932-2017)이 바로 그런 경우다. 조천중학원에서 이덕구의 가르침을 받으며 연락책으로 활동했던 김동일은 4·3 발생 당시 15세의 나이로 한라산에 입산하여 빨치산 투쟁에 참여한다. 그는 약 1년간의 산 생활 끝에 토벌대에 잡혀 고초를 겪은 후 광주의 소년형무소에 수감되었다가, 다시 한국전쟁 때 지리산의 빨치산 투쟁에 가담하게 되었으며 휴전 이후에는 일본으로 밀항해 정착한다. 김동일의 생애사는 증언집『자유를 찾아서-김동일의 억새와 해바라기의 세월』(김창후, 2008)에 정리되어 있는데, 이 책에서 그는 4·3 당시 자신이 입산했을 무렵의 기억을 다음과 같이 설명한다.

"난 4·3이 금방 일어났을 때는 산에 올라가지 않았어요. 아주 탄압이 심해지고, 저 중산간 마을에 토벌대가 불을 놓아 새까맣게 변했을 때까지도 집에서 어머니와 살았죠. 그러다 (…) **그때도 잠시 연락 갔지. 산에 있으려고 간 게 아닌데 내려오질 못한 거예요. 양대못이고 뭐고, 저 중산간 마을 다 불태운 후에, 주민들이 다 소까이 내려온 후에 간 건데 위험하다고 내려오지 못한 거죠. 이유야 어떻든 그렇게 해서 난 산생활을 시작했죠**(강조는 필자). 그때는 산에서 무장봉기를 했고, 우리는 당연히 그에 따라야 한다고 여기고 있었어요. 그땐 그냥 그랬잖아요? (…) 산에 살면서도 우리가 해방된다니까 군인들이 습격해 와도, 비행기가 습격해 와도 신문에 우리 투쟁이 세계적으로 유명하다고 하니 당연히 이길 걸로만 알았죠."**34**

여기서 김동일은 4·3 이전부터 자신이 연락책으로 활동하고 있었지만, 4·3이 일어난 뒤에 산 생활을 시작하게 된 것은 우연에 가까웠다고 고백한다. 무엇보다도 그의 증언은 소개령 이후 '생존'하기 위해 산에 머물렀던 사람들과 산을 거점으로 '투쟁'을 이어갔던 사람들을 말끔히 분리해 내는 것이 사실상 불가능에 가깝다는 점을 알려준다. 김동일(의 기억)은 말 그대로 적을 축출하려는 분할의 시도에 저항한다. 그녀의 기억에 따르면 토벌대의 초토화작전이 이뤄지는 상황에서 생존과 투쟁은 전적으로 같은 사항이었을 것이며, 따라서 엄밀한 의미에서 산에 남은 '양민'/'폭도'는 분할 불가능한 상태로 남는다.

횡단하는 여성들과 만들어지는 국경

그렇다면 이토록 불투명하게 남은 '산'의 기억을 우리는 어떻게 다시 불러올 수 있을까? 임흥순의 「우리를 갈라놓는 것들」(2019)은 이런 물음에 대답하기 위한 다큐멘터리적 실천의 한 사례다. 이 영화는 김동일과 함께 조선과 중국을 오가며 독립운동 자금을 전달했던 정정화(1900-1991), 한국전쟁 중 가족을 찾아 지리산으로 숨어들었다가 빨치산이 되었던 고계연(1932-2017), 세 여성 투쟁가의 기억을 다루고 있다. 그러므로 「우리를 갈라놓는 것들」을 4·3 다큐멘터리라고만 설명하기에는 무리가 따른다. 하지만 이 작품은 고정된 시공간의 경계를 넘어 4·3을 기억하는 방법의 가능성을 시사한다는 의미에서 이 글의 논의와 관련해 주목할 필요성이 있다. 영화는 제주-광주-상해-도쿄 등 각국의 도시를 향해 펼쳐지는 세 여성 투쟁가의 디아스포라적 생애를 바탕으로, 국민국가의 경계를 횡단하는 움직임 속에서 역사를 기억하는 방법을 실험하려는 듯 보인다.

「우리를 갈라놓는 것들」이 만드는 '기억의 지도'는 서로 다른 장소, 그리고 각각의 장소에 잠재된 기억을 단순히 나열함으로써 완성되는 것은 아니다. 영화에서 횡단하는 세 여성의 이야기는 '산'이라는 하나의 배경 안에 밀어 넣어져 압축되고 있기 때문이다. 이미 임흥순의 다큐멘터리 작업에서 자연의 풍경 이미지가 작동하는 방식과 그 효과에 관해서는 여러 견해가 제출된 바 있다.

특히 4·3을 다루고 있는 전작 「비념」(2012)에서 풍경은 "이미 지나가 버린 과거사의 흔적을 담은, 그러나 지금은 아무 일 없는 풍경으로서의 이미지"(이승민),**35** "서사화에 저항하는 혹은 역사의 진실의 재현이 불가능하다는 점을 고지하는 몸짓"(서동진)**36** 등으로 평가되어 왔다. 제주도의 비경을 비추며 "이곳이 학살의 장소라는 것을 알려주지 않아도, 자막 없이도 볼 수 있느냐고, 알아보지 않고 그냥 볼 수 있느냐"(곽영빈)**37**고 되묻는 듯한 「비념」에서처럼, 마찬가지로 「우리를 갈라놓는 것들」에서도 산의 풍경만으로는 그곳이 학살 혹은 투쟁의 장소였음을 간파하기가 쉽지 않다.

하지만 「비념」과 달리 「우리를 갈라놓는 것들」의 산은 풍경일 뿐만 아니라 재연(혹은 퍼포먼스)의 무대로 사용된다는 점에서 차이가 있다. 「비념」, 「위로공단」(2015), 「려행」(2016) 등 임흥순의 다큐멘터리 작업에 빈번하게 출현하는 산은 한반도에 편재하는 배경으로서, 고유명으로 지칭하기 어려운 이미지다. 영화 속 배경으로서 산의 이미지 또한 한국을 암시하지만 꼭 한국이라고 말하기는 어려운 국적성이 불분명한 장소다. 김선명이 지적했듯이 임흥순의 영화는 "경계를 모르는" 산의 역량을 적극적으로 활용한다.**38** 산을 무대로 삼아 경계를 횡단하는 세 여성의 기억이 모이고 있으나, 세 여성을 연기하는 배우들의 재연이 일어나는 동안에도 배경이 되는 산은 여전히 이름 붙일 수 없는 상태로 남아 있다. 그러므로 「우리를 갈라놓는 것들」에서 산은 분명히 실재하는 장소임에도 불구하고 분명하게 구역을 획정할 수 없는 공간 이미지로 나타난다고 말

그림7 故 김동일과 김동일 역의 배우(강나라) 이미지(『우리를 갈라놓는 것들』)

할 수 있다.

또한 산은 과거가 '재연'되는 배경으로 등장할 뿐 과거의 사건이 충실하게 '재현'되는 장소는 아니다. 재연 배우들이 산에서 마주하는 것은 오로지 유령의 형상, 부재하는 사람의 자취 등 실체로 남지 않은 사건의 흔적에 불과하며, 죽음의 이미지는 오직 꿈이나 환상, 퍼포먼스 등 재현의 과잉을 통해서만 나타난다. 감독은 역사적 사건이 발생했던 실제 장소에 사건의 흔적을 나타내는 허구적 이미지를 배치하고, 그렇게 조성된 환경 안에서 배우들이 연기하도록 만듦으로써 배우들이 수행하는 재연 자체의 허구성을 환기한다. 어떤 의미에서 세 명의 재연배우는 영화의 주인공인 세 명의 여성 투사를 대신하는 존재이자, 장소로부터 장소에 내재된 기억을 직관할 수 없는 관객의 대리자처럼 보이기도 한다. 영화 속의 재연을 목격하고 있는 관객 역시 재연의 극성(劇性)을 인지하면서, 매우 불투명하게 이뤄질 수밖에 없는 사건의 재현을 일정한 거리를 둔 채 바라보게 된다.

그리고 재연 과정에서 배우들이 수행하는 행위 또한 불투명하기는 마찬가지다. 영화는 4·3을 '항쟁'이라고 명명하고 여성 '빨치산'으로서 과거의 김동일을 불러내고 있지만, 김동일을 대신하는 배우가 행하는 것은 '무장봉기'라고 하면 떠올릴 법한 일반적인 이미지와는 사뭇 다르다. 여성 빨치산을 연기하는 배우들은 산속에서 먼저 떠나간 사람들의 흔적을 쫓으며 동시에 보이지 않는 적의 공격을 피해 달아난다. 적의 정체가 지워져 있기 때문에 배우의 도망치는 연기는 무장 투쟁이 아닌 흡사 재난 체험을 묘사하는 것처럼 느껴진다. 여기서 여성 투사들에게 쏟아지는 얼굴 없는 폭력은 적의 영역을 구축(驅逐)하려는 경계화의 폭력과 동일한 것이다. 빨치산 투쟁의 무대였던 한라산과 지리산이 한때 국경 안의 '국외'적 공간으로 간주되었던 것처럼, 영화 속 산의 내부에는 보이지 않는 경계가 작동한다. 이런 비가시적인 경계를 횡단하는 투사(배우)들은 생존을 모색함으로써 동시에 그러한 분할의 폭력에 맞서고 있다.

그러므로 여기서 배우들이 재연하는 것은 생존이 곧 투쟁이자 투쟁이 곧 생존인 상황이며, 입산자를 '양민'/'폭도'로 나누려는 시선으로는 식별해 낼 수 없는 행위다. 이런 재연을 통해 4·3의 기억을 희생자 서사로 환원하려는 공식적인 과거사 담론의 시선은 일시적으로 정지한다. 그것은 단지 「우리를 갈라놓는 것들」에서 '여성=희생자' 표상의 반례로서 '여성=무장대'의 표상이 등장하고 있기 때문만은 아니다. 오히려 희생자의 역상으로서 무장대 표상의 진정성을 강조한다면, 여성 또한 '남성적' 역할을 동일하게 수행할 수 있다는 의미에서 주체성을 인정하는 논리로 이어질 수도 있다.[39] 대신 이 영화는 국외적 공간으로 밀려난 여성 빨치산(김동일)의 기억으로부터 희생자('양민')/무장대('폭도')라는 양극단의 표상 가운데 어느 한쪽으로 정체화되지 않는 이미지를 포착해 냄으로써, 양자의 분할을 전제로 존립하는 제도화된 4·3 담론에 균열을 일으킨다.

또한 영화는 산의 이미지를 활용해 국민국가의 경계가 영토의 내부에서도 작동한다는 사실을 보여준다. 요컨대 「우리를 갈라놓는 것들」에서 배경으로 등장하는 산은 무국적적인 공간 이미지로서, 국경의 유동적이며 구성적인 성질을 체현하는 장소다. 달리 말해 영화의 산은 단순히 과거 국가폭력이 자행되었던 '국토'의 일부로서 표상되는 것이 아니라, 빨치산 투쟁 당시에 형성되었던 국토 내부의 '국외'적 공간을 표상하는 이미지에 더 가깝다. 4·3 당시의 토벌대가 중산간 지역을 적의 영역으로 간주하는 가상의 경계를 그었다면, 앞서 언급했듯이 빨치산의 저항은 그런 가상의 경계를 횡단하는 것과 다르지 않았다. 거꾸로 말하면 오히려 그런 횡단의 실천을 통해서만 국경 내부의 비가시적인 국경은 현실화될 수 있다. 그러므로 영화 속 산에서 이뤄지는 빨치산 투쟁의 허구적 재연은 말 그대로 '우리를 갈라놓는 것'(국경)의 가상적인 혹은 수행적인 성질을 드러내는 퍼포먼스나 다름없다.

한편, 영화의 후반부에는 재연에 참여한 세 여성의 인터뷰가 공개된다. 해당 부분은 국립현대미술관 전시를 위해 만들어진 45분짜리 3채널 영상에는 포함되지 않았지만, 「우리를 갈라놓는 것들」

이 장편 다큐멘터리 영화로 제작되면서 추가적으로 삽입된 것이다.[40] 재연의 영역에서 빠져나온 배우들이 인터뷰를 통해 들려주는 이야기는 관객이 재연 행위를 이해하는 과정에 개입한다. 이 지점에 이르러 각각의 배우가 연기한 인물이 누구인지 명확해지고, 각 배우의 정보(두 명의 북한이탈주민 여성과 한 명의 남한 출신 여성)도 함께 밝혀진다. 배우들은 재연 과정에서 할머니들이 느꼈을 신체의 감각을 간접적으로 체험하거나 자기의 신체에 내장된 기억을 다시 떠올리게 되었다고 고백한다. 이로부터 「우리를 갈라놓는 것들」에서 재연은 세 여성 투쟁가의 생애를 부연하기 위한 서사적인 보조 장치에 국한되지 않으며, 서로 다른 여성들의 서사를 모으기 위한 구심점으로 기능한다는 사실을 알 수 있다.

하지만 여러 기억을 불러 모아 기억의 연대 가능성을 모색하려는 감독의 전략은 일정한 한계를 노정한다. 감독이 북한이탈주민 여성을 재연 배우로 섭외한 이유는 재연의 대상인 세 명의 여성처럼 그들 역시 국경을 횡단한 기억을 가진 경험자이기 때문일 것이다. 그러나 횡단 체험이라는 공통점을 바탕으로 서로 다른 여성들의 서사를 연결할 때, 결과적으로 제각기 구별되는 역사적 맥락 및 배경에서 이뤄진 월경의 기억들이 손쉽게 동일한 평면에서 다뤄지고 있다는 느낌을 지우기 어렵다.[41] 실제로 재연 행위를 통해 연결된 여성들 각각의 역사적 경험은 영화 속에서 충분히 구체화되지 못한 채 휘발되는 것처럼 보인다. 이 영화에서 공간(산) 이미지를 활용하는 방법이나 배우의 재연을 통해 공간의 관계적 성질을 구현하는 방식에 비해, 여러 개의 여성 서사를 겹쳐 놓음으로써 발생하는 미학적 효과가 다소 애매하게 느껴지는 이유는 바로 여기에 있다.

오히려 흥미로운 대목은 카메라가 과거의 이미지를 바라보고 있는 우리의 위치, 즉 미술관, 광장, 동시대 한국이라는 또 다른 공간적 배경을 비출 때이다. 특히 후반부부터 영화는 스크린을 통해 매개되는 이미지들을 자주 되비추어 보여준다. 여성 모델이 등장하는 뉴욕 타임스퀘어의 커다란 광고 전광판, 2017년 국립현대미술관에서 상영되고 있는 「우리를 갈라놓는 것들」, 같은 해 태극기 집회의 스크린에 등장한 박근혜 전 대통령의 이미지 등. 여기에 등장하는 여성의 이미지들은 그것이 전시되는 장소(한국)의 성격과 역사를 다시 규정한다. 예컨대, 국립현대미술관에 전시된 여성 빨치산의 이미지는 공식적인 한국현대사 서술에서 배제된 기억을 표상하는 반면, 태극기 집회에 등장하는 박근혜의 이미지는 반공과 애국보수의 멘털리티를 상징하는 표상으로서 동원된다. 두 이미지의 배치를 통해 영화 속의 동시대 대한민국은 상이한 기억 이미지들이 시시각각 충돌하고 있는 장소로 다시 구성된다.

그렇다면 우리는 이제 어떤 이미지를 바탕으로 우리의 역사를

그림8 관객을 응시하는 세 배우의 얼굴(「우리를 갈라놓는 것들」)

서술할 수 있는가? 「우리를 갈라놓는 것들」의 마지막 장면, 관객을 정면으로 바라보는 세 배우의 얼굴은 이를 되묻는다. "이미지인 동시에 응시"[42]인 세 얼굴은 언제나 타자의 이미지에 의존하여 스스로의 정체성을 재구성할 수밖에 없는 관객 공동체를 향해 있다. 그동안 축적된 서사에 따라 관객은 세 얼굴이 김동일, 고계연, 정정화라는 과거의 세 여성 투쟁가를 대리하는 이미지이자, 강나라, 윤수련, 박세현이라는 세 명의 동시대 여성의 것임을 알고 있다. 그러나 하나로 정체화되지 않는 이들 여성의 이미지는 관객의 시선을 교란할 뿐만 아니라, 관객에 대한 응시를 수행함으로써 영화가 진행되는 동안 시선의 주체로서 기능했던 관객의 위치를 일시적으로 불안정하게 만든다. 응시하는 얼굴 이미지는 우리의 시선에 의해 표상화된 타자의 얼굴이며, 동시에 바로 그 타자의 시선에 의해 목격되고 있는 우리 자신을 의식하게 한다.[43]

영화가 도달한 마지막 질문은 '4·3은 어떻게 기억되어야 하는가?'라는 이 글의 질문에도 시사하는 바가 있다. 희생자 표상이 매개하는 제도화된 4·3의 기억은 과거사를 바라보는 주체, 즉 국민국가라는 단일한 시점을 전제한다. 하지만 「우리를 갈라놓는 것들」에서는 재일제주인 여성이 증언하는 산의 기억으로부터 공식화된 4·3의 진실에 트러블을 일으키는 이미지들을 포착해 낸다. 적(폭도)/동지('양민')라는 양극단의 표상으로는 식별 불가능한 내전적 신체로서 여성의 이미지, 역설적으로 빨치산의 횡단을 통해서만 현실화될 수 있는 비가시적인 국경의 수행적인 성질은 모두 '국민국가의 경계(성원)는 무엇(누구)인가'에 관해 우리가 가진 보편적인 상을 불확실하게 만들어 버린다. 그러므로 어떤 의미에서 「우리를 갈라놓는 것들」이 망각의 늪에서 건져 올린 것은 빨치산이었던 한 재일제주인 여성의 희소한 기억만이 아니라, 그녀의 증언과 이미지에 의해 정동되고 있는 '우리'라는 불확실한 장소이기도 한 것이다.

4. 과거사 인식의 공간적 전회를 향해

4·3 재현에서 되풀이되는 '여성=희생자' 표상은 희생자에 대한 인정과 보상을 중심으로 축적되고 있는 한국의 과거사 담론의 산물이다. 이런 표상의 매개로 '4·3은 무고한 희생의 역사'라는 제도화된 기억이 재생산되는 한편, 국민국가 성립의 정당성을 되묻는 내전 및 항쟁으로서 4·3의 기억은 억압된다. 상기한 문제의식 위에서, 지금까지 이 글은 텔레비전 다큐멘터리와 다큐멘터리 영화를 주요 분석 대상으로 삼아 4·3의 문화적 기억에서 재일제주인 여성이 어떻게 표상되고 있는지를 중점적으로 살펴보고자 했다. 재일제주인 여성에 주목한 이유는 디아스포라 여성 서사가 각광을 받고 있는 동시대 학술장 및 문화계의 동향을 고려함과 동시에, 국민국가의 남성 중심적인 시선에 의해 회수되지 않는 4·3의 기억법을 모색하기 위함이었다. 궁극적으로 이 글에서는 재일제주인 여성의 표상을 경유하여 국민국가라는 중심을 탈구하는 공간론적 관점을 도입할 때, 희생자 서사로 일원화된 4·3의 기억을 갱신할 수 있음을 주장하고자 했다.

먼저 2장에서는 제주 MBC가 제작한 텔레비전 다큐멘터리 「멈출 수 없는 기억」, 「망향의 세월」에 등장하는 재일제주인 여성의 증언과 이미지를 분석했다. 여기서 특히 재일제주인 1세 여성의 증언과 이미지는 대부분 4·3이 재일제주인의 일본 이주를 촉발한 비극적 기원이라는 사실을 설명하는 데 활용된다. 이른바 탈향 서사의 문법을 통해 재현되는 재일제주인 여성의 4·3 체험에서 주로 초점화되는 요소는 고국이 자행한 폭력의 기억이 아니라 고국을 떠나온 자의 상처와 슬픔이다. 애상적인 분위기에 둘러싸인 재일제주인 여성의 표상은 결과적으로 '4·3'과 '실향'이라는 이중의 피해를 경험한 자로서 또 다른 무고한 4·3 희생자의 상을 제공한다. 뿐만 아니라 그들의 증언과 이미지에서 반복적으로 강조되는 망향/애향의 정서는 관념적인 차원에서 고국을 언젠가 귀환해야 하는 곳으로서 구성한다. 이런 사례들은 모두 공식적인 4·3의 기록에서 재일제주인 여성은 4·3 희생자(혹은 증언자)라는 안전한 표상으로서만 재현 가능성을 획득한다는 사실을 암시한다.

3장에서는 다큐멘터리 영화에서 재일제주인 여성이 표상되는 방식을 살펴보았다. 양정환의 「오사카에서 온 편지」의 경우, 입산자 가운데 '양민'과 '폭도'를 구별하고 전자만이 합당한 애도의 대상이 될 수 있다는 시각을 보여주는 사례다. 실제로 이 작품에서는 재일제주인 여성의 생애를 '무고한' 희생자 상에 맞춰, 고문 경험과 가족 이산 등의 수난 체험을 중심으로 서사화하고 있음을 확인할 수 있었다. 반면 임흥순의 「우리를 갈라놓는 것들」의 경우 한 재일제주인 여성의 4·3에 대한 기억으로부터 '양민'/'폭도'로 분할 불가능한 이미지를 포착하고, 동시에 내전적 상황에서 국토 내부의 비가시적인 국경이 수행적으로 구성되는 과정을 재연한다. 이를 통해 영화는 적('폭도')과 동지('양민')의 분할을 전제로 존립하는 제도화된 4·3의 기억에 일시적인 트러블을 일으킨다. 임홍순의 작품은 디아스포라 여성의 이주 서사 자체에 주목하기보다, 그들의 증언과 이미지 속에서 국가 혹은 국경이라는 장소를 낯설게 만드는 기억을 붙잡는다.

그렇다면 이제 우리는 '어떤 표상을 매개로 4·3을 기억할 것인가'라는 영화의 마지막 질문이자 이 글의 처음 질문으로 되돌아가야 한다. 이 질문은 과거사를 인식하는 행위가 전제하는 가장 근본적인 분할들을 포함하고 있다. 당연한 얘기지만 여기에는 '과거/현재'라는 시간적인 차원의 분할, '당사자/비(非)당사자'라는 공간(주체)적인 차원의 분할이 함께 가로지르고 있다. 궁극적으로 이런 분할들은 과거사와 대면하고 있는 우리의 책임 혹은 윤리를 설명하기 위한 조건 혹은 한계라고 말할 수 있다. 우리는 시공간의 간극을 넘어서 어떻게 과거에 발생한 사건을 지금 우리가 당면한 일로서 받아들일 수 있는가? 이 문장의 주어('우리')를 '국민'(국민국가)으로 되돌리는 일 없이, 우리는 어떻게 '우리'라는 말 안에 묶일 수 있는가? 그렇다면 이 글이 제안하는 공간론적 관점은 '책임'의 문제를 어떻게 다시 설명해 낼 수 있는가? 지리학자 도린 매시(Doreen

Massey)는 앞서 자신의 저서『공간을 위하여』에서 이 글이 제기하는 의문에 대답하고자 했다.

> 린 시걸(Lynne Segal)이 비판한 바와 같이, 과거에 대한 사죄가 범람하는 오늘날에 있어서 '지나간 공포의 반복을 방지하기 위해 고안된 기억이라는 의식은, 대체로 오직 기억된 행위에 대한 즉각적 책임으로부터 거리를 둠으로써 그 행위가 중재, 배상 또는 보답과 같은 직접적 요구로부터 안전할 경우에만 비로소 공식적으로 재가(裁可)를 받는다'(2001, 45쪽). 이런 문제는 연장의 차원이 시간적일 경우에 첨예하게 나타난다. 게이튼스와 로이드는 자신들도 실천적 정의를 주장하면서, 만약 이런 차원이 공간적이고 현재에 대한 것이라고 한다면 (곧 현재진행형의 정체성 구성의 지리라고 한다면) 실천적 관련성을 회피하는 것은 더욱 어려워질 것이라고 말한다.[44]

위의 인용문에서 린 시걸은 "기억이라는 의식은, 대체로 오직 기억된 행위에 대한 즉각적 책임으로부터 거리"를 두게 만든다고 지적한다. 또한 게이튼스와 로이드는 과거사 문제는 곧 이미 지나가 버린 사건을 의미하기에, 공간적이고 현재적인 문제에 비해 실천적 관련성을 더욱 찾기가 어렵다고 설명한다. 하지만 도린 매시는 그들처럼 시간적인 차원이 공간적인 차원과 평행하게 존재하는 것이라고 파악하지 않는다. 매시는 '공간적인 것의 관계적 정치'를 주장하며, "'과거는 우리의 현재 내에 지속하고 있다'고 한다면, 우리의 '여기'와 뒤엉켜 있는 저기 멀리의 것도 마찬가지"일 것이며, 우리의 정체성은 "**공간**-시간적(spatio-temporal)이라는 측면에서 관계적"(강조는 원문)임을 역설한다.[45] 매시가 제안하는 공간론은 지금 여기의 존재와 공간-시간적으로 분할된 존재 사이에 펼쳐져 있는 비가시적인 관계성에 주목하도록 만든다. 그의 관점을 빌릴 때, 과거사 인식에 있어서 과거와 현재, 혹은 당사자와 비당사자 사이의 분할은 절대적인 것이 아니게 된다.

시공간적 '분할'이 아닌 '관계'에 더 주의를 기울인다면, 또한 우리의 정체성이 그런 관계에 의해 구성된다는 아이디어를 수용한다면, 과거사에 대한 우리의 책임을 조금 더 분명하게 인지할 수 있을 것이다. 과거사 문제 역시 지금 우리의 정체성을 구성하는 하나의 관계적 요소일 것이기 때문이다. 하지만 우리의 책임을 표현하는 언어는 분명 이전과 달라질 것이다. 그것은 "잊지 않겠습니다"처럼 기억의 '의지'를 표명하는 문장이 아닌, 기억을 통해 구성되는 우리의 자리를 성찰하는 연속적인 의문문의 형태가 될 것이다. 4·3의 기억에서 왜 우리는 거듭 희생자화된 여성의 표상을 발견하려 하는가? 최근 제작된 국내의 4·3 다큐멘터리들이 재일제주인 여성에 주목하는 이유는 무엇인가? 국민국가 혹은 남성 주체의 시선에서 디아스포라 여성이라는 소수자의 기억은 '수취'되고 있지 않은가? 등등. 이런 질문을 제기했던 이 글 역시 과거사를 기억하는 주체의 자리를 해부하기 위한 하나의 시론이라고 말할 수 있을 것이다. 그러나 당사자/비당사자라는 투박한 분할선을 그 사이를 메우고 있는 복잡한 관계의 지도로 변경하고, 현재진행형의 지리 속에서 과거사와 마주하는 '우리'의 위치를 구체적으로 설명해 내기 위해서는 향후 더 충분한 논의가 필요할 것이다.

증언-공백으로 읽기:

여성의 기억이 말해질 때의 침묵에 대하여

송혜림

연세대학교 비교문학협동과정 박사과정

이 장은 필자의 「정동적 요소를 통한 증언의 중층성 읽기: 4·3 증언 분석을 중심으로」(연세대학교 비교
문학협동과정 석사학위논문, 2020, 1-123쪽) 일부를 현재적 관점에서 수정하고 보완한 것이다.

증언-공백으로 읽기:
여성의 기억이 말해질 때의 침묵에 대하여

1. 4·3을 겪어낸 여성의 증언

냉전 시기 철저히 이념화된 사건으로 왜곡되고 진실이 은폐되어
온 4·3은 오랫동안 말해질 수 없는 기억이었다. 그러나 강요된 침
묵도 제주에 산재하는 학살의 흔적들과 일상 속에서 지속되는 비
극을 가릴 수는 없었다. 4·3의 기억은 1980년대 중반부터 제주신
문과 제민일보 취재반이 4·3 체험자들의 증언을 본격적으로 청취
하고 기록하면서 공론화된다.[1] 묻어놓았던 괴로운 과거를 고백하
는 도민들의 용기 있는 증언은 피해를 서서히 구체화할 수 있게 했
다. 도민들의 살아있는 기억과 방대한 사료 간의 교차 검토를 통해
4·3의 실상이 드러날 수 있었고, 이는 「4·3 특별법」의 제정과 국가

차원의 진상조사가 이루어지는 초석을 만들었던 것이다. 이후 부정할 수 없는 사실로서 4·3을 증거하는 '공식' 기록들이 꾸준히 축적되어 왔다. 이러한 방대한 아카이브는 4·3을 공식화된 역사로 기입하는 장이면서 동시에 후세대가 그 역사와 접속할 수 있는 통로가 되어준다. 우리는 직접 경험하지 않은 과거를 알기 위해 남겨진 아카이브 속으로 들어간다. 정부의 진상조사보고서나 다양한 기관의 문서기록, 저명한 학자들의 문헌이나 언론 보도 등 참고할 수 있는 자료는 다종하다.

그러나 '공식' 기록의 규범화된 양식이 담아내지 못하는 이야기가 다른 한편에 존재한다. 피해를 구획하는 기준과 도식적인 범주, 통계의 방식은 특정한 존재들을 누락하기 쉽고, 그렇게 주변화된 존재들은 각종 수치들과 간결 명료한 요약 안에서 온전히 서술되지 못한다. 역사의 성긴 공백을 채워왔던 것은 당사자 증언이었지만, 그 발화가 기록되고 어떤 형태로든 편집되어 저장되는 순간 그곳에는 변형이나 삭제가 가해진다. 미리 설정한 질문 목록을 토대로 질의응답 방식의 증언을 진행한다 하더라도 기억은, 그리고 그 기억의 발화는 선형적이고 논리적인 구조 안에서 이루어지기 어렵다. 기억은 서서히 되살아나거나 뒤늦게 예상치 못한 순간 밀려오기도 한다. 고통스러웠던 기억을 애써 외면하고 잊으려 했던 오랜 시도로 의식 저 멀리에 갇혀버릴 수도 있다. 온전한 형상을 갖추지 못하고 파편화된 기억은 산만하고 난잡하게 늘어놓아질 수밖에 없기 때문에, 증언의 뒤엉킨 말들을 정제된 문자로 옮기는 데에는 다양한 층위의 해석과 편집이 개입할 수밖에 없다.

그렇다면 증언은 원본 그대로의 입말일 때 가장 진실한 것일까? 증언을 할 때 당사자는 자신의 관점과 언어로 자신이 경험한 바를 직접 설명한다. 그 순간만큼 증언하는 언어의 주인은 증언자인 당사자인 것처럼 보인다. 그러나 증언에서 '언어'의 문제는 그리 단순하지 않다. 한 사람의 기억이 불완전하고 영속할 수 없다는 측면을 차치하더라도 증언은 말하는 이의 관점과 언어의 한계 안에서 형성되기 때문이다. 자신이 인지하고 이해할 수 있는 범주를 초과한 경험에 대해 말할 때 설명은 빈약할 수밖에 없다. 자신의 감정과 생각을 명확히 짚어낼 수 없는 단어와 표현을 알지 못한다면 증언의 언어는 핵심의 언저리에서 배회하게 된다. 또한 증언이 공적인 말하기인 까닭에 당사자는 자신의 증언에 가해질 사회적 시선을 유념하지 않을 수 없다. 이 때문에 고의적인 위증이 아닐지라도 의식적이거나 무의식적으로 증언 안에서 말하거나 말해질 수 없는 이야기를 선별한다. 이 '숨기기'는 사회적으로 낙인받거나 수치를 강요받았던 주변화된 존재들의 경우 더 두드러지게 나타난다.

기출간된 다수의 4·3 희생자 증언집 외에 제주4·3연구소가 제주 여성의 생활사를 다룬 총서를 특별히 기획한 이유는 여기에 있다.

『4·3과 여성, 그 살아낸 날들의 기록』(2019)을 시작으로『4·3과 여성 2, 그 세월도 이기고 살았어』(2021),『4·3과 여성 3, 덜 서러워야 눈물이 난다』(2021),『4·3과 여성 4, 눈물이 나도 바당 물질하며 살았어』(2022)로 이어지는 생활사 총서는 남성의 목소리에 가려 제대로 드러나지 못했던 제주 여성의 활동과 노동, 가족 돌봄 등의 일상사에 귀 기울이는 시도이다. 증언 수집이 이루어진 초기, 생존자와 목격자의 증언 대다수는 남성의 것이었으며, 여성은 중심적인 사건을 이야기하는 남성에 비해 사사로운 기억에 그친다고 치부되어 왔다. 참상의 실상을 명료화하려는 4·3 진상규명 운동의 초기 목적상 여성의 이야기는 주변적인 것으로 여겨졌던 것이다. 그러나 학살을 포함한 폭력의 경험은 젠더적으로 상이하며, 그것을 느끼고 기억하며 서사화하는 방식에 차이가 존재할 수밖에 없다. 4·3으로 파괴되고 분열된 제주에서 그 이후의 삶을 일군 주역은 여성들이었다. 그렇기에 여성의 '가장 아래로부터의 기억'은 4·3의 총체적인 전체상을 형성하는 데 반드시 필요하다.[2]

이러한 문제의식 속에서 나는 4·3 생존자이자 후유장애 인정을 받은 여성 양○○의 증언을 만났다.[3] 제주4·3연구소 구술자료 총서에 수록된 양○○의 증언은 4·3 당시 동네 청년들에게 회의 장소로 집을 빌려주었다는 혐의로 붙잡혀 지서에서 고문을 당한 수난을 이야기한다.[4] 수차례 행해졌던 고문은 잔혹했지만 그녀는 목숨을 걸고

집에 모였던 청년들의 이름을 끝내 말하지 않았다. 그녀가 겪은 4·3의 비극은 이뿐만이 아니다. 당시 미래를 촉망받던 두 남동생이 4·3 와중에 행방불명된 것이었다. 두 아들을 잃은 어머니마저 화병으로 돌아가시며 그녀는 회복할 수 없는 상실을 경험한다. 당시 결혼한 남편은 일본에서 돌아오지 못했고, 그녀는 홀로 어린 딸을 키워야 했다.

그러나 4·3 이후 혹독했을 그녀의 삶은 총서에 수록된 증언에서 거의 알 수 없다. 증언 속에서 그녀는 4·3 때 마을을 지켜낸 공로가 제대로 인정받지 못한다며 억울해한다. 이제는 마을이 자신을 기억해 주지 않으며 후세대도 4·3에 대해 알려고 하지 않는다며 원망한다. 고통과 자긍심이 뒤섞인 과거의 이야기가 증언 전반을 차지하는 반면 그녀의 '현재'는 부재한다. 다만 그녀의 아픈 몸에 의해서 드문드문 환기될 뿐이다. 그녀의 몸은 4·3 기간 동안 받은 무자비한 고문으로 장애를 가지게 되었고, 이 장애로 일상에서 지속적이고 누적적인 차별과 고난을 겪었다. 4·3의 경험을 과거의 이야기로 단절할 수 있는 반면, 과거에 형성된 장애는 여전히 생생한 고통으로 현존하고 있는 것이다. 나는 그녀의 증언 안에서 기이한 비대칭성을 자아내고 있는 부재하는 '이후의 삶'이 궁금했다. 이것이 그녀를 찾아갔던 이유였다.

2. 불가능한 만남을 우회해 아카이브 속으로

양○○을 직접 만나려고 시도했던 2020년은 팬데믹 상황으로 국내 감염병 위기 단계가 '주의'에서 '경계'(20.1.28.)로, '경계'에서 다시 '심각'(20.2.23.)으로 상향 조정되며 전 국가적으로 타인과의 대면접촉을 최소화하는 시기였다. 양○○은 노환으로 거동이 불편할 뿐만 아니라 원활한 대화가 어려운 건강 상태였다. 여러 이유로 양○○의 가족은 만남을 반대했다. 직접적인 면담이 불가능했기에 대신 나는 그녀의 이야기들이 기록된 아카이브 안으로 들어가기로 했다. 증언집과 영상·녹취본 등 남겨진 아카이브를 통해 활자화되지 못한 이야기에 가닿아 보려 한 것이다.

내가 만날 수 있었던 건 2006년과 2015년에 촬영된 증언 영상 속 양○○이었다.[5] 2006년의 증언 영상은 내가 읽었던 구술자료 총서에 실린 증언의 원본이기도 하다. 총서의 '여성 증언'에는 전체 증언의 일부만 재구성되어 실렸기 때문에, 영상 원본은 잘려나간 이야기를 포함해 증언의 전 과정을 목격하게 해주었다. 이 글에서는 양○○의 최초 증언이자 증언자로서 능동성이 두드러져 보이는 2006년의 증언을 중심으로 삼았다. 하지만 2015년 증언과 가장 최근에 행해진 언론사와의 공식 인터뷰 기사(2019년)도 나란히 놓고 횡단한다.[6] 깊이, 그리고 교차하여 읽으면서 증언 속에서 증언하기를 멈추

그림1 항상 열려 있었지만 들어갈 수는 없었던 대문, 어떤 증언, 한 사람의 삶

는 지점과 그 안에 내재된 공백의 지형을 선명히 해보려 했다. 그리고 그러한 침묵이 왜 형성되었는지를 가늠하기 위해 증언 바깥을 추적하는 노력을 기울였다. 관련된 자료를 조사하고 주변인들을 인터뷰하면서 공백을 해석할 수 있는 단서들을 찾으려 했다.

2006년과 2015년에 이루어진 양○○의 두 증언 사이에는 약 10년의 간극만 있는 것은 아니다. 두 증언은 상이한 목적 하에 각기 다른 주체를 통해 진행되었다. 2006년의 증언은 제주4·3연구소가 정부 용역 사업인 '제주4·3 1,000인 증언채록 사업'을 수행하면서 이루어졌다. 이 사업은 정부의 진상규명 보고서의 한계를 보완하기 위해 지역별로 다양한 직업군과 피해 양상을 폭넓게 수집하기 위해 실행되었으며, 사업 종료 후에는 채록된 증언 일부를 구술총서로 출간하게 된다. 연구팀은 한 동네의 증언녹취 과정 중 "우리 마을을 살린 사람이 있다"는 주민의 증언을 듣고 양○○을 찾게 되었다.[7] 그녀는 이미 4·3 희생자로 등록되고 후유장애를 인정받은 상태였으나 공식적인 피해증언은 처음이었다. 양○○은 이 증언에서 여성 면담자에게 한스러운 서러움을 표출하며 고문의 흔적을 스스럼없이 보여주기도 한다.

한편 2015년 증언은 4·3평화재단의 '제주4·3 후유장애인 실태 조사' 과정에서 이루어졌다. 후유장애인으로 인정된 백여 명에 대한 실태 파악이 주목적이었으며 사업 성과를 평가하고 개선점을 찾는 목적 또한 놓여 있었다. 실태조사는 사업 담당자가 아닌 외부 구술 전문가를 영입하여 진행했고, 기록된 증언은 재단의 내부 자료로 활용되었다. 이는 기존 실무자와 대상자 간에 형성된 라포를 활용하여 내밀한 이야기를 듣기보다 제삼의 면담자를 통해 객관적인 정보 수집과 분석을 하기 위함이었다. 양○○은 증언 내내 대학교수인 남성 면담자에게 존대어를 쓰면서 깍듯이 대한다.

영상들은 편집이 가해지지 않은 원본이지만 당시 증언의 모든 현장성을 담지는 못한다.[8] 나는 이러한 한계에 유의하면서 증언 당시 양○○의 표정, 감정, 동작을 최대한 예민하게 포착하고자 했다. 증언의 내용에 따라 미묘하게 변하는 어조나 시선 등을 발견하고, 문장과 문장, 단어와 단어 사이에 존재하는 망설이는 호흡이나 낮은 한숨 소리에도 귀 기울였다. 여기에 옮긴 양○○의 증언은 총서로 간행된 본문을 가져오거나 녹취록으로 정리된 버전이 아니라 영상 원본의 음성을 그대로 옮긴 것이며, 증언의 생동감과 현장성을 살리기 위해 감정표현이나 몸짓 등 비언어적인 요소들을 괄호( )를 통해 덧붙였다. 또한 필요하다고 판단될 경우, 면담자의 목소리를 병치시켜 어떠한 대화의 흐름 속에서 증언이 행해졌는지를 보여주었다. 텍스트 상에서 면담자는 괄호 안에 놓이지만 영상에서는 프레임 바깥에서 분명한 존재감을 드러내고 있다. 증언자에게 질문을 던지고 답변을 재차 확인하며 공감하는 상호작용은 증언이

면담자와 함께 만들어진다는 사실을 확인시켜준다. 이러한 상호 작용이 담겨 있는 영상 원본은 증언의 말이 기록으로의 문자로 전환되기 이전에, 증언이 생성되고 구성되는 과정상의 역동성을 포착할 수 있는 귀한 자료인 셈이다.

3. 증언을 다르게 읽기

국내 증언 연구는 대안적 역사 서술을 지향하는 한국 구술사의 역사와 궤를 같이한다. 식민사학과 독재, 국가주의에 대한 저항의 방식으로 구술사는 국가 중심의 대문자 역사에 대항하여 침묵되고 지워진 진실을 역사화하는 담론 투쟁의 방식이었다.[9] 80년대 한국의 초기 구술채록 작업이 비전향 장기수나 빨치산 등의 좌익 활동가, 4·3이나 5·18 등 국가폭력에 대한 피해자, 일본군 '위안부' 등의 증언이 주를 이뤘던 역사는 두 영역의 계보적 중첩성을 단적으로 보여준다고 할 수 있다.[10] 90년대 중반까지 구술이 '증언'이라는 이름으로 불리며 역사적 사실을 확인·복원하는 2차적 사료로 활용되었던 것은 당대 시급한 정치적 목적 때문이었지만, 구술이 개개인의 고유한 경험과 기억의 의미를 풍부하게 포착해내지 못하고 평면적으로 남겨졌다는 한계는 꾸준히 지적되어왔다.[11] 이후 구술사가 탈식민과 여성주의 연구와 접합하면서 개인의 기억과 구술의 상호작용성 등이 중요하게 사유되기 시작했고, 증언에서도 증언자를 "대상화하고 주변화하는 식민주의적 권위"[12]를 경계하는 성찰적 전회가 이루어진다.

이러한 전회는 생애사적 접근법과 맞닿아 있다. 오늘날 증언 연구에서 생애사적 접근은 연구자가 선택하는 특정한 방법론이 아니라 분석의 전제가 되어야 하는 태도에 가깝다. 개념적으로 구획되었던 일상사에서의 구술생애와 역사적 증언은 실제로는 엄격히 분리되기 어렵다. 증언의 엄밀함과 정치성이 구술생애의 사적이고 서사적인 특성에 의해 훼손될 수 있다는 경계심이 존재했지만 이는 증언에 대한 성찰적 담론이 형성되며 의심받기 시작했다. 증언자의 일상적 삶과 사건 사이의 연관성을 파악하는 맥락적 이해가 수반되어야만 증언자가 증언하는 역사적 사건의 의미를 제대로 읽을 수 있기 때문이다. 증언이 사건적 의미로 축소되지 않기 위해선 '증언'으로서의 구술을 둘러싼 '생애 이야기'와 '생애사'를 중층적으로 분석하고 재구성해야 한다.[13] 증언이 수행하는 정치적 효과를 높이기 위해서 그간 강조되어 왔던 사실적 진실(factual truth) 외에도 서사적 진실성(narrative truth)이 중시되어야 함은 꾸준히 강조되어 왔다.[14]

'위안부' 운동은 사실을 투명하게 재현하는 언어에 대한 믿음을 경계하고 고통과 피해, 침묵의 언어를 이해하기 위한 시도를 가장 치열하게 고민해왔다. '위안부' 증언집『강제로 끌려간 군 위안부 들』4권에서는 증언에 대한 '인식론적 전회'를 확인할 수 있다.[15] 연구자들은 증언을 비언어적 감각의 차원까지 포함하는 포괄적이고 총체적인 성격으로 규정한다. 이때 비언어적 요소의 중요성은 증언자가 온전히 말할 수 없음과 청자가 온전히 이해할 수 없음이 포개지는 영역에서 대두된다. 연구자들은 할머니들이 증언하지 못하는 내용과 상황들을 유추하기 위해 눈짓, 태도, 손짓, 한숨과 침묵에 주목하고 이를 통해 심경이나 정서를 알아냈다고 밝힌다. 증언의 내적 일관성과 논리를 담보하는 것보다 증언자의 고유한 '기억 지도'를 파악하고 이를 중심으로 증언을 재현하는 것이 중요해지게 된 것이다.[16] 즉, 증언에서 드러나는 증언자의 감정과 몸의 기호, 침묵 등은 증언자 중심의 증언 이해에 기반이 되고, 말해질 수 없는 사실들의 존재를 암시하며 이를 추적할 수 있게 하는 단서로 이해되었다.

이러한 성과는 증언이 진술하는 언어에 국한되지 않고 증언자의 몸, 감정, 침묵 등으로부터 의미를 찾아내는 정동적 방법론의 가능성을 제시해 주었다. 정동의 언어로 증언을 다루는 것은 증언의 실증주의적 차원을 부정하거나 축소하는 것이 아니다. 실증의 언어에 기반하되 실증의 강조가 한계 지어 왔던 증언의 의미 지평을 확대시키는 데 있다. 기억과 망각의 관계와 마찬가지로 증언 안에서 말해지는 사실과 말하여지지 못하는 사실은 공모적이다. 따라서 언어 너머의 잠재적 의미에 접근하고 비인칭적 힘을 사유하는 정동이 실증의 차원과 배타적이라고 볼 수만은 없는 것이다. 오히려 정동을 통해서 총체적인 맥락을 파악할 때 증언의 실증적 역할을 확장할 수 있게 된다. 증언 연구에 정동을 하나의 방법론으로 적용하는 시도는 비언어적 차원의 분석 항목을 추가하는 데서 그치는 것이 아니라 그 증언이 놓인 역사적이며 총체적인 맥락을 면밀히 분석하는 데 있다.

정동의 총체적인 역학에 대한 이해를 우선시한다면 불완전할 수밖에 없는 증언을 완결된 서사로 완성하는 것을 지양하게 된다. 증언에서 말하여지지 않은 공백을 연구자의 개입으로 채우려는 욕심은 완벽하게 복원할 수 있는 과거를 전제하는 실증주의의 다른 오류와 다름 없다. 대안적 역사 쓰기의 방법은 서사의 틈들을 봉합하는 것이 아니라 오히려 "사건을 맥락화하고 사건에 두터운 세부를 제공"[17]하는 방식이어야 할 것이다. 이는 '보존하기 위한 것이 아닌 증거들'로 과거를 재구성하는 '흔적'을 통한 접근과도 같다.[18]

양○○의 증언 속에서 침묵의 지점들을 발견할 때 나는 섣불리 결론을 내리려는 욕심을 경계했다. 양○○의 증언을 꼼꼼히 읽으면서 내게 중요했던 것은 그녀의 증언이 과거 사실과 일치하느냐에 대한 검증이 아니었다. 그보다 그녀의 증언에서 진술되지 않은 '공백'을 초점화하고 그 '바깥'을 사유하는 작업이 중심이었다. 말하여지지 못하고, 들리지 못한 어떤 무엇을 알아내는 일은 이미 실패가 예견된 일일지 모른다. 그러나 증언이 침묵하는 지점의 지형을 선명히 드러내 보이는 것, 그 침묵이 어떤 맥락과 관계성 안에서 만들어진 것인지를 추적하는 것, 그럼으로써 한계 속에서 구성된 증언을 두텁게 읽어내는 작업은 결코 무의미하지 않을 것이다.

4. 몇 겹의 침묵들

하나, 고문과 재가

4·3 당시 양○○은 마을 사람들에게 모임 장소로 집을 빌려준 혐의로 잡혀간다. 경찰은 양○○의 집에서 열린 회의에 참석한 주민들을 알아내기 위해 그녀를 잡아다 취조하고 고문했다. 두 달에 걸쳐 불규칙적으로 지속된 고문에도 불구하고 그녀는 절대 입을 열지 않았다. 경찰들이 당시 5세였던 어린 딸을 볼모로 잡아 협박을 하고 총구를 겨누기까지 하여도 마찬가지였다. 종국에는 고문을

견디기 힘들어 지서에 잡혀 있는 닷새 동안 물 한 모금 먹지 않고 차라리 죽기를 감행하기까지도 한다. 놀라운 점은 양○○이 그녀가 받았던 고문을 매우 생생하고 구체적으로 증언한다는 사실이다. 고문의 순간을 묘사하는 언어의 생동감과 살아 있는 동작들은 세월이 지나도 거의 유사하다. 그녀의 딸은 2019년 한 언론사가 양○○을 취재할 때(당시 양○○은 97세였다.) 고문 받은 기억을 진술하는 어머니에게 놀랐다고 한다. 당시 고문을 받았던 터를 방문했을 때 나무나 우물의 위치, 고문을 받았던 순서 등 세세한 내용까지 기억하고 묘사했기 때문이다.[19] 고령으로 기력뿐만 아니라 기억력까지 많이 떨어졌음에도 증언을 들은 취재기자마저 혀를 내두를 정도였다. 이러한 진술을 어떤 이들은 증언을 여러 차례 반복하면서 정형화되고 패턴화된 결과로 받아들일지 모른다. 그러나 실제 증언의 장면을 목격한다면 이 구체적인 기억이 그녀의 몸에서 흘러나오고 있음을 알 수 있다. 고문의 순간을 생생하게 간직하고 있던 그녀의 몸이, 언어를 앞질러 고통을 말한다.

엄쟁이 지서에 이젠… (잠시 침묵. 땅바닥에 깐 시선을 거두지 않고 있다. 앞선 고문 증언에서 흘렸던 눈물이 여전히 눈에 맺혀 있다.) 불러단, (콧물을 삼킨 후 마른 입술을 살짝 핥는다.) 막 그냥 (어조가 강해지며 고개를 든다. 그러나 시선은 고정되지 못하고 허공 이쪽저쪽을 훑는다.) 손을 내놓으랜 허연 몽댕이로 (손으로 두꺼운 몽둥이를 받치는 시늉을 한다.) 하도 이딜 때려 놓으니까 (몸을 내밀어 면담자에게 왼엄지손가락을 보여준다. 손바닥에 접힌 모양으로 굳어있는 엄지손가락은 마디부분과 손톱 사이가 유난히 거뭇하다. 오른손으로 엄지손가락 옆에 째진 부분을 더듬어 가리킨다.) 이렇게 째지면서 이 손가락은 이렇게 딱 부러져 부렀지. (면담자가 작게 '부러진 거구나….'라고 중얼거리며 할머니의 손을 어루만진다.) 이딘 째진 거고. 손은 이-만큼 (양손으로 부푼 부피를 그려낸다.) 부서노니까 이 옷을 다 벳경 두드리잰 (오른손으로 어깨의 옷깃을 내리는 시늉을 한 후 눈물과 콧물을 훔친다.) 순경들이 마주 상 옷 베끼잰 허난 손 부서 노난 이 옷이 내려 가덜 안 해서. (상의가 벗겨지지 않는 동작을 취한다.) 거난 그냥 막 두드리단 이젠… (잠시 멈춰 호흡을 가다듬는다. 침을 한번 삼킨다.) 지서 안에 (오른팔로 지서 안의 공간을 가리키는 동작을 취한다.) 데려가서 또 (허공에 손을 뻗어 그녀를 묶어맸던 천장을 그려낸다.) 발목 묶어서 거꾸로 돌려 매연 (팔로 반원을 그리며 돌려 매는 동작을 취한다.) 또 주전자에 물 끓여서 막 짓는거라 코에. (팔로 원을 몇 번 그리며 얼굴에 물을 뿌리는 모습을 재현한다.) 경허난 살아질건가… (어느새 눈물이 뺨까지 흘러내려와 있다.) (2006, 녹취)

양○○의 망가진 몸은 폭력의 흔적을 간직한 채 지금까지도 말을 한다. 몸'으로' 하는 증언은 언어가 제대로 담아낼 수 없는 고통을 타인에게 직접 매개하는 정동 그 자체가 된다. 고통의 전달 불가능성을 극복하는 시도가 몸을 통해 이루어지는 것이다. 그녀는 자신이 받은 고문을 설명하면서 뒤로 묶인 손목이나 뒤틀리는 어깨를 재현한다. 몸짓, 불안정한 시선과 일그러진 얼굴의 근육, 떨리는 목소리와 쫓기듯 빨라지는 말의 속도-이 모든 것들은 언어를 넘어선 강렬한 힘으로 청자/독자를 고통에 연루시킨다. 양○○은 닷새가량 수감되어 고문을 받다가 풀려났지만 '며칠 맞은 걸로 병신 다 된 사람'이 되었다. 고문 후유증으로 눈이 멀었고 평생 한쪽 팔이 빠졌던 어깨의 통증을 감당하며 살아야 했다. 그녀는 이후 장애 1급 판정을 받으며 4·3후유장애인으로 인정받는다.

당시 민간인들에 대한 폭력은 일상적이었다. 계엄령이 내려진 섬은 모든 사법적·행정적 절차와 제도가 무실해졌고, 국가의 기본적인 보호 바깥으로 밀려난 사람들은 일상의 무법적인 폭력에 노출됐다. 특히 여성에 대한 폭력은 성적인 것과 연관되어 자행되었다. 그러나 여성에게 성적 수치심을 주는 이러한 잔혹 행위는 여성들로부터 직접 증언되는 경우를 찾기 어렵다. 양○○의 증언에서도 확인할 수 있듯이 고문 중에 옷을 벗기며 여성의 신체를 유린하는 폭력이 자행되었다. 그러나 이는 끔찍한 고문의 한 방식으로 언급될 뿐, 성적 폭력이었다는 점은 예각화되지 않는다. 성 고문에 대한 증언은 '누가' 증언하느냐에 따라 미묘하게 달라진다. 여성 피해자의 증언에서 나신(裸身)은 성 고문의 의미보다 고문의 효용성을 위한 것처럼 서사되는 반면, 목격자의 증언에서는 나신이 수치심을 유발하는 성적 고문이었다는 사실이 부각되기 때문이다.[20] 생존해 있는 4·3 여성 피해자 가운데 성폭력 피해자의 경우 공식적으로 알려진 직접적인 증언은 없으며, 여성의 강간과 성적 유린에 관한 증언은 주로 남성에 의해 간접적으로 이루어졌다. 여성의 증언은 성적 침탈 사례가 삭제되고 전쟁의 보편적인 인권유린 피해 서사에 집중되어 있는 형태로 유통된다.[21] 이는 비단 4·3 여성 희생자에게만 해당되지 않는다. 다른 국가폭력 사건에 비해 활발히 논의되고 진상이 규명되어 온 5·18조차도 성적 폭력에 대한 조사는 최근에야 시작될 수 있었다.[22] 이는 '국가폭력'이 고발되는 장안에서조차 '젠더 폭력'이 차등적으로 다루어진다는 점을 단적으로 보여준다.

여성의 성적 피해에 대한 증언을 모아 살펴보면 다음과 같은 사실이 보다 명확해진다. 이 증언들이 모두 생존자의 언어라는 점, 그리고 당사자가 아닌 목격자의 언어라는 점이다. 프리모 레비는 절멸이 이루어진 유태인 수용소에 대해서 증언할 수 있는 완전한 증인들은 살아 있지 않으며, 가령 살아 있다 하더라도 육신의 죽음에 앞서 이루어진 죽음-관찰하고, 기억하고, 가늠하고 표현하는 능력을 잃는 죽음-때문에 대리인들에 의해서만 대신 말해질 수 있다고 지적했다.[23] 성적 유린과 폭력에 저항했던 여성들은 대부분 죽임을 당했다. 죽음을 면한 여성일지라도 사회적 낙인을 두려워하거나 수치심으로 인해 차라리 침묵을 택한다. 그들의 몸은 폭력을 당한 피해자의 몸이기보다 '더럽혀진' 여성의 몸으로 읽혔기 때문이다. 여성에 대한 성범죄는 국가적이고 남성적인 폭력으로 문제시되기보다 여성 개인의 능욕이자 공동체의 수치로 여겨졌다. 이것이 4·3 당시 여성에 대한 성적 유린과 폭력이 '공공연한 사실'이었음에도 불구하고 당사자의 직접 증언이 부재한 이유일 것이다. 부재하는 체험자의 증언은 제삼자의 목격 증언으로 대리되었으나, 남성의 언어로 우회하여 말하여지기 때문에 그 실상을 제대로 파악하기 힘들다. 특히 여성의 성적 피해는 수많은 재현에서 반복되어 왔듯이 남성적 시각에 의해 외설적으로 형상화되고 서사화될 위험이 높다. **24**

전시 성폭력은 조직적으로 체제화되었거나 우발적으로 일어나기도 하고 군대가 관여 또는 묵인하는 등 넓은 스펙트럼에 걸쳐 존재한다. 그러나 기존의 전쟁 연구에서는 전시 성폭력 문제를 기피해왔으며, 오히려 '성의 이중기준'을 강화하는 데 일조했다. **25** 즉, '남성'과 '국가'가 지켜야 하는 숭고한 어머니와 누이, 딸이 한 편에 있고 그 반대편에는 창부가 있는 것이다. 이러한 가부장적 젠더 규범은 전쟁이 끝나고 나서도 지속된다. 여성에게 수치심을 느끼게 하고 침묵하게 만드는 가부장적 젠더 규범은 전쟁과 평시의 구분 없이 하나의 연속체로 작동한다.

양○○의 증언에서 4·3 이후의 삶에 대한 생애사적 진술을 듣기 어려운 이유도 여기에 있다. 양○○이 구엄지서에 갇혀 고문을 받고 있을 때 한 순경이 '사름을 알아사 살아나간다(사람을 알아야 살아나간다)'고 귀띔해준다. 그러나 그녀는 순경과 '알게 된' 경위를 자세히 설명하지 않는다. 그들 사이에서 이루어진 생명의 거래가 어떤 형태였는지, 당시 적법성 없이 행해지던 행정적·사법적 절차 속에서 여성 수감자에 대한 남성 순경의 자의적인 권력이 어떻게 행사되었는지는 구체적으로 알 수 없다. 당사자인 여성은 폭력에 대한 증언으로 야기될 낙인과 멸시를 두려워하는 까닭에 이 경험들에 침묵한다. 여성들은 중층적인 제약 속에서도 저항과 협상을 시도했지만 많은 경우 타협하고 포기해야 했다. 그러나 이러한 맥락은 후경화되고 그들의 '선택 아닌 선택'에 대한 비판이 자신들의 몸에 가해질 것임을 여성들은 알고 있었다.

> 이제 하도 두드려가난 순경이, 이젠 이, 제주도 순경이 (잠깐 호흡을 멈추고 침을 삼킨다.) 사름을 저 알아그네, 조금이라도 유지허커들랑 사름을 알랜허난. 난 그때 제주도 순경 알안에, 이제… 살단보난 그 순경도 죽어불고. 그 순경에 아기 두어개 나서게. 난디 요 작년엔 (조금씩 흐느끼기 시작) 차사고로 죽은 아들, 오꼿 죽어부러서. (참으려고 노력하지만 울음이 새어나온다.)

[죽은 아들 이야기, 국가 지원금-장애인 문서를 가져오며 증언의 흐름이 끊겼다가 면담자의 질문으로 다시 순경 이야기로 돌아온다.]

면담자: 거기[경찰]는 엄쟁이 지서에 이서난마씨?

엄쟁이 지서에 이서난. (고개를 끄덕인다.) 근무헐때난 경, 사람을 순경이라도 알지 안허민 계속 그 매를 맞넨허멍 하도 뭐해영 허난 이젠 그 순경을 알았지. 안디 첨 어진어진헌 사람이라부난게. 경헌디 그냥 어떵… 그냥 경, 정 살아가는게 아기도 서너개 난에 (차분해지고 목소리가 작아짐) 아들은 경 하나 잃어부렀구나만은… 게난 그 사람도 죽어불고… (그러나 갑자기 목소리를 높여 무언가에 반대하듯이 손을 휘저으며) 죽지 안해도 나 그 사람 덕본 것도 하나토 없고.

면담자: 그 다음부터는 매 맞진 안했수게예?

그 다음부턴 매도 안맞고 좀 시국도 편안허고, 경허연. (2006, 녹취)

양○○은 순경과의 관계를 통해 처형을 면하고 지서에서 무사히 살아나온다. 순경을 '어진어진헌' 사람이라고 규정한 것은 그가 실질적으로 그녀를 살리는 데 역할을 했기 때문이었을 것이다. 그러나 그렇게 살아나온 뒤의 삶은 '그냥 어떵… 그냥 경, 정' 살아간 것으로 말해진다. 순경과 재가한 후의 시간을 말하는 언어는 모호하게 뭉개져 있다. '그냥 어떵… 그냥 경, 정'이라는 의미 단위가 아닌 분절음들의 모음으로 바뀐 증언은 '말할 수 없음'과 '숨기고 싶음'이 응축된 듯 느껴진다. 그 아래 숱한 말들을 꼭 눌러 담고 있는 듯했다. 면담자는 순경과의 재가에 대해 구체적으로 질문하지만, 양 ○○은 질문에 대한 대답을 하지 않고 다시 고문 이야기로 돌아간다. 수차례 겪었던 고문을 재차 상세히 묘사하는 것으로 그녀는 이 질문에 에둘러 답변하는 듯 보인다. 고문의 참혹함과 죽음의 위기를 다시 강조함으로써 순경을 알게 된 것이 어쩔 수 없었던 선택이었음을 설득하려는 것이다.

제사 문화를 중시해온 제주는 제사를 승계하는 장손에게 물려주는 제전(祭田)이 별도로 존재하고, 아들이 없을 경우 양자를 들여 대를 잇는 것이 보편적이었다. 부계 중심의 가부장제 질서 안에서 경제적 기반과 사회적 관계의 실질적 소유주는 남성이었기 때문에, 제주 여성은 남성을 통해 재산권과 성원권을 보장받을 수 있는 존재였다. 따라서 4·3 시기에 남편을 잃어 시댁과 관계가 끊기거나 아버지나 남자 형제를 잃은 여성은 삶의 기본적인 기반을 상실할 수밖에 없었다. 4·3 희생자의 성별 구분을 살펴보면 당시 남성의 비율은 79.1%에 육박한다.[26] 남성 사상자의 규모에 더해 박해와 학살을 피해 도피한 남성들까지 고려할 때 당시 도내 생존자의 성비 불균형은 심각했을 것이다. 이 숫자는 생존한 대다수의 여성들이 처한 위기를 상징하는 것이기도 하다. 장기간 지속된 4·3 동안 일상적으로 이루어진 방위 활동과 복구작업의 주된 노동력으로 동원된 건 여성이었으며, 그들은 동시에 남겨진 가족의 생계를 책임져야 했다.

여성이 경제적 기반을 얻고 사회적 성원권을 얻을 수 있는 방법은 남성의 아내라는 지위를 매개로 새로운 친족 사회에 소속되는 것이었다. 따라서 홀어멍이나 미망인이 재가를 선택하거나 여성이 후첩의 자리로 들어가는 것은 4·3이란 시공간 안에서 불가피한 생존전략이었다. 그러나 여성에게만 부여되는 강력한 정조 이데올로기는 그 선택을 여성 스스로가 수치로 인식하게 했다. 재가를 한 여성 중에서도 부정적인 관념에 저항할 수 있는 이들만 자신의 경험을 조심스럽게 꺼낼 수 있을 뿐, 대다수의 여성은 침묵한다.[27] 4·3 당시 경찰·군인과의 결혼이나 재혼 사례는 상당하다고 전해진다. 그러나 재가에 대한 여성 증언의 부재로, 제주에 후첩을 거느린 남성은 많지만, 재가를 한 여성은 없는 것이 되어버린다. 이는 성고문의 당사자 증언이 부재하는 양상과 유사하다.

증언이 이어지면서 그녀는 차차 더 많은 이야기를 들려준다. 양○○은 순경 사이에 자식을 두게 되지만 그녀는 증언에서 줄곧 순경과 '알게 되었다'고 서술한다. '알다'라는 표현은 인간관계를 지칭할 때 안면을 익히고 사귐을 시작하는 의미이다. 그들의 인연이 생명을 담보로 한 거래였다는 사실과 비교하면 상대적으로 중립적인 표현이다. 그리고 양○○과 순경 간의 관계는 앎의 시작 단계에서부터 그가 죽은 지금까지도 여전히 '알았다'는 말로 설명된다. 이러한 표현은 그녀가 죽음을 면하기 위해 순경을 '알게 된' 순간, 그들 간의 계약이 성사된 바로 그 사태가 그들 관계의 전부라고 생각하는 양○○의 인식을 드러낸다. 순경을 '알게 된' 이후에 고문을 면제받고 재가를 하여 아이도 낳지만, 그것이 그들 사이에 의미 있는 인간적·사회적 관계로 발전하지 않았다고 생각하는 태도를 유추할 수 있다.

본질적으로 부당한 거래에서 시작된 관계의 속성을 감추는 '알았다'의 표현은 사회적인 시선을 의식한 결과일 수도 있다. 그러나 전 생애에 걸친 순경과의 관계를 '알았다'는 의미로 한정 지음으로써 양○○은 부당한 거래의 수동적인 행위자로 자신을 바라보는 시선에 저항한다. 당시 모두가 쉬쉬했던 재가의 경험을 증언할 수 있던 가능성은 양○○이 자신을 일방적인 피해자로 여기지 않았던 데 있을 것이다. 바로 '그 사람에게 덕 본 게 하나 없는' 떳떳함 때문이다. 양○○의 '떳떳함'은 윤리적이나 도덕적인 영역에서 취해진 것이 아니다. 가난한 형편에 아이들을 굶기지 않기 위해 못되고 더러운 장사까지 손을 댔다고 말하는 그녀가 떳떳할 수 있는 이유는 바로 남편에 대한 의지 없이 자립을 이뤄낸 측면에서 스스로를 평가하고 있기 때문이다. 즉, 재가에 대한 증언은 홀로 살아내기 위해 부단히 노력했고, 그로 인해 그녀가 자신의 삶에 자긍심을 가졌기에 가능해진 것이라 볼 수 있다.

둘, 젠더화된 침묵과 계승

양○○의 4·3 증언은 고문의 피해와 더불어 두 남동생의 행방불명이 주된 내용을 이룬다. 동생들은 2002년 '행방불명' 희생자로 인정받았으며, 4·3평화공원 행불인표석에 이름이 새겨져 있다. 2019년 '제주4·3희생자추모식'에 참석한 양○○이 이들의 묘비 앞에서 뼈라도 보고 싶다며 어디로 가버린 거냐고 통곡을 하며 지팡이를 휘두르는 영상이 4·3의 '끝나지 않은 비극'이라는 이름으로 여러 매체를 통해 보도되기도 했다.[28] 4·3 당시 큰 남동생은 서울 소재 대학에, 작은 남동생은 하귀중학교에 재학 중이었는데 두 사람 모두 실종되어 시신조차 찾지 못했다.[29] 어려운 가정형편 속에서 굶주림에 시달리면서도 공부를 포기하지 않았던 두 남동생의 행방불명은 양○○ 가족의 붕괴를 의미했다.[30] 양○○의 어머니는 두 아들을 찾는 데 실패하고 화병으로 1년을 앓다 돌아가셨고, 가문의 대를 잇기 위해 큰 남동생 밑으로 양자를 들이느라 어머니가 남긴 밭을 팔아야 했다. 양○○의 슬픔은 여기서 그치지 않는다. 그녀는

2005년 불의의 차 사고로 작은아들을 잃게 되는데, 이 이야기를 하며 4·3의 기억과 연관짓는다.

세상나고 이닮은 인간은 어디 섬직허여 댕기멍 보난. 이 닮은 인간은 어서. (눈물을 훔친다.) 나 사태에 하도 고생헌말 곧잰해가민, 나 진짜 울지 말잰해도 울어져. (흐느끼며 이야기한다.) 그 물에 들으친 때라도 그때 죽어부러시민 아기도 안나고 아무것도 몰라그네 가불건디. 그때 그 순경 알멍 무사 나가 살아져신고 그 생각빼끼 안나. (눈물을 닦으며 고개를 절레절레 흔든다.) 모든거 살아가는양 아들이라도 살고 팬안허게 살암시민 도저히 잊어불주만은, 점점 옛날 해난거 튼나멍… 그자 저세상 가고픈 생각만 나주, 이 세상에 이성 나가 무슨 행복을 보리 영 생각만… 생각이 안들어. (감정이 복받쳐오르는 것을 진정시킨다.) 게난 노인당에 강 앉아도 영 바래보믄이 나 닮은 사람은이 하낫도 어서배여. 경해도 그자 누게 가불랜 때리지 않허곡 경허난 그디도 강 앉아보는체 햄주. 경하난 복녁이 나쁘건 눈이라도 어둡지 말주기. 하도 경 거꾸로 돌마매곡 해나난 나 그띠부터 눈 어두웡 이제도 영… 사람을 암만 험으로 사람사 모르는가, 그추룩 사름을 몰라. 이녁 아기도 어디 영- 오랑 사민 어디서 옵디겐 곱주게, 아긴가 생각을 안해져게. 무사 그추룩 어두운고… (잠시 침묵) 아이고, 너무… 이추룩저추룩 헌 꼴랑 배우지 말잰 생각해신디 너무 미안헌게. (울음) (2006, 녹취)

그녀는 현재의 삶이 평화로웠다면 과거의 고통스러웠던 기억도 어떻게든 잊을 수 있었을 거라고 말한다. 그러나 아들의 죽음으로 그녀는 4·3에서 살아남기 위해 들였던 노력을 허망하게 여기게 되었다고 한탄한다. 차라리 그때 죽었더라면 아들이 죽는 불행한 일은 없었을 거라며 그녀의 생존 자체를 원망하고, 큰아들의 고생 많은 삶도 자신이 살아남았기에 초래한 일이라 속상해한다. '아들도 잘 살고 가지 못한 것이 원'이 된 그녀는 스스로를 '나이 들도록 살아봐도 아무 보람이 없는' 사람이라 중얼거린다. 4·3 이후 억척스럽게 삶을 일구어 왔지만 아들의 죽음과 불행은 원망과 한을 다시 4·3으로 기인하게 한다. 현재가 양○○의 과거 경험의 의미를 재구성하는 것이다.

4·3 당시 행방불명된 두 남동생에 대한 서사와 죽은 아들에 대한 서사는 특정 차원에서 유사하다. 첫 번째는 두 남동생의 행방불명과 아들의 죽음이 특정한 가해자가 없는 '사고'로 이야기된다는 점이다. 4·3의 비극은 미군, 경찰, 서북청년단 등이 자행한 폭력에만 있는 것이 아니라 이에 가담하거나 연루될 수밖에 없었던 공동체의 파괴에도 존재한다. 밀고나 묵인, 외면 등으로 나타난 마을과 지역 단위의 분열은 어떤 이들의 기억에선 모두 믿을 수 없는 사람으로, 혹은 모두가 피해자로 남아있게 만들기도 했다. 양○○ 또한 두 남동생의 실종-죽음에 대한 가해 주체를 특정하여 언급하거나

추측하지 않는다. 이는 아들의 사고에 대해서도 마찬가지이다. 그렇기에 이들에 대한 양○○의 증언에서는 부당함에 대해 느끼는 분노보다 상실에 대한 그녀의 슬픔이 두드러진다. 두 번째 유사성은 그녀가 상실한 주체들이 모두 '남성'이라는 사실에 있다. 가정과 사회에서 그녀의 '보호자'였던 남자 형제와 아들의 죽음은 그녀가 '여성'으로 겪어야 했던 곤란들과 강하게 연결되어 있다. 양○○은 이들의 '무고한 희생'을 강조함으로써 자신의 취약한 처지와 해소되지 않는 한을 항변할 수 있게 되는 것이다. 4·3의 보편적인 피해 서사의 문법이 있듯이 4·3을 겪은 여성이 의지하게 되는 '젠더적 규범'의 서사도 존재한다. 남겨진 여성은 '남성의 상실'이라는 공인된 영역을 경유해서 자신의 피해와 슬픔을 내보인다.

그러나 양○○이 겪은 4·3의 슬픔이 두 남동생과 아들에게만 드리운 것은 아니었다. 그녀의 곁에는 줄곧 딸이 있었다. 딸인 강△△은 4·3유족으로 공식 인정을 받은 4·3 피해의 또 다른 당사자이다. 그녀는 4·3이 일어나기 전 양○○이 첫 결혼에서 낳은 딸이다. 일본에서 살고 있었지만 양○○은 딸이 생후 팔 개월 되던 해에 제주로 넘어왔고, 강△△은 5살 무렵 4·3을 겪게 된다. 4·3에 대해 물었을 때 그녀는 외할머니의 손을 잡고 지서에 갔던 기억만이 희미하게 남아 있다고 했다. 그러나 양○○의 증언에서 가족은 행방불명된 두 남동생과 죽은 아들, 맘고생하고 화병으로 돌아가신 어머니 위주로 이야기되면서 큰딸은 상대적으로 주변적인 인물로 언급된다. 2006년 증언에서 양○○은 딸에 대해 자신이 죽어도 '외할머니도 이시니깐(있으니까)' 살 수 있으리라 생각했다고 말한다. 이를 통해 마을을 지키기 위해 죽음까지 각오했던 자신의 의지를 강조하고 있었다. 사태 이후 딸과 계속 같이 살았냐는 면담자의 질문에 "데련 살단에 나 삶도 곤란허고 허난 육지 보내부런… 살단에 지네냥으로 결혼행 오란 시에 살암서[데리고 살다가 내 삶도 곤란하고 해서 육지 보내버렸지… 살다가 자기네끼리 결혼하고 와서 시에 살고 있어]"라고 짧게 대답한다.

반면 2015년 증언에서는 미세한 변화가 생긴다. 순경과 살기로 결심한 이유에 대해 '뚤 살리젠[딸을 살리려는]' 생각 때문이었다고 대답하기 때문이다. 면담자가 딸을 계속 키워왔냐는 질문에는 "딸 어린 때난 나 같이 데령 살당 나가(내가) 결혼을 시켰주게"라는 답변으로 변한다. 2015년의 증언에서 양○○은 딸에게 의지를 많이 했다며 고마움을 표현한다. 그녀는 고문으로 몸이 망가져 몇 해간 일어나지 못했는데, 어머니와 딸의 간호 덕분에 살 수 있었다고 말한다. 특히 어머니가 자신에게 하던 간호를 보고 배워 그대로 해준 딸을 자랑스럽게 여기는 마음이 역력히 느껴진다. 여러 고생을 하면서 함께 '늙어온' 딸은 양○○의 인생에 중요한 존재이겠지만, 각기 다른 목적과 시기에 행해진 증언 간에 상이하게 드러나는 딸의 존재감은 복합적인 맥락을 지니고 있는 듯 여겨진다.

나는 강△△을 매개로 양○○과의 만남을 추진해왔었다. 그간의 증언 채록과 4·3지원 사업을 통해 돈독한 관계를 유지해온 연구소 담당자가 '4·3증언을 공부하는 학생'으로 소개하며 시작된 관계는 코로나19 사태로 직접 만남이 지연되다가 2020년 4월경 처음 이루어질 수 있었다. 양○○과의 대화가 어려웠기 때문에 나는 강△△으로부터 4·3 이후의 어머니의 생애사를 들을 수 있기를 바랐다. 한 번의 방문과 몇 차례의 유선통화를 거쳐 마침내 강△△와 인터뷰 약속을 잡았지만, 이마저도 인터뷰 당일 현장에서 불발되었다. 나는 어머니인 양○○의 증언을 깊이 있게 이해하기 위해 함께 살아온 가족, 무엇보다 따님의 이야기를 듣고 싶다고 인터뷰의 의도를 설명해왔다. 그러나 강△△은 자기에게는 할 이야기가 없으며 하고 싶은 마음도 없다고 단호하게 거절했다. 어머니가 고문 당한 이야기는 이미 많이 증언했으니,

그림2 완성된 논문과 함께 남겨놓았던 짧은 편지. 이 편지가 할머니께 가닿았는지는 아직도 알지 못한다.

어머니의 증언 '외에' 다른 이야기는 절대 하지 않겠다고 완강히 거부하신 것이다. 가벼운 질문에서 출발해 대화를 이어나가 보려 했으나 어린 시절을 떠올리는 것 자체가 자신에겐 고통이라며 결국 등을 돌렸다. 강△△의 고유한 증언을 듣는 일은 끝내 실패로 돌아갔다.

2006년 양○○의 증언에서 우리는 고문과 재가에 대한 이야기에 드리운 침묵의 지점을 가늠했다. 동시에 그녀가 성취한 자립이 재가 여성에 대한 부정적 인식에 떳떳함으로 맞서는 조건이 된다는 사실도 보았다. 나아가 2019년 증언을 살펴볼 때도 특정한 맥락 하에 말하기의 새로운 가능성이 형성된다는 점을 확인할 수 있다. 2006년과 2015년의 증언에서 양○○은 순경과의 재가를 자신이 고문과 죽음에서 살아날 수 있던 결정적인 계기로 말한다. 그러나 2019년 신문 기자와의 증언에서는 생존이 재가가 아닌 다른 계기로 가능했다고 말해진다.[31]

해당 인터뷰에서 양○○은 지서에 잡혀가 고문을 당하는 동안 그녀의 어머니가 매일 지서에 밥을 해서 날랐다고 말한다. 그 밥은 양○○을 위한 식사가 아니라 경찰에게 "'우리 딸 살려달라'고 애원하며 주는 밥'이었다고 말하면서, "어머니가 돈을 줘서 풀려난 것 같다. 어머니 아니었으면 나는 살지 못했을 것"이라고 한 것이다. 이 증언에서 순경과의 인연은 언급되지 않는다. 신문기자의 인터뷰 형식으로 짧게 진행된 증언이었기 때문에 여기서 양○○은 4·3의 피해 외의 이야기를 하기는 어려웠을 것이다. 그러나 인터뷰의 목적과 제약 외에도 국내 일간지를 통한 지면 보도가 이루어진다는 인식이 그녀로 하여금 증언의 언어를 보수적으로 검열하게 했을지 모른다. 또 하나 주목할 점은 이 인터뷰가 이루어질 때 양○○의 딸 강△△이 동석했다는 사실이다. 이때 강△△은 함께 있는 것에 그치지 않고 고령이 된 양○○의 증언을 보조하는 적극적인 역할을 했다.

실제 인터뷰 기사에서도 강△△의 진술이 양○○의 증언과 함께 실렸는데, 특이한 점은 그 진술들이 그녀의 언어이기보다 지난 세월 동안 어머니로부터 들은 이야기를 전달하는 매개적 언어라는 점이다. 그녀의 증언은 어머니나 동네 주민 등 다른 주체를 주어로 삼아 '~라고 들었다', '~였다고 한다' 등의 술어로 말해진다. 나와 대화할 때도 강△△은 자신이 어머니의 증언을 많이 들어 "어머니가 ᄀ른(말한) 얘기는 다 알아졈서(알고 있어)"라며 그 증언을 거의 동일하게 말할 수 있다고 자신한 바 있었다. 그녀가 스스로를 증언자가 아닌 '증언을 전달하는 자'로 위치 짓는 것은 4·3 당시 강△△이 5살의 어린 나이였고 증언할 만한 기억이 거의 남아 있지 않기 때문이다. 또한 희생자이자 증언자로 호명되는 대상이 그녀가 아니라 줄곧 그녀의 어머니였다는 점에도 기인하고 있을 것이다.

강△△은 어머니의 피해와 그 증언을 가장 잘 알고 이를 매개하는 능동적인 존재이면서, 동시에 말하여진 증언을 온전히 보존하려 하는 존재이기도 하다. 강△△은 양○○의 증언을 거의 동일하게 반복한다. 내가 마을과 양○○의 관계를 물었을 때 "요새 사람들은 [어머니가 고문을 당해 마을 지킨 사실을] 전혀 모르고 관심도 없지. 게난 아무래도 서운허주게"라고 대답했다. 4·3과 관련하여 마을 내의 삶이나 주민들과의 관계, 경제활동에 대한 개인적인 의견이나 느낌을 물어도 이미 공개된 증언들에서 양○○이 했던 답변과 유사해 그녀가 양○○의 언어를 그대로 차용하여 말하는 것인지, 아니면 그녀의 생각이 양○○과 일치하는 것인지 판단하기 어려웠다.

강△△과 양○○의 말이 포개지듯이, 강△△의 침묵도 양○○이 말을 멈춘 지점에 놓여 있다. 재가와 순경에 대한 이야기는 오히려 양○○보다 더 불편해하는 듯 느껴졌다. 결과적으로 어머니와 딸은 '말하지 않음'의 영역을 공유하면서 말하여진 증언을 강화하는 관계를 이어오고 있다. 그러나 '말하지 않음'은 어떤 이가 하느냐에 따라 그 '효과'가 달라진다는 점을 기억할 필요가 있다. 권위나 지위를 가진 사회적 '주류'에 속하는 이들의 침묵은 더 명시적으로 그 의미와 감정을 전달하는 경우가 많다. 이들이 대부분 사회에서 통용되는 지배적 관념을 생산하고 소유하기 때문이다. 그들의 반응은 일반적이고 자연스러운 것이기 때문에 구태여 설명을 덧붙이지

않아도 맥락 속에서 효과적으로 작동할 수 있다.[32]

그러나 주변화된 존재, '소수자'의 경우 침묵은 완벽한 공백에 가깝다. 맥락을 유추할 수 있는 설명이 보태어지지 않는 이상, 통상적인 이해 범주에 빗겨난 그들의 경험과 감정을 가늠하기 어렵다. 언어 그 자체도 지배 권력에 의해 만들어진 산물일 뿐, 힘없는 자들의 것이 아니었다. 여성, 아동, 퀴어, 장애 등 중층적인 차별과 폄훼 아래 놓인 고유한 경험과 감정을 서술하기에 언어라는 도구는 늘 불충분할 수밖에 없다. 이로 인해 이들의 증언에서 돌출되는 모순, 비정합성, 감정의 과잉 등은 권력에 의해 전유될 위험 또한 크다. 그러므로 이 침묵이 가닿을 수 있는 가정적 진실의 층위를 탐구하는 것이 이들의 증언을 배반하지 않으려는 노력 중 하나일 것이다.

어머니와 딸 사이에 침묵이 침묵으로 계승되는 것을 단순하게 비판해서는 안 될 것이다. 강△△은 "어머니가 증언하는 모습을 보는 게 괴롭다"고 말했다. 이 글에 옮긴 양○○의 증언은 일부분에 불과하다. 그러나 짧은 인용문에서 확인할 수 있듯이 그녀는 증언이 이루어지는 내내 슬픔과 분노를 표출한다. 멈추지 않는 눈물, 격양되는 어조와 몸짓은 증언하는 그녀를 장악하는 것처럼 느껴지는데, 강△△은 양○○이 4·3 당시의 기억을 상기할 때마다 그러한 모습을 보인다고 말했다. 나이가 들면서 그런 경향이 점점 더 강해

저 증언을 하다가 어머니가 '쓰러지기라도 할까' 불안했다는 마음을 내비치기도 했다. 고령의 생존자이면서 4·3의 비극을 대표하는 희생자로 호명하고 양○○에게 증언하기를 청하는 요구가 강△△에게 또 다른 '폭력'으로 느껴지는 것이다.

그녀는 어머니의 증언을 가장 잘 알고 똑같이 반복할 수 있는 자로 자처하면서도 "그래도 어머니께 들을 수 있어시민 좋을건디"라며 그녀가 당사자의 증언을 온전히 대변할 수 없다는 한계를 인식하고 있다. 그녀는 강력한 대표-증언자가 된 어머니의 곁에서 한번도 증언자로 요청받은 적이 없다.[33]

인터뷰 내용을 공개하지 않겠다고 약속했지만, 강△△은 끝내 자신의 이야기를 하길 거부했다. 그녀에게도 다시 떠올리기 고통스러운 4·3의 기억들이 존재함에도 어머니의 경험에 비해 그녀의 경험은 증언할 만한 가치가 없는 것으로 치부되었다.[34] 어쩌면 고통스럽게 증언하는 어머니를 지켜봐야 했던 세월이 그녀에게 아픈 기억을 불러내는 시도를 두려워하게 만들었는지도 모른다. "이젠 어머니한테 그런 말(4·3에 대한 말) 귿고 싶지 않애(말하고 싶지 않아)"라는 강△△의 고백은 그녀 자신에게도 해당되는 말일 것이다. 그러나 이러한 침묵을 수동적인 회피로만 읽어서는 안 된다. 어머니와 딸의 겹쳐진 침묵은 사회의 차별적 시선을 거부하며 스스로를 보호하기 위한 선택이기도 하다.[35] 동시에 괴로운 기억을 상기하며 자신을 소진하지 않겠다는 능동적인 의지일 수도 있다. 따라서 침묵이 형성된 맥락을 탐색하면서도 침묵을 '말하기의 부재'가 아닌 '말하기의 다른 방식'으로 접근하는 시도는 주변화된 증언의 침묵을 읽는 작업에서 중요할 것이다.

셋, 폭력과 장애 그리고 대표 증언

양○○과 강△△이 보여주는 증언의 복합적인 역학은 어머니와 딸, 실 체험자와 아동 피해자, 대표 증언자와 매개 증언자 등의 문제들을 사유하게 한다. 나아가 여성 증언의 어려움과 여성 기억 전승의 곤란을 상징적으로 보여준다고도 할 수 있다. 소외되고 배제되어 온 자들은 그들과 가깝거나 유사한 처지의 이들의 언어가 공인된 증언으로 인정받을 때 이를 자신을 대변하는 언어로 삼는다. 스스로를 대표 증언을 매개하는 역할로 위치 지으면서 그들만의 고유한 목소리를 감춘다. 이는 대표 증언이 그들의 고유한 경험과 생각에 대해 증언할 만한 가치를 평가하는 척도로 설정되기 때문이다. 그들은 대표 증언의 언어 뒤에서 증언자로 호명받지 못하며 매개하는 역할에 머문다. 대표 증언이 그들에게도 최소한의 인정과 공감을 부여해 주기 때문에 그 외의 자기 노출을 감행하면서까지 고통을 고백할 필요가 없는 것이다. 오히려 자신의 목소리를 내는 것이 스스로를 보호해 주던 대표 증언을 위반할 수 있다는 경계심이 작동한다.

대표 증언이 형성되면 주변인의 침묵을 통해 구축된 증언의 공간은 더욱 공고해진다. 이때 증언은 새로운 사실들이 각축을 벌일 수 있는 역동적인 담론의 장이 되지 못한다. 대표 증언이 왜곡되거나 부정되지 않아야 한다고 여겨지면서 사실과 의미의 닫힌 구조가 형성되는 것이다. 말해진 것과 말하여지지 못한 것, 대표하는 증언과 주변적인 증언, 증언자로 호명되는 자와 그러지 못한 자의 관계에서는 공식 기억과 역사가 서발턴을 말소해온 역학이 동일하게 적용되고 있다.

양○○과 강△△과의 인터뷰가 불가능했기 때문에 나는 양○○의 마을을 수차례 방문해 주민들을 만났다. 동사무소나 길가에서 우연히 만난 이들과 마을에 대한 인식, 생업에 대한 이야기, 4·3에 대한 기억이나 의견 등을 묻는 가벼운 대화를 진행하였다. 이러한 조사 중 마을 폭낭 아래 앉아 계신 90대 할머니와도 자연스럽게 이야기를 하게 되었다. 그녀는 그 마을에서 나고 자란 양가(家)였다. 양○○이 증언에서 언급한 것처럼 자신이 어렸을 적에는 이 동네에 양씨가 많이 살고 또 부유했지만, 이제는 도내 각지로 뿔뿔이 흩어져 산다고 했다. 그녀의 손위 남자형제들은 모두 죽고 그녀의 자녀들 역시 제주시와 하귀, 육지에 떨어져 산다는 말을 들었다.

그림3 우연한 만남을 가능하게 해준 폭낭의 너븐 차양

그녀는 아들과 딸이 번갈아 자신을 보러 오며, 그 외의 날에는 도우미가 방문해 자신을 돌봐준다고 했는데, 작은 체구의 굽은 허리, 청력이 약한 점을 제외하면 상당히 정정해 보였다.

그녀가 양○○의 렌당(친척, 이하 렌당으로 지칭)이라는 사실은 그녀의 권유로 렌당의 댁에서 점심을 함께 먹으면서 알게 되었다. 동향의 동성이라 친족관계일 거라는 예상은 하였으나, 마을 내 동년배 주민이나 친척에 대해 물을 때 양○○을 언급하지 않고 4·3 때 가족이나 친척이 피해를 입었느냐는 질문에도 부정하거나 회피했기 때문에 가까운 항렬은 아니리라 추정하고 있었을 뿐이었다. 양○○을 아냐고 물었더니 렌당은 6촌 지간이라고 대답했다. 그리고 양○○의 이야기가 나오자 렌당과의 대화 양상은 순식간에 변했다. 그녀가 증언하기 시작한 것이다.

그전까지 렌당은 4·3이란 단어를 잘 알아듣지 못했다. 귀가 어두운 까닭도 있었지만 나이에 비해 기억력이 뛰어나고 말씀도 곧잘 하시는 데에 비해 4·3이란 단어에는 낯설어하셨다. 4·3 때 몇 살이었는지, 가족 중에 피해를 입은 분은 없으셨는지, 4·3 당시 마을 분위기는 어땠는지 등의 질문을 할 때마다 "사삼이 뭐라? 무신거 フ람서[무얼 말하는 거야]? 나 잘 몰라"로 대답하던 렌당이 양○○의 이름을 듣자 당시 경찰로부터 고문을 받은 기억을 풀어내기 시작했다.

궨당: 양○○이는 막 맞아나서. 요디 순경들이 와났거든. 거기 온 순경

들이한티 잡혀강 막 맞안. 나는 지서 잡혀강 맞고…

연구자: 할머니도 경찰한테 맞았어요?

궨당: 게! (당연한 것을 묻는다는 듯 강하게 대답한다.) 나 여러 번 잡혀가서. 요

손을 둘둘 메언 (밧줄로 손목을 동여매는 동작) 요 발끝이 닿을락 말락 매달

아. 게민 동동 떠그녱 몽둥이로… (말로 진술하는 대신 오른손으로 허벅지 양

쪽을 번갈아 때리며 몽둥이로 맞았다는 표현을 대신한다.) 옷에 요끄티 (오른 옆구

리와 허벅지를 가리킨다.) 단추가 이신거 풀러그녱 벳겨 노면 때릴 때 착!

착! 여기 천 위로 맞으면 (왼 옆구리와 허벅지를 손으로 훑는다.) 퍽퍽! 소리가

달라, 소리가….

궨당은 당시 받았던 고문을 몸짓과 함께 증언했다. 특히 몸의 반
은 옷이 벗겨지고 반은 옷이 걸쳐진 상태로 무차별적으로 맞았던
순간은 그녀에게 생생한 '소리'로 기억되어 있다. 궨당은 창고에 끌
려갔을 때 망치로 눈 위를 맞아 찢긴 흉터와 정강이, 발목 곳곳에
패인 흔적들을 보여 주었다. '그때 죽어져시믄', '어떵 지금까지 살
아졈신고'의 한탄은 고통스러운 고문의 증언에 동반되었다. 그러
나 그녀는 정작 자신이 고문을 받은 이유에 대해서는 모르고 있었
다. "이유도 어시 불러당 때련[이유도 없이 불러다 때렸에]"이란 말의 어
감은 특이하게도 이유 없는 폭력의 부당함을 강조하는 것이 아니

라 그것이 매우 당연한 폭력의 행태였다는 듯한 어조를 띠었다. 궨 당의 이러한 인식은 이후 또다시 드러난다. 그녀는 양○○이 순경 을 만나 더는 맞지 않았던 반면 자신은 그 이후로도 몇 번 더 끌려 갔다 나오기를 반복했다고 말했다. 그후 자신은 일 년 정도 '군인 과 오멍가멍 살당' 결혼했다고 증언한다.

> **연구자:** 그럼 할머니, 군인 남편 만난 다음에는 안 맞으셨어요?
> **궨당:** (꽤 긴 침묵 후) 그때 여자들이야 어디서든 맞주, 안맞앙 살아져?

직접적으로 설명하지 않았으나 궨당의 답변은 고문에서 풀려난 이후에도 상습적인 폭행을 겪었음을 암시하고 있다. 이 답변은 그 녀가 순경이 가한 고문의 폭력과 남편의 폭력을 하나의 연속체로 인식하고 있다는 사실도 보여준다. 이는 궨당이 고문의 폭력을 4·3의 피해로 인지하지 못한 인식론적 기반이었을 수 있다. 혹은 그녀 삶에서 반복된 일상적 폭력이 4·3의 고문을 피해로 문제 삼 는 행위 자체를 무의미하게 만들었을지 모른다. 여기서 과거 사건 의 의미가 증언자의 현재와 조응하며 해석된다는 점이 선명하게 드러난다.

우연한 마주침으로 만나게 된 마을 내의 또 다른 고문 피해자. 우 리는 여기서 증언자가 되지 못한 궨당의 위치를 문제 삼아 볼 수 있다. 그녀가 증언자가 되지 못한 원인은 여러 각도에서 추정해 볼 수 있다. 첫째, 양○○과 달리 퀜당의 서사에서는 고문을 받아야 할 결정적인 계기가 없었다. 이는 무차별적인 순경의 만행을 의미하는 것이기도 하다. 그러나 공식적인 희생자 규정이 요구하는 것처럼 4·3과의 연관성을 특정하기 어려운 경우 상시적인 피해는 인정받기 어렵다. 당사자조차도 고문의 이유를 추측하지 못하는 곤란은 피해 경험을 부당하고 억울한 것으로 항의하는 데의 어려움으로 이어졌을 가능성이 크다. 둘째, 퀜당은 후유장애로 인정받기에 덜 훼손당한 몸이다. '병신'이 된 양○○과 달리 불구가 된 부위나 치명적인 부상이 없기 때문에 폭력의 흔적을 증명하기 부족하다. 설사 증명한다고 하더라도 4·3의 직접적인 피해로 장애가 유발되었음을 인정받기에 불충분하다. 셋째, 그녀가 겪은 고문이 4·3의 피해라고 인식시키고 후유장애로 신청하도록 이끄는 존재와의 만남이 이루어지지 않았다. 그녀는 불행히도 4·3의 진상규명조사와 신고 접수가 이루어진 긴 세월 동안 그 기회에서 빗겨나 있었다. 이는 조사자·활동가와의 만남이 이뤄지지 못했다는 문제와 동시에 그녀를 대변하거나 매개해줄 존재가 없었다는 문제와도 관련 있다. 즉, 그녀의 이야기는 처음부터 들려지지 못한 것이다.

양○○: 나 경허난 이번 이 병원에 가는 것도 다 병신 되시난 했주. 그

렇게 맞아봐도 병신 안되시민 올라가지도 안헐꺼주게. (2006, 녹취)

양○○이 4·3 후유장애인으로 인정받고 그에 대한 복지 혜택을
누릴 수 있던 것은 심한 고문으로 '병신 된' 몸이 있기에 가능했다.
후유장애인으로 인정받기 위해서 신고자는 4·3위원회가 지정한
검진병원에서 검진 후 발급받은 진단서와 신청 사유를 뒷받침할
수 있는 증빙자료를 제출해야 했다. 또한 당시 제주도에 거주한 자
로 신청 당시 65세 이상인 주민 3인이 작성한 보증서도 필요했다.
후유장애는 희생자의 병이나 증상이 퇴행성 질환이나 일반 질환으
로 판단될 경우 인정받지 못한다. 치유가 불가능하고 지속적인 통
증과 불편을 야기하는 장애로 진단받아야 하며 장애의 발병요인과
4·3과의 관련성이 소명되어야 했다. 위원회는 의료분과 전문가들
로 구성된 '제주4·3사건의료및생활 분과자문위원회'의 자문을 받
고 사실조사단의 다각적인 조사와 검토를 통해 심사를 진행한다.
그러나 4·3 이후에 놓인 시간적 간극은 증상에 대한 진단과 사건과
증상의 연관성을 판단하는 데 다양한 어려움을 야기했으며, 연관
성을 판단하는 기준 또한 모호했다. 피해 사실에 대한 가해자를 특
정할 수 있는 경우를 제외한 낙상 등의 사고나 정신적 충격 등을
기타 장애 유형으로 분류하였으나, 해당 유형으로 결정을 받는 일
은 극히 드물었다. 이로 인해 신고자 중에는 불인정 또는 보류로

판단 받는 이들이 상당수 존재했다. 희생자 결정과 의료지원금 결정에 대한 위원회 판단에 이의가 있을 경우 재심의를 신청할 수 있는 조항은 2007년 일부 개정안으로 신설되었다. 그러나 제한된 검진 결과와 서류상의 단편적인 정보로 후유 장애의 가부를 결정하는 심사의 한계는 여전히 지적받고 있다.[36] 현재까지도 후유장애 인정을 받지 못하는 희생자가 상당수 존재한다.[37]

또한 2021년 4·3특별법 전부개정안의 통과로 배·보상이 가능해지면서 희생자로 인정받지 못한 이들에 대한 문제뿐만 아니라 희생자 내부에서도 위계화의 문제가 첨예해졌다. 개정안 제16조에서 '보상금'은 "희생자로 결정된 사람에 대하여 사건 발생 시기와 근접한 통계자료를 기초로 산정한 희생자의 일실이익과 장기간의 보상 지연, 정신적 고통에 대한 위자료 등을 고려"하여 산정된다고 명시되어 있다.[38] 후유장애 희생자의 경우 9천만 원 이하의 범위에서 위원회가 결정한 금액을 지급할 것이 규정되었는데, 이때 문제가 되는 것은 "장해등급 및 노동력 상실률"을 고려하여 차등 지급된다는 점이다. 장해등급은 대통령령 제33593호에 의해 14개 등급으로 구분되어 있다. 4·3후유장애인 보상금은 이를 3개 구간으로 구분해 1구간(1~3등급)에 9,000만 원, 2구간(4~8등급)에 7,500만 원, 3구간(9~14등급)은 5,000만 원을 상한으로 두었다. 2022년 10월 27일 보상심의분과위원회에서 후유장애인 77명에 대한 보상금 지급이 결정되었으나, 1구간 희생자는 13명(17%), 2구간 희생자는 41명(53%), 3구간 희생자는 23명(30%)이다.[39] 후유장애 인정과 장해등급 판정, 보상금 심의, 지급에 이르는 전 과정은 트라우마적 경험과 몸의 상흔을 제대로 사유하지 못하는 산술적·관료적 사고방식을 보여준다. 4·3이 국가적으로 해결되는 시간 동안 누적되어온 균열이 최근에서야 확연한 문제로 드러나게 된 것에 다름없다.

국가에 의한 후유 장애 인정은 공식적이며 사후 모든 판단의 절대적인 지표가 된다. 그러나 아이러니하게도 그 자격을 부여받는 과정에는 우연과 확률적 요소가 작용한다. 이는 위에서 문제시한 부상이나 중상의 치명성, 회복 불가능성을 판단하는 기준이나 발병 원인에 대한 판정이 모호하다는 것만을 의미하지 않는다. 재단과 연구소 담당자들이 피해 신고와 승인의 계기를 설명할 때 '운'이나 '기회'라는 단어가 사용된다. 구술 수집이 활발히 이루어진 90년대 후반부터 특별법이 제정되고 피해 신고가 이루어졌던 2000년대 초반까지도 후유장애인으로 스스로를 인지하여 등록하는 사례는 많지 않았다. 2006년 증언 청취를 진행한 담당자는 연구자와 증언자의 '만남'이 이러한 신고가 이루어지는 데 결정적이라고 말한다. 고문이나 폭력을 당한 피해자가 피해 신고에 대해 알지 못하고 있는 경우가 많으며, 알고 있다고 하더라도 그들의 피해가 후유장애로 인정받을 수 있는 성격이라는 점을 인지하지 못하기 때문이다. 사건 이후 긴 세월이 지나 공식적인 피해 접수가 가능해진 4·3의 특수성은 여기에서도 드러난다. 폭력과 고문으로 야기된 부상이나 증상에 무뎌져 현재의 일상을 영위하는 데 치명적인 불편을 느끼지 않는 경우 고령의 피해자들은 이를 '4·3의 후유증'이라기보다 노화의 한 부분으로 치부해버린다. 그들이 오랜 세월 적응해나가 자연스러워진 신체의 일부를 '피해'로 판단하고 인지하는 데에는 연구자와 활동가의 몫이 컸다. 특히 이들에게 적극적으로 신고를 권유하거나 정부 주체에 대상자를 알려 조사가 진행되도록 하는 개입은 이들의 말을 증언으로 위치 지었던 연구자들에 의해 이루어졌다.

한편 제삼자의 개입이 희생자들에게 무조건적으로 수용되는 것도 아니다. 4·3이 공론화된 이후에도 여전히 자신이 4·3의 공인된 희생자가 되는 것을 꺼리는 경향이 만연했다. 또는 '장애'라는 말에 거부감을 느끼고 "사지 멀쩡한 내가 왜 그런 대우를 받아야 하냐"며 역정을 내는 이들도 존재한다. 이들이 4·3후유장애자의 자격을 선택하는 데에는 사회적 관념에 대한 의식뿐만 아니라 자기규정으로의 조율도 필요했다. 양○○의 증언에서 자신의 몸을 '병신'으로 명명하는 반복적인 지칭은 그녀가 적극적으로 수용한 정체성으로 볼 수 있다.[40] '병신'은 고문의 결과와 자신의 현재적인 몸 상태를 진술하는 사실적 언어이기도 하지만, '후유장애'로 인정받고 지원의 수혜자로 자신을 위치시킨 행위자성의 발로로도 읽을 수 있는 것이다. 반면 퀜당은 다양한 면에서 '소외'된 몸이었고, 그렇기에 침묵하는 몸으로 남겨져 있었다.

가까운 친척이었던 양○○이 퀜당에게 희생자 등록을 권유했는지에 대해서는 알 수 없다. 힘든 생활난 속에서 퀜당의 처지를 미처 챙길 수 없었을지도 모른다. 퀜당은 군인과 정식으로 결혼했으며, 그의 남편은 마을의 이장을 지내기도 하고, 아들 역시 활발한 대외 활동으로 마을 내에 영향력 있는 입지를 차지해왔다. 남편과 아들을 매개로 마을에서 인정을 받는 그녀에게 희생자 인정은 필요하지 않았을 수도 있다. 혹은 양○○의 제안이 퀜당의 가족에 의해 거부되었을 가능성도 제외할 수는 없다. 퀜당의 피해 서사가 알려지지 못했던 맥락은 오늘날 가늠할 수 있는 수준보다 더 중층적일지 모른다. 한 가지 분명한 사실은 퀜당의 서사가 소거됨으로써 결과적으로 양○○은 마을을 살려낸 '유일한 영웅'으로 자신을 서사화할 수 있었다는 점이다. 우리는 앞선 장에서 '남성 보호자를 상실'하고 망가진 몸의 '재가한 여성'으로서 양○○의 증언이 말할 수 있는 한계 영역 안에서 제한적으로 말해지고 있다는 사실을 확인했다. 그러한 독해는 말해지지 않는 지점들을 최대한 가시화하는 시도와 병행되었지만 찾을 수 있는 말의 흔적은 많지 않았다. 그러나 퀜당의 사례는 주변적인 증언조차 한층 더 억압적 맥락에 놓인 하위 증언들의 침묵들로 성립되는 구조를 보여준다. 만약 렌당을 만나지 못했다면, 양○○의 한계적 증언이 딛고 선 '증언조차 되지 못한 말'은 조명되지 못했을 것이다. 그리고 여전히 이들의 주변에 얼마나 많은 존재들의 피해의 말들이 묻혔는지에 대해서는 가늠하기 어렵다.

5. 증언, 다시 묻고 듣기

연구가 끝날 때까지, 그리고 연구가 끝난 이후에도 양○○을 직접 만날 수 없었다. 대신 나는 양○○의 공개된 증언에서 누락된 이야기와 그 이야기 속에 '공백'으로 남아있는 침묵을 짚어내고자 했다. 또한 양○○의 증언을 텍스트적으로 분석하는 데 그치지 않고 증언이 형성된 '바깥'의 맥락을 추적하고 사유했다. 증언의 공백을 이해하기 위해 그녀의 가족과 사업담당자와의 만남을 진행했고, 현지조사를 통해 마을 주민들의 목소리를 들었다. 들리지 않은 말들을 가늠하기 위해 들인 노력은 증언이 행해지기까지 수많은 우연이 존재하고 다양한 주체들이 개입된다는 점을 인식하게 했다. 증언이 구성되는 조건은 인적 차원을 넘어 제도와 정책, 법과 국가 등과 접속하고 있으며, 각 주체들의 욕망과 이해관계가 얽혀 있는 복합성을 띤다. 여러 한계 속에서 형성된 증언마저 다른 목소리의 침묵과 망각에 의해 가능해진다는 사실은 서발턴 역사 쓰기의 곤란을 선명히 보여주는 것이기도 하다.

현재까지도 구술사와 증언 연구는 당사자 중심으로 형성되어 있다. 증언에 힘을 부여하는 조건은 '당사자성'과 '직접성'이다. 증언이 당사자의 고유한 체험과 감정, 기억 구조와 서사 방식에 의해 이루어지며, 개개인의 유일무이한 증언의 언어가 존중되고 지켜지는 것은 중요하다. 그러나 이러한 '당사자 중심주의'가 지나치게 강조되어 증언의 영역을 한계 지어서도 안 될 것이다. 세월이 흘러 증언할 수 있는 당사자가 남아 있지 않을 때, 증언은 더 이상 의미 있게 연구될 수 없는가? 특정 역사에 대해 증언할 수 있는 자격은 당사자에게만 부과되는가? 이는 오늘날 과거사 사건을 다루는 증언연구가 봉착한 난관이며, 여전히 당사자 증언을 전면화하여 정치적 효과를 꾀하는 다양한 진영의 운동이 고민하는 문제이다. 특히 한국 과거사의 당사자 증언이 대부분 피해를 확증하는 언어이길 강요받았다는 점에서 '당사자 중심주의'가 증언을 일종의 '의무'로 강제해온 혐의를 지울 수는 없을 것이다. 이는 희생자에게 고통스런 과거에서 나와 앞으로 나아갈 수 있게 해주는 치유적 증언의 형태가 아닌 고통의 되새김 속에 머물게 하는 한계적 증언이다.

양○○의 증언처럼, 증언은 증언하는 당사자의 언어이지만 동시에 면담자와 잠재적 청자, 사회 일반의 관계를 의식하고 그와의 상호작용 속에서 형성하는 공동의 산물이기도 하다. 특히 일상적 차별과 사회적 낙인에 민감한 이들은 자신의 증언이 어떻게 들릴지 의식하며 증언 안에서 말할 수 있거나 말해질 수 없는 이야기를 선별한다. 그렇기에 증언의 말해진 언어의 텍스트에만 고착하지 않고 언어의 '공백'과 '바깥'을 동시에 살피는 작업이 동반되어야 하는 것이다. 그리고 이러한 연구는 증언의 발화와 시차를 두고도 사후적으로 이루어질 수 있다. 남겨진 증언을 텍스트로, 육성으로, 영상으로 되살려 다시 읽는 작업, 이는 아카이브에 대한 문제의식 속에서 다양한 조사와 자료를 교차-횡단하는 노력을 요구하며 '공백'과 '바깥'에 대한 신중한 상상 또한 요청한다. 사회에서 소외받고 배제되어온 존재의 이야기를 역사화하는 일에는 "머뭇거림"이 필요하다.[41] 그리고 연구자의 상상은 공백을 채우는 허구의 우화가 아니라 "그를 아카이브에 잡아넣은 상황들을 가시화"하고 "그런 상황들을 둘러싼 일상의 어둠을 최대한 정밀하게 세공"하는 데 기여해야 한다.[42]

고문과 재가, 폭력에 대한 젠더화된 관념 속에서 4·3 여성의 증언은 몇 겹의 침묵을 안고 있음을 우리는 함께 보았다. 침묵의 구체적 형상에 가닿고자 했음에도 파편화된 단서들은 하나의 진실로 수렴하지 않는다. 사라진 말들은 무엇을 증언하려다 실패했는지,

어떤 이유에서 그것들이 지워져야 했는지 명확히 결론 내릴 수 있는 것은 없다. 이 글은 양○○의 침묵 곁에 그러모은 단서들을 놓아두는 데 그쳤을 뿐이다. 어쩌면 이후의 청자 혹은 독자가 이 단서들 속에서 새로운 해석을 더해줄 수 있을지 모른다. 그러한 사후적 대화를 통해 양○○의 증언이 온전히 기억되면서도, 당시에는 뻗어나가지 못했던 지평까지의 의미가 더해질 수 있도록 말이다. 이런 방식으로 아카이브 속에 남아 있는, 다시 말해질 수는 없는 4·3의 증언이 우리에게 다시 들려질 수 있다. '역사의 증언이 계속된다.'라는 말은 당사자의 살아 있는 몸을 통해 말해지는 증언만을 의미하는 것은 아닐 것이다. 증언의 '공백'과 증언의 '바깥'을 종합적으로 사유하는 작업을 통해 우리는 증언의 대화를 지속할 수 있다. 여전히 우리에게는 후대의 묻기와 듣기를 기다리는 증언이 많을 것이다.

학살 이후의 친족지(親族誌):

친족지(親族知)의 생성과 실천

고성만

제주대학교 사회학과 부교수

이 장은 필자의 「大量死の意味をめぐるローカルな知の生成と実践: 済州4·3事件の民間人死
者および行方不明者にまつわる父系出自集団の記録をめぐって」(『文化人類学』79-4, 日本文
化人類学会, 2015, 378-396쪽)에 가필·수정을 더하여 한국어로 고쳐 쓴 것이다.

학살 이후의 친족지(親族誌):
친족지(親族知)의 생성과 실천

1. 궁여지책이라는 선택지

학살이 멈추고, 살아남은 사람들은 살해당한 근친들의 폭력적 경험과 죽음의 해석을 둘러싸고·첨예화하는 갈등을 어떻게 극복했을까. 체험자이자 생존자이기도 했던 유족 1세대는 친족 성원의 죽음과 그로 인한 부재를 어떠한 방식으로 재구성해 왔을까. 이 글은 4·3을 경험한 친족집단이 피살된 성원들의 죽음을 의미화, 의례화하는 과정에서 생산된 가계 기록에 주목한다. 이를 통해 학살 이후의 정치적, 사회적 상황 변화에 따른 그때그때의 추이에 조응하며 피살에 대한 의미 부여를 달리해 왔던 사람들의 경험적 지식(經驗知)[1]에 대해 고찰한다.

본문에서는 피살자들의 '제적등본'과 '족보', '묘비문'을 사후 처리
의 맥락에서 생산, 운용되어 온 친족지(親族誌)라는 관점에서 재해
석한다. 기록의 행간을 읽고 텍스트 너머의 정황을 더듬어 가며,
사망신고를 통한 '호적·제적등본'의 정리, '묘·묘비'의 조성 및 개축
(改築), '족보'의 편찬과 증보, 장례 및 이장, 영혼 결혼[2], 기제사[3], 성
묘 등의 과정에서 유족 1세대가 근친들의 죽음 또는 행방불명을 어
떻게 해석하고 처리해 왔는지 살펴본다.

단계적 발전론에 입각한 '과거청산'의 역사 인식은 2000년을 분
기점으로 진상규명 운동이 법제화되기 이전을 '완전히 억눌린 시
기'[4] 또는 '암흑기', '수면 밑의 역사'로 구도화한다. 그리고 그러한
'암울한' 시공간을 살아온 사람들을 많은 경우 '제 소리를 낼 수 없
었던 빨간 인종'[5]이나 '냉전·반공의 금기 속에 봉인되어 온 자들'[6]
과 같이 무력한 인간 군상으로 묘사한다.

'희생자'에 대한 '보상'이 현실화되는 과정에서 부상하는 '뒤틀린
가족관계' 담론 역시 학살 이후를 살아온 사람들의 역사와 현실에
대한 이해 부족에 바탕을 두고 있다. 사실과 다른 제적부에 대해
"제주 사람들의 편의에 의해 임의로 기재된 측면이 강했다."[7]는 진
단이 대표적인데, 이것은 '편의'와 '임의'를 탈역사화, 탈맥락화시킨
것으로, 현상 너머에 있는 행위자들의 얽히고설킨 고뇌와 궁리에
대한 제대로 된 고찰로 보기 어렵다. 이러한 분석은 근친을 잃은

친족집단에 닥친 위기는 무엇이었고, 곤경을 어떻게 극복했는지 이해하려는 노력을 적당한 수준에서 무마시킨다. 느슨한 해석을 통해 학살의 유산을 무화시키려는 사고에 복무케 하는, 의도하지 않은 효과를 초래할 수도 있다.

이 글이 기획된 또 다른 이유는 그러한 저차원적 접근에 대한 비판적 검토를 통해 유족 1세대가 일구어 온 삶과 경험에 입체성을 더하기 위해서이다. 각각의 가계 기록이 작성되는 맥락과 방식, 기록 간의 일치와 불일치, 그 과정에서 복잡하게 얽혔던 묘책과 방편 등 사적-공적 영역을 오가며 구사해 온 궁여지책으로부터 학살 이후를 살아낸 사람들의 능동적인 생활 전략을 해명하고, 폭력을 정당화하려는 압도적인 힘에 수긍하지 않으려는 창발적인 생활 전략의 가능성을 모색해 본다.

2. 죽음의 다중성, 사후 처리의 복잡함

부당하고 원통한 죽음

4·3 시기에 발생한 인명 피해 가운데 영유아부터 30대까지가 76%, 남성이 79%를 차지한다.[8] 학살이 격화됐던 1948~49년에는

15~49세에 해당하는 연령층의 인구가 현저하게 감소했고,[9] 그로 인해 섬의 인구 지도는 완전히 바뀌어 버렸다.[10] 2019년까지 4·3 위원회에 접수된 '희생자 신고서'에 따르면, 사망자 9,688명 가운데 토벌대에 의한 사망은 78.7%에 해당하는 7,624명이었다.[11]

박찬식에 의하면, 4·3 사자(死者)에 대한 인식은 수난과 폭동, 항쟁 패러다임의 부침, 대립, 조정 속에 상호 긴장관계가 형성되어 왔지만, 주류적으로는 한라산 '공비'에게 죽은 '국가 유공자 및 순국자'들이 독점하는 가운데 대다수 지역민은 '억울한 희생'이라는 말조차 공개적으로 하지 못했다.[12] 순국자(殉國者)라는 표현에서 알 수 있는 것처럼, 민간인과의 '무력충돌과 그 진압과정에서'[13] 발생한 토벌대원의 죽음에 대한 대처는 신속하고 엄중하게 이루어졌다. 위령 의식이 전국 각지의 기념시설에서 공개적, 정기적으로 치러지고, '반공전사', '순국선열', '호국영령'으로 영웅화됐다. 그들의 현창비 곳곳에서도 '공비 토벌에 혁혁한 공', '조국과 민족을 위한 산화(散華)'와 같은 반공분단 체제하의 국가와 지역사회, 개인(유족) 간에 형성된 공감대와 합치된 해석을 확인할 수 있다. 한편 피살된 민간인의 죽음이 사회 문제로 부상하고 그들을 대변하려는 목소리가 조직화되기 시작한 것은 학살 이후 40여 년이 지난 1980년대 후반에 이르러서였다.[14]

권헌익에 의하면, 베트남 전장에서 무장한 병사들에게 학살당한 평범한 마을 사람들의 죽음은 전투원들의 그것과 비교할 때 '부당하고 원통한' 의미가 덧붙여지며 따라서 죽음의 의미화와 의례의 메커니즘이 더욱 복잡해진다.

민간인의 죽음은 '원통한(grievous) 죽음'일 수 있는 반면, 전투원의 죽음은 보통 이런 특정한 관념이 적용되지 않는다. (…) 전쟁터에서 병사가 죽는 것은 비극적이지만 부당한(unjust) 일은 아니다. 반면 전쟁의 혼란 속에서 평범한 마을 사람이 죽는 것은 비극적인 동시에 부당한 일이다. (…) 이 두 집단은 전사(戰死)를 서로 다른 의미로 받아들이며, 민간인의 죽음은 군인의 죽음에 비해 의례적으로 더 복잡한 문제가 된다. 부당하고 원통한 죽음의 의미가 덧붙여지기 때문이다.[15]

전후 베트남 사회에서 발생한, 죽음을 둘러싼 인식의 차이와 갈등은 4·3으로 인한 죽음의 다중성과 사후 처리의 복잡함을 논의하는 데 시사적이다. '양극화된 지정학적 구조 속에서 발생한 민간인의 대량 죽음이 무고한 목숨의 절멸뿐 아니라 제의의 사회적 토대 파괴'로까지 이어진 것은 학살 이후의 제주 사회 역시 다르지 않기 때문이다.

물론 4·3의 상흔은 민간인 피살자의 유족에게만 남아 있는 것은 아니다. 위의 인용처럼, 전투원의 죽음이 '부당하거나 원통하지' 않을 수 있지만, 폭력의 유산은 그들이 떠나온 고향마을과 친족집단의 '친밀한 관계망'[16]을 위협하는 파괴력을 지닌 것이었다. 따라서 토벌대원을 성원으로 하는 친족집단에도 4·3으로 인한 계보의 교란과 공백, 비극적인 죽음에 대한 기억이 오랫동안 자리한다.

한편 피살된 민간인의 죽음에 대해서는 공식적, 공개적으로 다루기 어려운, 전혀 다른 대응이 모색될 수밖에 없었다. 유족 1세대에게는 근친들이 '폭도', '빨갱이', '공비', '비적' 등으로 낙인찍히지 않기 위해, 불온성 시비에 휘말리지 않도록 거리감을 조정하며 보다 긴밀하게 대처하지 않으면 안 됐기 때문이다.

불온한 죽음의 복잡한 사후 처리

학살 이후의 복합적인 억압과 차별 구조 속에서 민간인 사망자·실종자를 성원으로 둔 친족집단이 근친들의 사후 처리에 더 복잡한 고려를 모색할 수밖에 없었던 이유는 다음의 두 가지 곤경 때문일 것이다.

첫째, 파괴적인 폭력은 피살자뿐 아니라 그들이 속한 친족집단의 성원 구성에 공백을 만들고 계보 질서를 흐트러 놓았다. 요절, 객사, 실종, 여러 세대에 걸친 동시다발적 죽음과 같이 유족들이 체득해온 사생관(死生觀)에서는 감내하기 어려운 비정상적인 죽음이 발생하면서 사후 처리에도 큰 혼란을 겪었다. 그 가운데서도 죽음의 실체적 증거가 되는 시신의 확인, 확보 절차를 거치지 못한 채 여전히 추정되는 죽음으로 남아 있는 실종 상태는 유족들의 혼란을 가중시켰다.[17] 현존하는 부재의 상태가 지속되거나 사망했다는 정황 정보에도 불구하고 시신을 확보하지 못한 탓에 일단락을 맺기 어려운 상황이 장기화되면서 살아남은 사람들의 상식과 그들이 체득해온 사후 처리의 관습만으로는 대처하기 어려운, 다른 새로운 궁리가 모색되어야 했다.

무속 의례에서 비정상적인 죽음에 대처하는 방식을 찾는 것은 어렵지 않다. 현용준에 의하면, 제주 사람들의 사후 세계관에서 비정상적인 죽음을 맞은 영혼은 특히 저세상으로 가기 어렵고 이 세상을 떠돌면서 근친들에게 옮겨가 미련을 남기려 하는 등 다양한 피해를 끼친다. 정상적인 죽음을 맞은 영혼도 무사히 저세상에 이르게 하기 위해서는 심방[巫覡]에게 의뢰하여 '시왕맞이'라는 무속 의례를 청하게 되는데, 비정상적인 죽음의 경우는 특히 정성을 들여야 했다.[18]

그러나 학살에서 살아남은 사람들의 인구 구성을 볼 때, 이러한 무속적 지식과 해원(解冤)의 방도가 현실적으로 원용되기에는 많은 어려움이 따랐다. 특히 살아남은 미성년자나 여성들에게는 '정상적인' 장례를 치르는 일이 곤란한 과제였다. 게다가 촌락사회 내부에서 사건과 죽음에 대해 다양한 평가와 태도가 엇갈리고, 미처 정리되지 못한 관계의 연장 위에 가해와 피해를 둘러싼 원한의 감정이 복잡하게 뒤섞이면서 연고주의를 토대로 한 공동제사 역시 쉽게 성사되지 못했다.[19]

근친들의 죽음·실종에 대한 대처가 곤란했던 두 번째 배경으로는 피살자와 그 친족 성원들에게 낙인찍힌 불온성을 꼽을 수 있다. '폭도' 혐의로 살해된 사람들은 학살 이후의 반공 사회에서 불순한 죽음, 터부시되는 죽음으로 여겨졌고, '새로운 반공국가라는 아이덴티티를 오염시키는 존재'[20]로 평가됐다. 특히 행방불명자의 경우는, 도피처로 상정되는 일본이나 북한에서 제주에 남겨진 친족들과 내통하며 언제든지 사회 질서를 와해시킬 수 있는 잠재적인 '적'으로 간주되던 탓에 유족들의 일상 깊숙한 곳까지 감시와 통제가 가해졌다. '폭도'로 멸칭되고 대물림까지 되는 현실은 유족 1세대에게 억압 기제로 작동하여 일상 생활에서 말과 글, 행동과 표정, 관계와 선택에 신중한 대처를 궁리하도록 강요됐다.

4·3을 터부시하는 반공분단체제 하에서, 살해된 민간인과 그 친족 성원의 죽음을 공론에 부쳐 사인(死因)을 밝히려는 시도는 신생 정권의 정통성과 공권력의 정당성을 위협하는 반국가적 행위로 등치됐다. 엄격한 감시와 통제 속에서, 해당 유족은 확고한 입장이나 단호한 결단을 보류하고, 관계의 지형을 때로는 애매모호하게 설

정함으로써, 4·3이 남긴 유산이 후손들의 실생활에 미치지 못하도록 여지를 차단해야 했다. 일상에서 근친들에게 닥친 폭력, 죽음의 연원과의 단절을 구현해내기 위해 더 복잡하고 민감한 실천이 모색됐던 것이다.

토벌대원의 죽음은 호국과 순국을 중시하는 냉전·반공주의 지배 체제의 법·제도 속에서 충돌 없이 정당성과 윤리성을 보장받고 충혼으로서 미화되고 위령됐는데, 이러한 죽음의 정치는 그들의 진압 대상이었던 민간인의 죽음이 한국 사회에서 차지하는 위상을 역설적으로 드러낸다. 토벌대원의 죽음도 민간인의 죽음도 모두 폭력적인 시공간 속에서 발생된 비정상적인 죽음이었던 탓에 각각의 친족집단에 회복 불가능한 상흔을 남겼지만, 토벌대원의 죽음만이 학살 이후에 정당성을 부여받을 수 있었다.

이처럼 민간인의 학살 경험과 죽음의 의미 규정은 국가와 개인 간의 인식의 차가 상대적으로 크고 교섭 가능성 또한 낮다. 근친들의 죽음이 한국 사회에서 차지하는 위상을 억압적으로 체득해온 유족 1세대는 그러한 정치 상황이나 주류의 역사 인식, 세간의 평가 등을 복합적으로 고려하는 한편, 그에 상응하는 언어를 선택적으로 구사함으로써 학살 경험과 근친들의 죽음에 대한 사후 처리의 전략을 모색해야 했다.[21]

3. 친족집단의 가계 기록

부계 친족 원리와 과거 극복

학살 이후의 폐허가 되어버린 촌락사회와 친족집단이 모색하는 재생과 복원의 현장을 참여 관찰해 온 연구들은 유족 1세대의 미세한 실천에 주목해 왔다. 굿을 통해 마음의 상처와 원한의 감정을 치유하고 금기시되어온 기억을 계승하려는 여성들의 종교실천이나,[22] 폭력적인 경험과 고통의 기억을 가족생활, 경제활동의 맥락에서 재해석하는 여성들의 증언,[23] 남편을 잃은 경험을 공유하고 활용하는 새로운 사회관계(홀어멍 네트워크)의 형성과 운용[24] 등이 대표적이라 할 수 있다.[25]

남성 우위의 유교적 도덕관에 입각한 사회질서나 군사사, 정치사, 사회운동사 중심의 실증주의적 역사관이 지배하던 종래의 4·3 연구에서도 이러한 여성들의 실천은 하위 혹은 주변적 위치에 놓여왔다. 그리고 그러한 비대칭적 구도를 간파한 연구자들은 바로 그 주변부 영역에서 정치적 해석이나 평가와는 일치하지 않는 대안적인 역사 인식의 가능성을 발굴해 왔다. 여성을 행위 주체로 하는 일상생활, 무속 의례를 통해 로컬공간에서 모색되는 공동체의 복원력, 잠재력을 새롭게 재해석해낸 것이다. 이 글의 문제의식 역시 선행연구가 시도해온 독창적인 관점과 방법론에서 많은 아이디어를 얻고 있음을 부인할 수 없다.

그러나 학살이 남긴 유산을 극복하기 위한 시도가 이처럼 하위 혹은 주변부 영역에서만 이루어져온 것일까. 근친들의 비정상적인 죽음과 애매모호한 행방불명이 친족 성원들의 삶을 위협하는 현실을 타개하기 위한 자구책은 부계 원리에 바탕을 둔 친족집단의 생활세계 속에서도 구사됐던 것은 아닐까. 이러한 의문은 이 글이 기존의 학살과 친족 연구에서 검토되지 않았던 '제적등본'과 '묘비', '족보'라는 기록 매체에 주목하는 이유이기도 하다. 부계 원리의 지속성을 꾀하기 위해 고안된 가계 기록에서 학살을 전후하여 나타나는 변화를 관찰하는 한편, 기록 곳곳에서 공포의 기억과 비극적 상흔, 그리고 그 모든 부정적 유산에서 해방되고자 했던 궁리와 실천을 읽어내 보고자 한다.

친족집단의 기록매체에 관한 선행연구에서 '호적·제적'은 관제(官製) 기록으로서 국민(민중)에 대한 국가(권력)의 통제와 관리에 정당성을 부여하고, '족보'는 유교적 가부장제를 존속, 발전시키기 위한 장치로 해석되어 왔다.[26] 조상의 죽음에 의미를 부여하기 위한 도구라는 측면에서 분석된 연구도 있는데, 조상에 대한 추모와 기념행위,[27] 유족의 의사 표현을 위한 미디어[28]라는 분석과 함께 창씨개명(創氏改名)이라는 친족집단의 존속 위기에 대처하기 위한 방

책[29]이라는 측면에서 고찰한 연구들은 이 글의 문제설정과 방법론에도 시사하는 바가 크다.[30]

반공 사회를 살아낼 지혜

살아남은 사람들은 설령 뜬소문이라 하더라도 가능한 모든 정보에 의지하여 근친들의 시신이 은닉, 폐기된 장소를 찾아 수습하여 장례를 치르고자 했다. 영혼 결혼이나 양자 입적을 통해 성원을 보충하고 공백을 메꾸어 가계를 재구성하거나 헛묘, 까마귀 모르는 식게[31]와 같이 장례와 기제사의 양식을 변용하는 등 친족집단 소멸 위기에 대처하기 위해 다양한 방도를 모색했다.

그러나 4·3과 학살이 남긴 상흔을 극복하는 과정은 순탄치 않았다. 학살이 북한의 지령에 의한 공산폭동 또는 국가전복을 기도하기 위한 반란, 소요사태[32]에 대한 정당한 공권력 행사로 규정되면서 피살된 원인을 추궁하거나 현장을 재구성하여 실체에 접근하려는 일체의 시도가 차단됐기 때문이다. '극단적인 반공이데올로기의 시대'[33] 속에서, 특히 '연좌제'[34]가 살아남은 친족집단의 향방을 규정하는 압박 기제로 작동하면서 현실 곳곳에서 복수의 처세술을 구사해야 할 필요와 방편을 억압적으로 체득했던 것이다.

조상숭배에서는 질서정연한 세대의 연속성뿐만 아니라 계보적 연속 속에 보존되며, (…) 이런 가치체계는 급진적인 사회적 파열과 불편하게 공존하며, 계보적 질서를 단절시키는 죽음을 쉽게 용인하지 않는다. 그러므로 비극적인 집단 사망을 사회생활의 조직 안에 자리매김시키려면 지배적 이데올로기들과 패러다임의 충돌이 생겨난다.[35]

학살 이후의 제주 곳곳에서도 국민국가의 정통성과 공권력의 정당성 구도 속으로 폭력의 기억을 회수하려는 강제력이 작동하면서 지배이데올로기와 친족집단의 논리 사이에 갈등이 빈발했다. 그러나 살아남은 사람들은 그러한 알력에 정면으로 도전하거나 무력하게 굴복하기보다는 근친들의 사후 처리를 시도하는 행위에 미시적인 정치성을 발휘함으로써 극단의 시기를 살아낼 궁리를 짜냈다. 때문에 근친들의 죽음을 의미 규정하고 문자 기록으로 남기는 행위란 슬픔과 애도를 표현하는 사적이고 정서적인 의미에 국한되지 않는, 첨예한 정치성을 수반하는 문제로 인식된다. 가계(家系)의 정치사회적 경계와 범위가 갱신되는 변화를 맞게 된 것이다.

4. 문자화된 학살의 기억

제적등본, 족보, 묘비문

〈표 1〉은 민간인 피살자의 '제적등본'과 '족보', '묘비'에 기재된 사망 또는 행방불명에 관한 기록이다. 각각의 매체는 친족 성원의 출생부터 혼인, 사망에 이르는 정보뿐 아니라 묘지의 소재지나 기제사일 등 사후 의례에 관한 정보가 집약, 망라된 가계 기록의 총체라 할 수 있다. 〈표 1〉의 기록은 모두 조사 시점의 최신 정보를 정리한 것인데, '제적등본' 상의 기록은 대부분 1948~49년의 학살 직후부터 1970~80년대까지의 것이다. 통상 한 세대(30년)마다 새롭게 편찬되는 '족보'와 개축 시에 이전의 것을 땅속에 묻는 '묘비' 역시 가장 최신의 기록을 수집했다.

이 자료들은 필자가 2003년부터 15년까지 한국과 일본에서 수집한 것으로, 23가족, 134명의 기록 가운데 세 종류의 기록 모두를 확인할 수 있었던 9가족, 26명의 사례를 우선 정리한 것이다. 유족의 생활권이 제주와 오사카로 나뉘어 있는 경우, '제적등본'은 '주오사카한국총영사관'에서 발급된 것을 입수했고, '족보'는 오사카 자택에서 열람할 수 있었다. '묘'나 '묘비'는 제주에 거주하는 친족을 통해 확인했다. 그 밖에 성묘와 제사 공간에서 이루어진 인터뷰를 통해 기록의 행간 사이에 숨겨진, 텍스트 너머의 정황을 청취했다. 특히 성묘와 제사는 1989년 이후 한국 사람들의 해외여행이 자유화되면서 두 지역의 생활권을 한층 더 가깝게 만드는 데 기여하기도 했다.

흩어져 있는 자료들을 한데 모아 읽는 데에는 두 가지 유념해야 할 점이 있다. 먼저, 학살 이후의 한국 사회에서 죽음에 대한 사회적 위계와 격차가 발생해온 것처럼, 모든 사람들의 사후가 기록될 수 없었다는 점을 고려할 필요가 있다. 본인의 출생신고 또는 부모의 혼인신고가 이루어지기 전에 살해되어 '호적' 자체가 존재하지 않은 경우, 사망신고를 수행할 근친들까지 피살되거나 실종된 일가 전멸(一家全滅)의 경우, '족보'나 '묘비'에 기재되지 못하는 경우가 많았던 미성년자나 딸의 기록, 실종 상태가 지속되어 '묘·묘비'가 세워지지 않았던 사례 등 기록이 존재하지 않은 경우는 학살 이후의 친족집단이 근친들의 사후를 어떻게 재구성하려 했는지 접근하기 어렵다. 〈표 1〉 역시 그러한 한계 속에서 수집된 까닭에 조사는 현재까지도 종료되지 못한 상태라 할 수 있다.

다음으로, 이러한 기록의 대부분은 유족 1세대의 혈연 네트워크를 거치지 않고는 입수하기 어려운 특성이 있다. 사망자 및 행방불명자의 '제적등본'이 행정기관에 소장되어 있기는 하나 그 역시 청구 자격이 있는 직계의 유족이 동행할 때에만 열람이 가능하다. 대부분이 거주지에서 떨어진 산야에 분포해 있는 조상들의 '묘·묘비' 역시 성묫길을 익혀온 후손들의 동행 없이는 접근하기 어려운 장소적 특성이 있다. 또한 기록 곳곳에는 피살자들의 정보뿐 아니라 다른 성원들의 창씨개명 이력부터 이혼, 복수의 배우자, 혼외자, 양자 등 극히 사적인 내용까지 기재되어 있어 필자와 같은 제3자가 열람하기에는 여러 어려움이 따른다. 게다가 기록의 작성 주체나 갱신 주기에 규칙성이 없고, 그 또한 정치적 긴장이나 갈등, 역사 인식의 변화에 민감하게 영향받아온 까닭에 지금까지의 친족 연구나 4·3 연구에서도 신빙성 높은 분석 자료로 평가되지 못했다.

후술하겠지만, 〈표 1〉에서 눈여겨봐야 할 점은, 동일 인물의 사망 또는 행방불명에 관한 기록의 차이가 매체별로, 특히 '제적등본'과 '족보', '묘비문' 사이에서 두드러지게 확인된다는 점이다. 이 글의 주안점 역시 각각의 기록의 진위를 판별하기보다는 그 사이에서 확인되는 불일치, 즉 '제적등본'과 다른 두 기록 간의 모순이 발생된 배경과 정황에 두고자 한다.

표1 민간인 피살자의 가계 기록

구분				가계 기록	
친족	성원	피해유형	제적등본	족보	묘/묘비
A	1 (남/35세/기혼)	행방불명 →사망	1954년 12월 16일 오후 5시 남제주군 ○○읍 ○○리 2○○○번지에서 사망 (1955년 3월 11일 신고)	기유 8월 10일 (2005년)	〈없음〉 / 〈없음〉
	2 (여/30세/기혼)	행방불명 →사망	1955년 1월 18일 오전 10시 남제주군 ○○읍 ○○리 2○○○번지에서 사망 (1955년 3월 28일 신고)		〈없음〉 / 〈없음〉
B	1 (남/81세/기혼)	사망	1953년 4월 18일 오전 6시 본적지에서 사망 (1953년 4월 25일 신고)	무자戊子 12월 19일 졸卒 / 기 12월 18일 (2001년)	〈잇음〉 / 1948년 음 12월 19일 생을 마쳤다 (1981년 봄)
	2 (여/76세/기혼)	사망	1953년 4월 13일 오전 10시 본적지에서 사망 (1953년 4월 20일 신고)	기 12월 26일 (2001년)	〈잇음〉 / 1948년 음 12월 27일 생을 마쳤다 (1981년 봄)
	5 (남/36세/기혼)	행방불명	1953년 4월 14일 오전 1시 본적지에서 사망 (1953년 4월 20일 신고)	1949년 8월 11일 졸 (2001년)	〈없음〉 / 1949년 8월 11일 생을 마쳤다 (1981년 봄)
	7 (여/19세/미혼)	사망	1953년 4월 12일 오전 4시 본적지에서 사망 (1953년 4월 20일 신고)	〈미기재〉	〈잇음〉 / 〈없음〉
C	4 (남/27세/기혼)	행방불명 →사망	1949년 7월 14일 오전 9시 남제주군 ○○읍 ○○리 1○8○번지에서 사망 (1969년 12월 23일 신고)	졸 1949년 7월 15일 (2005년 12월 20일)	〈없음〉 / 〈없음〉

친족	구분 성원	피해유형	제적등본	가계 기록 족보	묘/모비
D	2 (남/28세/기혼)	행방불명 →사망	1956년 10월 1일 오전 12시 남제주군 ○○읍 ○○리 9○3번지에서 사망 (1958년 9월 18일 신고)	1950년 경인庚寅 6월 15일 졸 / 사변사事變死 (1995년 을해乙亥 4월 11일)	〈있음〉/〈없음〉
	4 (남/20세/ 미혼→기혼)	행방불명 →사망	1949년 10월 17일 오후 5시 50분 인천소년형무소 병실에서 사망 (1949년 10월 31일 신고)	1950년 사변사/기8월 27일 (1995년 을해 4월 11일)	〈없음〉/〈없음〉
	5 (여/17세/ 미혼→기혼)	행방불명 →사망	1973년 3월 8일 10시 남제주군 ○○읍 ○○리 2○8번지에서 사망 (1976년 7월 22일 신고)	1950년 사변사/기6월 22일 (1995년 을해 4월 11일)	〈없음〉/〈없음〉
	8 (남/3세/미혼)	사망	1949년 11월 30일 오후 1시 남제주군 ○○읍 ○○리 1○1○번지에서 사망 (1949년 12월 28일 신고)	〈미기재〉	〈없음〉/〈없음〉
E	1 (남/30세/기혼)	행방불명 →사망	1950년 9월 26일 오후 8시 남제주군 ○○읍 ○○리 1○5○번지에서 사망 (1958년 9월 9일 신고)	기 6월 14일 / 주註 4·3사건에 의한 생사불명 (1997년 정축丁丑 11월 15일)	〈있음〉/〈없음〉
	2 (남/27세/미혼)	행방불명	〈미기재〉	기 12월 26일 / 주 4·3사건에 의한 생사불명 (1997년 정축丁丑 11월 15일)	〈없음〉/〈없음〉
F	1 (남/28세/기혼)	사망	1965년 7월 7일 남제주군 ○○읍 ○○리 1○3○번지에서 사망 (1965년 12월 17일 신고)	기축己丑 7월 21일 졸 (1988년 무진戊辰 7월)	〈있음〉/4·3사건 당시 ○○동 ○○동 시기1949년 기축己丑 음 7월 21일 피살 (2001년 신사辛巳 음 3월 청명淸明)

친족	구분 성원	피해유형	제적등본	족보	묘/묘비
	2 (여/27세/기혼)	행방불명	1964년 10월 27일 남제주군 ○○읍 ○○리 1○3○번지에서 사망 (1981년 10월 27일 신고)	무자 12월24일 졸 / 유골 없음 (1988년 무진 7월)	<있음> / 4·3시 ○○폭포에서 서기 1948년 무자 음 12월 24일 비참悲慘 졸卒 (2001년 신사 음 3월 청명)
	3 (여/29세/기혼)	행방불명	1949년 12월 19일 오후 3시 남제주군 ○읍 ○○리 1○3○번지에서 사망 (1949년 12월 24일 신고)	1948년 무자 12월 24일 졸 / 가묘 (1988년 무진 7월)	<있음> / 3위位는 제주4·3사건 당시 ○○폭포에서 서기1948년 무자 음 12월 24일 비참히 졸 하시다 (2001년 신사 음 3월 청명)
F	4 (여/69세/기혼)	행방불명	1949년 12월 20일 오후 7시 남제주군 ○읍 ○○리 1○3○번지에서 사망 (1949년 12월 24일 신고)		<있음> / 제주4·3사건 당시 ○○포 ○○포에서 서기 1948년 무자 음 12월 24일 비참히 졸 하시다 (2001년 신사 음 3월 청명)
	5 (여/53세/기혼)	행방불명	1949년 12월 4일 오후 8시 20분 남제주군 ○○읍 ○○리 1○3○번지에서 사망 (1949년 12월 6일 신고)	무자 12월24일 졸 / 가묘 (1988년 무진 7월)	<있음> / 제주4·3사건 당시 ○○포에서 1948년 무자 음 12월 24일 비참히 졸 하시다 (2001년 신사 음 3월 청명)
	6 (여/69세/기혼)	행방불명	1951년 12월 17일 남제주군 ○○읍 ○○리 1○3○번지에서 사망 (1961년 9월 29일 신고)	무자 12월24일 졸 / 가묘 (1988년 무진 7월)	<있음> / 제주4·3사건 시 ○○포에서 비통하게 사거死去 하시나 시체 확인치 못하여 묘소를 설정하니 (1999년 기묘리卯 봄 청명)
G	1 (남/52세/기혼)	사망	1958년 10월 25일 오후 2시 북제주군 ○면 6○번지에서 사망 (1958년 10월 28일 신고)	1948년 무자 12월 19일 졸 (1990년)	<있음> / 1948년 12월 19일 동졸同卒 하시다 (1983년 봄)
H	1 (남/22세/미혼)	사망	1948년 12월 17일 시간불상 남제주군 ○면 ○○리 번지미상 사망 (1949년 12월 27일 신고)	4·3건시 11월 25일 졸 (1979년 기미己未)	<있음> / 1948년 무자년 11월 27일 (1977년 정사丁巳 4월 5일)

친족	구분 성원	피해유형	가계 기록		
			제적등본	족보	묘/묘비
ㅂ	2 (남/19세/미혼)	사망	1948년 12월 18일 오후 4시 남제주군 ○○면 ○○리 2○9번지에서 사망 (1949년 12월 29일 신고)	11월 18일 참사慘死 (1979년 기미)	<있음> / 1948년 무자 11월 18일 타계하시다. 공소문 4·3사건 참사로 요절루못하시어, 오호라 (2003년 정명일)
ㅅ	1 (남/55세/기혼)	사망	1957년 12월 7일 오후 5시 북제주군 ○읍 ○○리 ○○번지에서 사망 (1961년 7월 10일 신고)	<미확인>	<있음> / 1949년 1월 5일 향년 55세 졸 (1982년 봄)
	2 (여/56세/기혼)	사망	1958년 3월 20일 오후 8시 북제주군 ○읍 ○○리 ○○번지에서 사망 (1961년 7월 10일 신고)	<미확인>	<있음> / 1949년 1월 5일 향년 56세 졸 (1982년 봄)
	3 (남/30세/기혼)	사망	1957년 5월 14일 오후 4시 북제주군 ○읍 ○○리 ○○번지에서 사망 (1961년 7월 10일 신고)	<미확인>	<있음> / 1949년 6월 10일 향년 30세 졸 (2004년 3월 6일)
	4 (여/26세/기혼)	사망	1957년 7월 18일 오후 3시 북제주군 ○읍 ○○리 ○○번지에서 사망 (1961년 7월 10일 신고)	<미확인>	<있음> / 1949년 1월 10일 향년 26세 졸 (2004년 3월 6일)

* ○는 개인정보를 가리기 위해 붙임.

** '성원' 란의 괄호 속에는 '성별/사망·행방불명 당시의 연령(혼)인 유무 순으로 표기함.

*** '성원' 란의 '미혼-ㄱ혼'은 '행방불명'은 이후의 결혼 경혼으로 인한 변화를, '피해유형'란의 '행방불명-사망'은 발굴 유해의 유전자 감식에 따라 신원이 확인된 경우를 의미함.

**** '제적등본'과 '족보', '묘/묘비' 란의 한자 숫자는 아래배아 숫자로 바꾸어 표기함.

***** 육십갑자에 해당하는 연도는 다음과 같다. '무자(戊子)' 1948년, '기축(己丑)' 1949년, '경인(庚寅)' 1950년, '정사(丁巳)' 1977년, '기미(己未)' 1979년, '무진(戊辰)' 1988년, '을해(乙亥)' 1995년, '정축(丁丑)' 1997년, '기묘(己卯)' 1999년, '신사(辛巳)' 2001년.

B 일가의 학살 이후

'남조선노동당 제주도위원회'의 간부였던 B-5가 봉기에 가담하기 위해 입산했던 까닭에 마을에 남겨진 친족들이 그를 대신하여 군인들에게 총살됐다. 대살(代殺)이라는 살해 방식이 광범위하게 행해진 이 마을은 한동안 무남촌(無男村)으로 불리기도 했다.

B-5를 대신하여 그의 아버지(B-1)가 1948년 음력 12월 19일에 마을 내 밭에서, 어머니(B-2)와 조카(B-7)가 각각 음력 12월 27일과 11월 27일에 옆 마을 해변에서 총살됐다. 같은 마을에 살고 있던 둘째 동생(B-4)의 일가도 대부분 살해됐다. 첫째 동생(B-3)의 가족들은 당시 일본에 거주하고 있어 피해를 면했다.

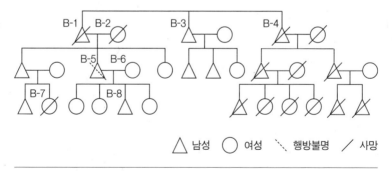

△ 남성　○ 여성　╲╲ 행방불명　／ 사망

그림1 B 일가의 가계도(1949년)

살아남은 가족들은 행방불명된 B-5가 정뜨르비행장[36]으로 끌려 간 뒤 총살됐다는 소식을 뒤늦게 소문을 들어 알게 됐다. 그러나 시신을 확보할 수는 없었고, 사망신고도 곧바로 처리되지 못했다. B 일가의 '제적등본'에 따르면, B-5의 아내(B-6, 1983년 사망)가 1953 년 4월 20일과 25일에 살해된 근친들의 사망신고를 일괄 처리했는 데, 그에 따라 1953년 4월 12일(B-7)과 13일(B-2), 14일(B-5), 그리고 18일(B-1)에 모두 '사망'한 것으로 기재됐다.

그러나 '족보'와 '묘비'에서는 '제적등본'과 다른 졸년월일(卒年月日)과 기일이 확인된다. B-5의 부모(B-1, 2)는 곧바로 시신을 수습하 여 매장할 수 있었지만, 행방불명 상태인 B-5는 1980년대가 되서 야 마을 공동묘지에 묘비만 세울 수 있었다. 또한 B 일가의 족보는 남성 자손과 그 배우자만이 기재 대상이 되고, 딸인 B-7의 이름이 나 출생, 죽음, 묘, 제사에 관한 기록은 기재되지 않았다.

학살 이후, B-1과 B-2, B-5의 기제사나 성묘는 모두 B-6이 맡아 치렀고, 다음으로 B-8(1942년생)이 그 역할을 계승해 오다 2011년에 그가 사망한 이후로는 후손들이 맡고 있다.

D 일가의 학살 이후

4·3을 거치며 D-1(1982년 사망)의 두 아들(D-2, 4)이 행방불명됐

다. D-3(1922년생)은 수소문 끝에 남편(D-2)이 이웃 마을 경찰서에 감금되었다가 살해된 것으로 판단하고, 시아버지(D-1)와 상의하여 '1956년 10월 1일 오전 12시 자택에서 사망'한 것으로, 58년 9월 18일에 신고했다. 한편 D 일가의 '족보'에 기재된 D-3의 행방불명은 '제적등본'과 다른 '1950년 경인(庚寅) 6월 15일 졸 / 사변사(事變死)'로 확인된다.

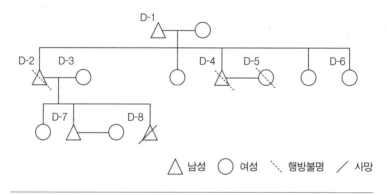

그림2 D 일가의 가계도(1960년대)

차남(D-4)은 징역 7년형을 선고받아 인천소년형무소에 감금된 지 얼마 되지 않아 병사했다. 시신은 집으로 돌아오지 못했고, 사망신고도 형무소장이 대신했다. 그러나 시신을 확인, 확보하지 못한 유족들에게는 여전히 의문스러운 죽음으로 남아 있고, D-7(1943년생)

역시 행방불명으로 인식한다. D-3은 미혼 상태의 시동생(D-4)이 무연고 사망자가 되지 않도록 4·3에 연루되어 실종된 이웃 마을 여성(D-5)의 어머니와 상의하여 두 영혼 간의 혼례를 치렀다. 4·3 이전에는 요절자에 대한 대처로서, 미혼의 망자를 둔 집안 사이에 비밀스럽게 오갔던 혼담이 학살 직후에는 근친을 잃은 유족 1세대에 의해 원용됐던 것이다. 별도의 혼인신고가 불가능한 상태였기 때문에 양 가의 '호적·제적'에는 출생과 사망에 관한 기록만 확인되고, '족보'에만 부부로 기재되어 있다.

그들의 조카(D-7)는 자신의 아버지(D-2)와 작은아버지 부부(D-4, 5)의 기제사를 어머니(D-3)의 뒤를 이어 30여 년간 지내고 있다. 필자에게 D 일가의 이력을 소상히 설명해 준 D-7은 "작은아버지 부부의 기제사는 앞으로 저의 아들이 맡아서 지낼 계획이기 때문에 굳이 두 분 밑으로 양자를 들이지는 않았다."고 설명한다. 다케다(竹田)에 의하면, 제주도의 사령결혼(死靈結婚)에서는 위령이나 해원의 목적보다는 입양이나 양자 입적이 강하게 의식된다.[37] 그러나 D-4, 5의 경우는 이미 제사 봉행자가 결정됐기 때문에 따로 양자를 들일 필요가 없었다.

D-7에 따르면, 당시 세 살이었던 동생(D-8)은 피난 도중에 어머니에게 업힌 채 굶어 죽었고, 임시로 묘를 만들어 시신을 묻었지만, 세월이 지나면서 그 장소도 알 수 없게 되었다. 행방불명된 D

일가의 3명은 시신을 확보하지 못한 까닭에 묘와 묘비도 만들 수 없었다. 시간이 흘러 2007년부터 학살지로 추정되어 온 제주국제공항에서 대량의 유해가 발굴되기 시작했다. D-6, 7이 채혈을 통해 유전자 감정을 의뢰한 결과 D-2의 신원과 일치하는 유해를 확인할 수 있었다. 2010년 5월, 60여 년 만에 유해로 돌아온 아버지를 위해 D-7은 사흘간 장례를 치르고 가족 공동묘지에 안장했는데, 아직 묘비는 세우지 않은 상태다.

5. 복수의 기재술

허위의 작법

학살에서 살아남은 사람들에게 '호적·제적'의 의미는 단순히 관제 기록에 한정되지 않는다. '호적'을 손에 넣은 토벌대가 폭도 가족을 색출하기 위해 온 마을을 들쑤시고 다녔던 기억이 선명하게 남아 있기 때문이다.[38] 그들에게 '호적'은 '살생부'라 해도 과언이 아닐 것이다.[39] 토벌대가 마을을 떠나고 사태가 잠잠해지자 비로소 근친들의 사후 처리를 궁리할 수 있게 됐다. 살아남은 친족 성원들이 사망신고를 하면서 근친들의 '호적·제적'도 새롭게 정리됐는데, 거기에는 학살의 상흔이 어떻게 반영되어 있을까.

먼저, 행방불명자도 사망신고가 이루어졌고, 호적에서 제적되어 '사망자'로 기재된 것을 확인할 수 있다. 이에 대해 B-8과 D-7은 다음과 같이 설명한다.

어머니는 혹시나 아버지가 돌아오지 않을까 기다리셨나 봅니다. 그런데 언제부터인가는 돌아가신 것으로 마음먹고, 그때 같이 죽은 다른 가족들과 함께 아버지의 사망신고를 했던 것 같습니다. 가까운 날을 정해서 그때 사망한 것으로 신고한 게 아닐까요.[40]

사태가 겨우 잠잠해지는가 싶더니 곧바로 같은 마을 순경이 거의 매일 집으로 찾아왔습니다. 행방불명된 아버지를 찾겠다고 호적을 들고 왔던 기억이 납니다. 혹시 북쪽(북한)이나 일본으로 도망쳐 살고 있는 것은 아닌지, 행방을 알면서도 숨기고 있는 것은 아닌지 취조가 심해서 그때 어머니가 고생이 많았습니다. '너희가 잡아서 데려갔으니 행방이야 더 잘 알지 않느냐.'고 쏘아붙이고 싶어도 그런 말을 직접 할 수는 없죠. 그때 그 감시에 더는 못 견디겠는지 어머니가 면사무소에 가서 아버지의 사망신고를 해버렸습니다. 그랬더니 그 후로는 순경이 집에 찾아오는 일이 없었습니다.[41]

행방불명이라는 잠정적인 보류 상태를 사망으로 확정, 종결짓는 것은 장기간에 걸친 당사자의 부재 때문만은 아닐 것이다. 살아남은 친족 성원들에게 사망신고는 과거와 현재를 분절시키고 일상의 안위를 보장받기 위한 방편으로서, 사망으로 결착지어진 상태에서는 더 이상 불확실한 과거가 현재를 추궁하는 일이 벌어지지 않는다는 점을 간파했던 것이다.

D-2의 사망신고가 이루어지고 2년 뒤인 1960년, 국회에서 '양민학살사건 진상조사 특별위원회'가 구성됐고, 제주에서도 '양민학살 진상규명 신고서' 접수가 시작됐다. 그의 아내(D-3)도 남편의 피해 상황을 기재한 '신고서'를 제출했는데, 거기에는 '(남편이) 1950년 6월에 집을 나간 후로 소식이 없다. 생사 확인만이라도 요망한다.'는 내용이 확인된다. 이러한 기술은 그녀가 2년 전에 제출한 '1956년 10월 1일 오전 12시 남제주군 ○○읍 ○○리 9○3번지에서 사망'이라는 '제적등본' 상의 내용과 모순된다.

방편으로서의 작위는 여기에 그치지 않는다. '제적등본'에서 확인되는 사망 일시는 4·3과 관계없는 것처럼 기재되어 있는 것이 특징적이다. 〈표1〉의 '제적등본' 가운데 거의 모든 사망 일시가 실제 사망 또는 행방불명이 발생한 시점이 아닐뿐더러 '제주4·3사건'의 기간, 그 가운데서도 조직적, 때로는 우발적으로 전개됐던 진압에 의해 집중적으로 학살이 이루어졌던 시기(1948년 10월부터 이듬해 2월까지)**⁴²**와 겹치지 않도록 기재되어 있는 것을 확인할 수 있다.

행방불명 상태의 아버지(D-2)가 '1956년 10월 1일 오전 12시'에 '사망'한 것으로 기재된 '제적등본' 기록에 대해 D-7은 다음과 같이 언급한다.

> 어머니에게서 들은 얘깁니다만, 당시 면사무소에 아는 분이 있었고, 그 분이 묵인을 해주어서 가능했다고 합니다. 지금에 와서 돌이켜 보면, 완전히 거짓 내용으로 기재한 거죠. 지금이야 '4·3', '4·3' 누구라도 말할 수 있는 때가 됐지만은, 그때는 '4·3'의 '4'도 무서웠던 시절 아니겠습니까. 그때 돌아가셨다고 해 버리면 이유 여하를 막론하고 '폭도'로 몰릴 게 뻔하니…. 그렇게(제적등본 상에 허위 기재를: 필자) 하지 않았더라면 우리 집도 '연좌제'에 걸려서 여러 가지로 까다로워졌을 거고, 저도 아마 공무원 생활 못 해 먹었을 겁니다.**⁴³**

D 일가의 사례를 보더라도 4·3과의 무관계성을 염두한 허위 정보가 '제적등본'에 기재되는 데에는 촌락사회 내의 암묵적 양해가 없이는 불가능했다. 그리고 그 근저에는 부당한 권력 남용과 횡포, 폭력의 비윤리성에 대한 공감대가 폭넓게 형성되었음을 짐작할 수 있다.

4·3으로 근친들을 잃은 유족들에게 한국 사회는 능력 본위의 사

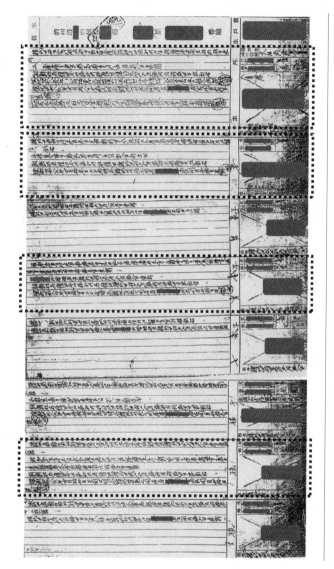

그림3 B 일가의 '제적등본'. 우측 점선부터 B-1(호주戶主), B-2(처妻), B-5(차남次子), B-7(손孫)이 4·3 시기에 피살됐다. 2010년 3월 31일 B-8 제공.

회와는 거리가 멀었다. '연좌제'는 1980년 8월에 공식적으로 폐지됐지만, 망자의 내력과 4·3과의 관련성이 일상 곳곳에서 추궁되면서 근친들의 불온시되는 죽음이 유족들의 현재와 미래를 좌우해버리는 상황은 학살 이후에도 지속됐다. 많은 유족들에게 '연좌제'는 현실세계에서 4·3과의 연관성을 끊임없이 환기시키는 정치 기제이자 살아남은 자신들의 일상을 과거와 집요하게 연결시키는 폭력적인 억압 기제에 다름 아니었다. 때문에 피살된 친족 성원의 죽음·실종을 무어라 규정짓고, 공적 기록에 어떻게 기재할 것인가의 문제는 당대적 시점에서 재해석을 거쳐야 하는 정치사회적 사안이자 후손들의 장래까지 선견해야 하는 과제가 되어 버린다.

유족 1세대가 '제적등본'에 사실을 기재함으로써 근친들의 불온시되는 죽음을 명명백백히 의미 규정하려는 저항적 움직임은 찾기 어렵다. 유족 1세대는 매체의 특성과 쓰임을 명확히 파악한 상태였고, 그런 그들에게 '제적등본'은 근친들의 죽음·실종을 불온시하는 사회 통념에서 비켜나기 위한 허위의 사망신고를 토대로 작성된 것이었기 때문에 목적지향성이 강하고, 신뢰성 높은 매체로도 인식되지 않았다. '이유 여하를 불문하고 빨갱이, 폭도가 되어 버리는' 현실을 수용하는 한편, 작위적 설정과 변칙을 통해 망자와 후손 모두를 4·3과 학살의 폭력적 유산으로부터 이탈시킬 방도를 모색하는 동시에 반공 사회 속에서 살아갈 방식을 체득했던 것이다.

4·3과 관계없는 죽음으로 보이기 위한 작위는 시기뿐 아니라 장소를 특정하는 기록에서도 확인된다. '제적등본'에서 사건과 관계없는 죽음으로 가장하려는 기재술은 실제 근친들이 살해된 장소가 아닌 본적지 또는 생전의 거주지를 '사망'한 장소로 기재하는 기록에서도 확인된다. 〈표 1〉의 I 일가 성원들은 모두 객사했다. 그러나 실제의 피살장소인 '소학교 앞 보리밭'이나 '지서 앞 밭'이 아닌 일괄적으로 집에서 사망한 것으로 기재함으로써 일시와 함께 4·3과 무관한 죽음이었음을 암시하게 한다.

학살은 특정 공간에 한정되어 일어나지 않았다. 더군다나 피살자에게 장소 선택권이 주어졌다는 기록이나 증언은 보고된 바 없다. 주민과 무장대를 분리, 격리시키기 위해 마을 별로 성담이 둘러 쌓이면서 공간 질서는 급변했고, 일상생활을 보내던 밭이나 공터에서 학살이 벌어졌다. 일본군이 쓰다 버리고 간 동굴, 계곡, 모래사장, 폭포, 비행장, 제주항 앞바다와 같이 인적이 드문 곳은 특히 많은 수의 인명 살상이 벌어진 뒤에 장기간 시신이 은폐되기도 했다. 그러나 '제적등본' 같은 관제 기록에서 학살이 벌어진 장소는 구체화되지 않았다.[44]

그렇다고 해서 집에서 인명 살상이 벌어진 사례가 없었던 것은 아니다. 집 안으로 침입해 들어온 토벌대에 살해된 이들의 '제적등본'을 살펴보면 사망 장소가 본적지나 생전의 거주지로 기재되어 있는 경우를 확인할 수 있다. 〈표 1〉의 G-1은 어느 날 갑자기 집으로 쳐들어온 군인들에 의해 살해됐다. 그리고 '제적등본'에도 사망 장소를 생전의 거주지로 기재했다. 그러나 사망 시점은 사실과는 다른 날짜와 시간이 기재됐다.

전후 베트남 사회에서 '집에서의 죽음'이란 마을 사람들이 자기가 태어난 마을에서 별일 없이 죽는 것을 의미한다. 그러나 마을 사람들이 고향 마을에서 집단 사망하는 경우에, 이것은 비록 고향에서 죽었다 할지라도 '집에서의 죽음'이 되지 못한다. 집에서 죽었다 하더라도 이례적으로 폭력적인 죽음을 당하면 역시 '객사', 즉 '길에서의 죽음', '폭력적인 죽음'이 되고, 이 경우에 폭력의 힘 때문에 집의 경계선이 무효가 되며 집의 안팎이 바뀌어 버린다.[45]

시간적이든 공간적이든 4·3과 관련없는 '사망'으로 위장됐던 '제적등본'의 기록은 어쩌면 사건을 은폐하고 살아남은 사람들을 침묵시켰던 반공분단체제의 강압책에 그대로 굴종할 수밖에 없었던 나약한 인간 군상을 연상시킬지 모른다. 그러나 거기에는 저항보다는 수용을, 충돌이 예상되는 사실(fact)보다는 허위(fake)라 하더라도 근친들을 파괴적인 죽음의 유산과 일단 분리시킴으로써, 그보다 더 장기적인 학살 이후를 살아내야 할 자신들의 현재와, 앞으로 어떻게 전개될지 모를 후손들의 미래까지 염두에 두었던 작위의 정치가 발휘되었던 것은 아닐까.

D-7은 4·3특별법에 따른 '희생자 신고서'의 첨부 자료를 구하기 위해 2000년이 되어서야 처음으로 아버지와 작은아버지의 '제적등본'을 열람하게 됐는데, 생전에 어머니가 남긴, 사실과 다른 '사망' 기록에 대해 특별히 위화감을 느끼지 않았다. '사망' 기록은 살해당한 근친들과 유족 모두 억압적인 학살 이후를 살아내기 위해 고안된 묘책이자, 촌락 사회의 암묵적 양해 속에서 함께 모색된 임기응변, 이심전심의 산물이었다. 때문에 4·3의 직접적 체험뿐 아니라 망자와의 공존 경험을 갖지 못하는 유족 2, 3세대에게도 신빙성 높은 정보로 계승되지 않는 것처럼 보인다.

사실을 명기(銘記)하다

　그렇다고 해서 유족 1세대가 생산한 모든 기록에 허위의 작법이 구사됐던 것은 아니다. '제적등본'과 달리 반공 사회의 규율 권력과 감시 기제에서 비교적 자유로운 '족보'와 '묘비'에서 친족지(親族誌) 쓰기가 실천됐던 것이다. 제주를 비롯하여 부계 원리를 중시하는 문화권에서 '묘비'는 친족집단 단위로 창안되어 공유, 계승되는 가계 기록으로서 권위를 갖는 매체이다. 단순히 친족 성원의 계보가 집약, 망라되어 있기 때문만은 아니다. 기제사일이나 묘의 소재지와 같이 사후 의례에 필요한 제반 정보가 기재되어 있는 유일의 문자 기록으로서 친족 세계의 역사를 계승하고 의례 공간을 구성하는 데 사실성을 부여하기 때문이다. 거기에는 유족이 '제적등본'에 의도적으로 밝히지 않았던 사실이 명기되어 있다.

'족보'와 '묘비문'에서 확인되는 죽음·실종에 관한 기록에는 다음과 같은 몇 가지 특징이 확인된다. 첫째, '제적등본' 상의 사망 일시와 '족보', '묘비문'의 졸년월일 혹은 기일과의 차이가 두드러진다. 〈표 1〉에서 B-1의 경우, '제적등본' 상의 사망 일시가 실제 사건과 무관한 '1953년 4월 18일 오전 6시'인 반면 '족보'와 '묘비문'에서는 학살 현장에서 생환한 같은 마을 사람들의 증언을 토대로 '1948년 음 12월 19일'로 기재되어 있다. 살아남은 며느리(B-6)는 이 날짜를 기준으로 매년 음력 12월 18일에 시아버지(B-1)의 기제사를 치러왔다. 학살 직후의 혼란 속에서 확보할 수 있었던 가장 신뢰할 만한 정보가 유족 1세대 내부에서 공유되어 오늘날까지 근친들의 부재를 상기하고 애도하는 유의미한 시점으로 계승되고 있는 것이다.

시공간을 특정짓기 어려운 행방불명자의 유족들에게는 또 다른 궁리의 역사가 있다. 많은 경우 당사자의 생일(E-2)이나 마지막으로 집을 나간 날(D-2)이 행방불명의 직접적인 배경, 원인과는 관련성이 낮더라도 근친자의 졸년월일 혹은 기일로 채택됐던 것이다. 그 밖에 '마을의 심방이 지정해 준 날'(C-4)이나 '같은 마을의 순경이

넌지시 알려준 날'(A-1), '수감되어 있던 지서에서 비행장(학살 장소: 필자)으로 연행되었다고 들은 날'(B-5) 등이 유족 1세대에게 유의미한 시점으로 인식됐다.

사망자든 행방불명자든 '제적등본'에는 작위적인 '사망일'을 기재하면서도 다른 한편으로는 '족보'와 '묘비문'에 실제 유족들의 생활세계에서 수용되고 계승 가능한 정보를 채택해 온 것이다. 또한 '제적등본'에서는 4·3과 무관계한 죽음으로 일단락 짓기 위한 처세술로써 객사가 '집에서의 사망'으로 기재됐지만, '족보'와 '묘비'는 근친들의 마지막 행방지나 시신 혹은 혼령(魂靈)이 최종적으로 이르렀던 곳이 유의미한 장소로 인식된다.

둘째, 살해당한 성원을 비롯하여 모든 친족들의 이력이 법·제도 영역에 그대로 노출되는 '제적등본'과 달리 '족보'와 '묘비' 같은 사적 영역에서는 변칙적 기술이나 의도적인 위장술은 필요하지 않았다. 뿐만 아니라 그러한 기재 실천은 죽음·실종에 대해 더 적극적인 의미 부여를 시도하는 기록을 통해서도 엿볼 수 있다. D 일가의 '족보'에서 확인되는 '사변사'나 F 일가의 '묘비'에서 확인되는 '피살', '비참히 졸', '비통하게 사거하시니 시체 확인치 못하여'와 같은 내용이 그러하다.

일제 말기 오사카로 건너간 H-3(남, 1916년생)은 제주에 남아 있던 남동생과 사촌동생이 살해당했다는 소식을 뒤늦게 전해 듣고 '족보'와 '묘비'에 각각 '4·3사건시 11월 25일 졸'(H-1), '11월 18일 참사 (慘死)'(H-2), '4·3사건 참사로 요절'(H-2)과 같이 기록하고 해당 날짜에 맞춰 오사카에서 기제사를 지내왔다. '참사'라는 표현에 대해 그는 "죽을 때가 아닌데 본의 아니게 죽었다."는 의미로 썼다고 설명한다.[46] '족보'와 '묘비'에는 실제의, 혹은 추정되는 졸년월일에 그치지 않고 사건과의 연관, 시신의 유무, 나아가 죽음·실종에 대한 나름의 해석과 의미 부여, 다시 말해 심정의 기억이 적극적으로 덧붙여졌던 것이다.

셋째, '족보'와 '묘비'가 사적 영역의 매체이기는 하나, 집 안에 갇혀 있지 않고, 사회 변화에 조응하며 변천해온 흔적은 기록 곳곳에서 확인된다. 한국 사회가 민주화되고 그에 따른 4·3의 정치적, 사회적 인식이 변화함에 따라 민감하게 대응해 온 것이다. 또한 출생과 사망 등으로 후손들의 가계 구성이 바뀌면서 '족보'가 증보되거나 노후된 '묘비'가 교체될 때 종래의 기록에 갱신된 해석을 덧붙이려는 시도가 이루어졌고, 그 과정에서 4·3에 연루됐던 죽음·실종의 구체적인 연원이 추기되기도 했다.

이것은 의도성 짙은 '제적등본'의 작위적 기록이 사망신고가 제출된 시점부터 현재까지 정정 없이 지속되고 있는 것과는 다른 발상과 실천으로 보인다. 특히, 과거사 해결이 법적·제도적으로 타진되던 1990년대 중반 이후에 쓰인 '족보'와 '묘비'에는 근친들의 죽

그림4, 5 H-2의 기제사는 형(H-3)의 장남댁에서 치러지고(2012년 12월 29일 오사카시 이쿠노구에서 필자 촬영), 묘는 여동생이 돌본다(2014년 1월 4일 서귀포시 남원읍 신흥리에서 필자 촬영).

음·행불에 관한 기록이 이전 시기에 비해 보다 구체적이고 상세하게 기술되는 것이 특징적이다.

제주도 서부 중산간에 위치한 안덕면 동광리에는 살해된 일가 친족의 시신을 찾지 못해 곤경에 처했던 유족 1세대의 학살 이후가 가계 기록 곳곳에 쓰여 있다. 친족 13명이 군인들에게 총살된 후 바다에 버려진 사실을 뒤늦게 알게 된 F-7(남, 1926년생)은 실종자에 대한 궁여지책으로 '헛묘'의 지혜를 원용하게 된다. 시신이 버려진 곳으로 추정되는 바닷가에서, 동행한 심방이 한 사람 한 사람의 혼을 불러 와 묘를 조성했던 과정은 오늘날까지 깊은 인상으로 남아 있다.

> 심방이 바다를 향해서 혼을 부르고 그걸 신체로 대신해서 묘를 쓴 겁니다. 신체를 못 찾는 경우는 생전에 입던 옷이나 고무신 같이 돌아가신 분들이 쓰던 물건을 넣어서 봉분을 만들 수 있다고 듣기는 했지만, 집이 다 불타 버려서 거기 묻을 것이 하나도 없는 형편이었습니다.[47]

F-7에 따르면, 처음 세운 '묘비'에는 '다른 보통의 묘비'와 다를 바 없이 '돌아가신 분들의 이름과 행방불명된 날짜만' 새겨 넣었다. 1988년 10월에 편찬된 F 일가의 '족보(대동세보)'에도 실종된 것으로 추정되는 날짜와 묘의 소재지만 기록됐다. 그 후 1999년과 2001년

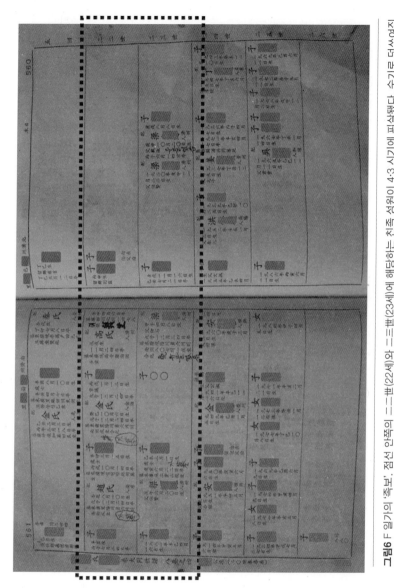

그림6 F 일가의 '족보'. 점선 안쪽이 二二世(22세)와 二三世(23세)에 해당하는 친족 성원이 4·3 시기에 피살됐다. 수기로 덧쓰여진 '가屠', '유골없음'으로 보아 F 일가의 다른 세대보다 행방불명자가 않은 것을 알 수 있다. 2012년 9월 27일 F-7 제공.

에 '묘비'를 교체하면서 '제주4·3사건 당시 ○○포 ○○폭포에서', '피살', '비참히 졸'과 같이 보다 구체적이고 상세하게 내력과 해석을 각명하게 됐다. 민주주의 체제로의 이행과 역사 인식이 다변화되는 시대의 흐름을 간취해 내어 행방불명이라는 모호한 상태를 보다 구체적으로 표현하고 '4·3'을 전면에 등장시킴으로써 근친들의 죽음·실종에 대한 새로운 평가를 시도했던 것이다.

시대 변화에 민감하게 대응해온 가계 기록은 제주도 남부지역에서 가장 많은 인명 피해가 발생했던 남원읍에서도 확인된다. 토벌군에 살해된 아버지(E-1)의 행방불명에 대해 유족(남, 1943년생)은 1958년 9월에 '1950년 9월 26일 오후 8시 본적지'에서 '사망'한 것으로 신고한 반면, 작은아버지(E-2)에 대해서는 별다른 조치를 하지 않았다. 한편, 1974년에 편찬된 '족보'에는 각각 '6월 14일 기일'과 '12월 26일 기일'로 기재했다. 그 후 1997년에 신판이 증보되면서 '4·3사건에 의한 생사 불명'이라는 설명과 함께 시신의 유무를 나타내는 기록까지 덧붙였다. '기(忌)'와 '생사 불명(生死不明)'이라는 일건 모순되는 상태가 양립하는 표현은 종래에 그들이 체득해온 '족보'의 기재 방식에 변칙과 응용이 더해졌음을 시사한다.

발굴된 유해의 유전자 감정에 따라 아버지(E-1)의 신원을 확인한 아들은 2010년 유해를 인수하자마자 먼저 '오랫동안 바라던 아버지의 묘'를 조성했지만, '묘비 설치는 여전히 고심 중'이다.[48] 향후 증보될 E 일가의 족보와 직계 후손들의 주도로 세워질 '묘비'에 조상이 피살된 시점과 장소, 사인을 비롯하여 행방불명 이후 60여 년 만에 유해로 돌아온 학살 이후의 궤적이 어떻게 기재될지에 대해서는 유족 2, 3세대의 판단이 중요하게 작용할 것이다.

한편 I 일가의 '묘비'에서는 시대 변화에 민감하게 대응해온 유족들의 처세를 읽는 데 한계가 있다. '묘비문'을 새롭게 쓰려는 시도가 없었던 것은 아니다. I-7(여, 1940년생)은 노후된 부모의 '묘비'를 교체하면서 새 비문에 2003년에 이루어진 노무현 대통령의 사과 표명과 4·3에 대한 변화된 사회 분위기를 반영하여 부모의 죽음이 4·3으로 인한 것이었음을 새겨 넣고 싶었다. 그러나 오사카에 거주하는 남동생(I-9, 1946년생)⁴⁹의 강력한 반대로 비석만 교체되고 비문은 이전의 것 그대로 각명할 수밖에 없었다.

I-7은 남동생에게 "한국의 상황이 많이 바뀌었고, 대통령이 유족들에게 사과까지 했다."며 수차례 설득했지만, 남동생은 "우리도, 우리 아이들도 이제 제주로 돌아가 살 일은 없겠지만, 앞으로 한국의 상황이 다시 어떻게 바뀔지 모르기 때문"에 부모의 '묘비'에 상세한 내용이 새겨지는 걸 끝내 원치 않았다.

'폭도새끼' 멸시를 피해 1950년대에 일본으로 밀항한 I-9는 우여곡절 끝에 성(姓)과 이름을 바꾸어 일본 국적을 취득했다. 그러나 한국의 호적은 그대로 둔 채 일본 국적을 취득한 것이었기 때문에 I 일가의 호적에는 실존해 있는 인물로 남아 있는 상태다. 일본과 한국 각각의 법률에서 각기 다른 적용을 취사선택해온 그는 I 일가와 법적으로 남남도, 남남이 되지도 않은 상황을 구사하며 오사카에서 새로운 삶을 개척하게 됐지만, 그렇다고 해서 '폭도'로 몰려 피살된 부모의 죽음과 그로 인한 울분에서 자유로워진 것은 아니었다.

6. 친족지의 정치

학살 이후에 쓰인 피살자의 '제적등본'과 '족보', '묘비문'은 각각의 매체가 생산된 시기나 맥락뿐 아니라, 내용면에서도 상이한 기록으로 구성되어 있다.[50] 그러나 친족집단 내부의 두터운 관계성을 토대로 외부의 정치적·사회적 환경 변화와 타자의 시선을 의식하며 운용됐다는 점에서 공통점을 갖는다. 가부장적 정당성을 활용하는 한편, 각각의 매체가 규정하는 기재 방식에 변주를 시도하며 강압에 일방적으로 저항 혹은 굴종하기보다는 '전도되지 않은 생활자의 편의, 필요, 유용성'[51]을 구사함으로써 학살 이후를 살아낼 방도를 모색했던 것이다.

이 글에서 검토한 '제적등본'과 '족보', '묘비'는 모두 학살 사건으로 인해 친족 성원을 잃은 유족 1세대가 사후 처리의 방편으로 고안한 기록이지만, 위장과 단절이 구사된 '제적등본'과 다르게 '족보'와 '묘비'에는 친족집단 내에서 계승해야 할 사실이 새겨져 왔다. 이것은 유족 1세대가 근친들의 죽음을 불온시하는 반공 사회 속에서 각각의 기록매체 고유의 규범을 재해석해냄으로써 창조해온 어긋남일 것이다. 4·3과의 무관계성을 염두하여 허위의 작법으로 구성된 '제적등본'과 달리 '족보'와 '묘비'에는 의도적인 위장술보다는 피살 상황에 대한 적극적인 해석을 오롯이 반영했다. 또한 민주화 이후의 다양화하는 역사 인식이 반영되어 죽음·실종에 관한 상황 기술이 보다 상세해지거나 '4·3'을 전면화하는 등 근친들의 죽음·실종에 대한 새로운 평가가 시도되는 경향이 확인된다.

부계 원리를 중시하는 친족집단의 규범과 반공이데올로기(빨갱이 혐오)가 뿌리 깊은 사회체제 사이에 형성되어온 긴장관계는 상황에 따라 첨예하게 대립해 왔다. 두 규범의 간극 속에서 차이를 조정하고 창의적인 궁리를 고안해내며, 생과 사, 혹은 행방불명처럼 그 어디에도 자리 두기 어려운 상태를 새겨온 아슬아슬한 전략들, 그것이 유족 1세대가 불일치의 정치를 구사할 수 있었던 동력이 아니었을까. 우여곡절을 겪으면서도 국면에 따라 죽음과 실종의 의미를 다르게 규정함으로써 충돌을 피하고 궁리를 짜내어 위기에 직면한 친족집단의 재생과 복원의 가능성을 모색해 온 것이다. 이처럼 언뜻 양립 불가능해 보이는 발상과 실천은 비정상적이고 불온한 죽음에 대한 대처로서, 망자와 후손 모두를 폭력적 시공간에서 이탈시키려는 궁여지책의 결과로 해석된다.

이는 학살 이후를 단계적 이행론에 입각하여 구도화하려는 '과거청산'의 도식이 유족 1세대의 현실세계와 얼마나 동떨어진 것인지 드러내 주는 단적인 예일 수 있다. 공적 영역에서의 과거사 해결은 '단계적 발전', '역사의 진보'를 전제로 하는 진화론 모델에 토대를 둔다. 거기에는 당면한 어려움을 넘어서기 위한 유족 1세대(살아야 할 사람들)의 궁여지책 또는 고군분투라는 측면도 간과되어 있다. 그 점에서 '제적등본'과 '족보', '묘비문'에서 확인되는 불규칙적인 혹은 수미일관성이 떨어지는 체험기술은 '과거청산'의 공적 담론이 구축해 가는 지배적 역사관을 재고찰하는 데에도 중요한 아이디어를 제공해 줄지 모른다.

'기억의 타살', '기억의 금기'와 같은 수사로도 유족 1세대의 삶을 오롯이 설명하기 어렵다. 단순히 '목소리 없는 사람들'(the voiceless)이나 '말할 수 없는 사람들'(the unspeakable)이 아니었던 그들은 사회운동이 고조되는 어느 특정한 시점에 이르러 처음으로 자신들의 경험을 입 밖으로 꺼낸 것도 아니었다. '살암시민 살아진다'에는 더 첨예한 해석이 더해져야 하고, 대상화, 유형화 방식으로 '과거청산' 담론이 생산, 유포하는 연민의식 또한 비판적으로 고찰할 필요가 커졌다.

학살 이후를 살아온 친족집단의 궤적에서도 알 수 있는 것처럼, 유족 1세대의 행위는 국가의 부조리한 폭력, 무책임한 사후 대처와 긴장을 일으키는 친족적 지식(親族知)[52]의 가능성을 상상하게 한다. 일목요연하게 정돈되기는 어렵지만, 압도적이고 일방적인 권력과 정면 충돌하지 않으면서 구사되어온 불복종 또는 수용, 묵인, 단절의 실천을 통해 비로소 학살 이후의 반공 사회 속에서 살아갈 가능성을 타진할 수 있었던 것이다.

  '공'과 '사'의 각 영역에서 혹은 그 사이를 오가며 구사되어온 죽음의 의미 규정과 체험의 재구축은 유족 1세대의 생존술과 불가분한 일상의 문제로, 아직 도래하지 않은 후손들의 시대까지 시야에 두며, 억압적인 정치체제를 살아내기 위해 고안된 전략이었다. 근친들의 비정상적이고 불온한 죽음을 국가의 정당성을 위해 재이용하려는 강압에 일방적으로 굴복하거나 정면으로 맞서지 않고, 처세술을 발휘하며 자신들의 미래를 긍정적으로 개척해온 실천적 행위에 대한 재평가가 시급하다. 머지않아 그들 모두가 역사의 뒤안길로 사라지기 전에.

아버지의 기록, 딸의 기억:

4·3과 딸의 가족사

김상애

제주대학교 사회학과 박사과정

이 장은 필자의 「4·3과 딸의 가족사, 그리고 죽음 이후의 가족관계」(『사회와 역사』 140, 한국사회사학회, 2023, 127-164쪽)를 가필, 수정한 것이다.

아버지의 기록, 딸의 기억:

4·3과 딸의 가족사

1. "나 죽기 전에 누구네 딸이라는 말 한 번만 들어봐시민…"

2002년부터 해마다 열리는 제주4·3 증언본풀이 마당은 4·3체험
자들이 자신이 직접 겪은 기억을 증언하고, 증언을 보조하는 문화
행사로 꾸려진다. 이 행사는 주요하게는 4·3을 직접 경험한 체험
자·증언자의 치유와 후체험 세대에게 학습의 기회를 제공하는 장
이지만, 4·3 해결을 둘러싼 쟁점을 대중적으로 드러내는 장으로 또
한 기능해왔다. 2021년 스무 번째로 열린 제주4·3 제73주년 증언
본풀이 마당의 제목은 '나의 뿌리, 4·3의 진실-내 호적을 찾습니다'
였다〈그림1〉.

이 행사에서 발언한 증언자는 총 세 명의 여성으로, 모두 4·3으

로 아버지가 '희생'된 여성, 즉 '희생자'[1]의 딸들이었다. 모두 아주 어린 시절에 아버지의 사망을 경험했고, 아버지가 부재한 채 4·3 이후를 살아온 여성들이었다. 그러나 행사의 제목에서 유추할 수 있듯 이들은 호적상으로는 '희생자'의 딸이 아니었다. 즉, 가족관계등록부에 '희생자'의 딸로 기록되지 못한 것이다. '희생자'의 딸들은 아버지, 즉 '희생자'가 사망한 이후 75여 년 만에 이렇게 공적 무대에 등장했다.

그림1 제주4·3 제73주년 증언본풀이 마당 웹자보(출처: 제주4·3연구소)

2021년 「제주4·3사건 진상규명 및 희생자 명예회복에 관한 특별법(이하 4·3특별법)」이 전부 개정되면서 '희생자'는 국가로부터 보상금을 받게 되었고, 2022년부터 '희생자'와 그 가족에게 보상금이 지급되기 시작했다. 보상금 입법은 4·3의 '완전한 해결'을 위한 "가장 의미있는 진전"으로 평가되었다.[2] 보상금 입법이 "희생자 명예회복 및 유족의 한을 해소하는" 조치로서 커다란 의미가 있다는 것이다. 그간 '희생자'의 명예회복을 위한 조치들이 4·3 해결의 핵심적인 주체이자 대상으로 '희생자'를 호명해 왔다면, 보상금은 그 지급 대상으로서 '희생자'의 가족을 직접적으로 등장시킴으로써, 4·3 해결 과정의 새로운 국면을 열었다. 이와 동시에 보상금 상속의 순위와 범위를 결정하는 '희생자'와의 '가족됨'이 새로운 쟁점으로 부상하게 되었다. 그리고 2021년 증언본풀이 마당의 주인공들, 이른바 '가족관계 불일치' 상황에 처한 딸들이 4·3 해결의 장에 등장하기 시작했다.

'가족관계 불일치' 현상에 관한 대부분의 담론은 출생신고와 혼인신고 등 가족관계를 기록하는 관행이 의무화, 보편화되지 않은 상황에서 가족 성원이 4·3의 결과로 갑작스럽게 죽음을 맞이했다는 점을 원인으로 지목한다. 4·3이라는 극단적 상황이 이러한 혼란을 초래했다는 것이다. 그런데 여기에서 주목할 것은 '희생자'와 '가족관계 불일치' 상황에 처한 대표적인 형상이 주로 '희생자'의 딸, 즉 여성이라는 점이다. 2021년 제주4·3희생자 유족회에서는 조사대상 78건 중 희생자의 딸이 76.9%를 차지한다는 실태조사 결과를 발표한 바 있으며, 2022년 제주4·3사건 가족관계 불일치 실태조사를 진행한 한국형사·법무정책연구원에 따르면, 자신과 '희생자'의 가족관계가 불일치하다고 신고한 친생자 사례 208건 중 158명, 즉 75%가 '희생자'의 딸이었다. 이는 '가족관계 불일치' 현상이 대부분 딸에게서 나타나고 있음을 시사한다. 즉, '가족관계 불일치' 현상은 4·3의 혼란스러운 상황 속에서 발생한 일반적인 현상이 아니라, 여성인 딸에게 주로 경험되는 젠더화된 현상이라는 것이다.

그간 '희생자'의 가족으로 공적 무대에 등장한 사람들은 대개 '희생자'를 계승하는 아들의 형상이었다. '희생자'의 아들들은 4·3의 공적, 제도적 해결 과정에서 '희생자'를 추모하는 의례 행위와 기자회견, 회의 참석 등을 통해 4·3 해결의 공식적인 주체로서 행위하고 발언해 왔다. '희생자'의 아들은 '희생'의 상징성을 계승하여 4·3이라는 문제를 '해결'할 당사자로 무리 없이 승인되어 적법한 행위자로 여겨져 왔던 것이다. 아들들의 무대에 딸들이 '문제 현상'을 통해 등장한 이 상황은 "누가 '희생자'의 정당한 가족인지"에 관한 질문을 제기한다. 당장 말끔하게 해결될 것처럼 보이지 않는 이 '문제 현상'을 어떻게 보아야 할까? 왜 하필 딸들이며, 이는 4·3과 4·3의 해결에 무엇을 의미하는가? 이러한 질문으로부터 이 글은 출발한다.

2. 4·3 해결 담론과 '희생자' 가족의 접합

'희생자'의 가족은 언제부터, 어떻게 공적 장의 주요 행위자로 등장하게 된 것일까? 이를 둘러싼 사회적 논의는 어떻게 되어가고 있는가? 최근 들어, 4·3과 가족에 관한 담론은 '희생자'의 가족을 주된 행위자로 호명하는 제도적 해결 담론과 맞물려 형성되고 있다. 이는 대부분의 '희생자'가 부재자(不在者)가 되어,[3] 4·3 해결에 있어서 '희생자'보다는 '희생자'의 가족이 중요한 행위자로 여겨지는 시기적 맥락과 무관하지 않다. 즉, 4·3의 제도적인 해결이 전개되는 과정에서 행위의 주체가 '희생자'에서 '희생자'의 가족으로 옮겨간 동시대 국면을 반영한다. 이에 따라 4·3의 결과로 이미 존재하지 않는 '희생자'를 대리하여 제도적 해결의 행위자가 될 '희생자'의 계승자로서, '희생자'의 가족에 관한 이야기가 활발하게 진행되는 것이다.

이러한 담론은 주로 법과 제도에서 자격과 권한을 가진 '가족'을 어떤 범위까지 어떤 근거로 규정해야 할지에 초점이 맞춰져 있다. 현재 4·3특별법 상 유족은 '희생자'의 배우자와 직계 존비속을 1순위로 하고, 1순위에 해당하는 유족이 없을 경우에는 '희생자'의 형제자매, 형제자매도 없는 경우에는 '희생자'의 제사를 치르거나 무덤을 관리하는 4촌 이내의 방계혈족 1인만이 유족으로 지정될 수 있다. 한편, 보상금 청구권의 경우, 1순위와 2순위 유족까지는 유족과 보상금 청구권자의 범주가 동일하지만, 3순위에 이르게 되면 4촌 이내의 모든 방계혈족이 청구권자가 된다.

먼저 4·3 '희생자'의 유족 및 보상금 청구권자의 인정 범위를 법학적으로 검토하는 법학자들의 논의를 살펴보자. 안문희의 경우, 4·3특별법 상 유족 범위를 확대할 필요성을 제기하고, 민법 상 친족 범위인 8촌까지를 확대 범위로 제안한다.[4] 정한샘은 4·3특별법 상 유족의 범위가 협소할 뿐만 아니라, 유족과 보상금 청구권자의 범위 불일치에 문제를 제기하고, 유족의 범위를 확장하고 보상금 청구권자의 범위와 일치시켜야 한다고 주장한다.[5] 두 법학 분야의 논의에서 공통으로 문제가 되는 것은 '유족의 범위'이며, 이들은 유족의 범위를 확장해야 한다고 주장하고, 그 근거로 '명예회복'이라는 4·3특별법의 취지를 언급하고 있다. 이때 '희생자'의 가족은 명예회복을 추구하는 하나의 단위로 여겨지고, '희생자'와의 혈연적 근접성, 즉 촌수만이 가족 성원 간 중요한 차이로 고려된다.

'희생자'의 방계혈족 가족 성원의 사후 의례 실천에 주목하는 연구는 '희생자'와 가족이 된다는 것의 의미를 '희생자'의 묘지 관리와 제사라는 사후 의례 실천 속에서 살펴본다. 특히 '희생자'의 묘지 관리와 제사는 4·3특별법에서 유일하게 가족 '실천'을 통해 '희생자'의 유족을 규정하는 항목이기도 하다. 김석윤·현혜경·허유순의 연구에서는 이 같은 사후 의례 주관을 '실질적인 유족 역할', 즉 '희생자'의 가족됨의 주요한 요소로 보고 있다.[6] 또한 이들의 연구에 따르면, 4·3특별법 상 '희생자'의 유족은 '희생자'의 묘지 관리와 제사를 주관하는 4촌 이내의 방계혈족 1인까지 인정되고 있지만, 이들의 연구 결과를 살펴보면 직계가 부재하여 1순위 유족이 없는 '희생자'의 사후 의례를 주관하는 방계혈족은 반드시 4촌 이내로 한정되지 않는다는 점을 알 수 있다. 이러한 조사 결과를 토대로, 이들 논의에서는 '희생자'의 사후 의례를 주관하는 주체와 등록된 '희생자' 유족 사이의 불일치가 나타날 수 있음을 문제 삼는다. 그리고 사후 의례를 주관하는 방계혈족에게 유족이라는 지위를 할당함으로써 "사회적 인정"이 필요함을 주장한다. 즉 이들 논의에서 '희생자'의 가족은 '희생자'를 중심에 둔 사후공동체이며, 사후 의례의 주관은 '희생자'의 가족됨의 주요한 근거로 여겨진다.

이 같은 연구 경향은 유족의 범주와 관련된 법 조항의 제정과 개정이 실시간으로 진행 중이며, 누가 어떤 근거로 '희생자'의 유족으로 공식 인정될 수 있고, 인정되어야 하는지, '희생자'의 가족됨에 대한 사회적 논의가 실시간으로 진행 중인 상황과 맞물려 있다. 이 과정에서 '가족관계 불일치' 현상은 해결 담론과 '희생자' 가족의 암묵적 접합에 균열을 내면서, 가족관계등록부 등을 통해 공식적으로 기록된 가족사 저편에 가족을 둘러싼 경험과 기억의 다른 진실이 있다는 점을 드러냈다. 4·3과 '가족관계 불일치' 현상을 직접적으로 다루는 논의들은 실태조사를 통해 기존 법체계에서 배제된 희생자의 가족 성원 권리를 구제할 방안을 모색했다.[7] 실태조사는 다수의 사례에서 말해진 것을 수치화하여 양적 데이터로 분석되었고, 실태조사를 중심으로 한 선행연구에서 초점은 '정상' 범주에서 벗어난 사례들이 얼마나 있는지, 그리고 어떤 사례들이 있는지 드러내는 것에 맞춰졌다.

한편, 이들 조사에서 드러난 것은 가족관계에 대한 기록과 기억의 불일치가 일어나는 상황에 처한 대부분의 '희생자' 가족의 성별은 대체로 여성이었고, 구체적으로는 '희생자'의 딸이었다는 점이다. '가족관계 불일치'라는 쟁점은 사실상 여성의 가족 내 성원권을 새롭게 문제화하고 있다는 것이다. 이처럼 '가족관계 불일치' 현상은 그 자체로 젠더화된 것이며 따라서 여성학적 개입이 필요한 문제이다. 그럼에도 불구하고, 기존 담론들에서는 단지 4·3으로 인해 이러한 '문제 현상'이 발생했다고 지적한다. 또한 왜 이 문제가 그간 중요한 문제로 다뤄지지 않았는지, 이 문제는 여성들에게서 어떻게 경험되고 어떻게 말해지는지, 이들의 사례는 어떤 가족 내 역동과 젠더화된 실천을 통해 구성된 것인지에 대해 관심을 두는 대신, 그와 관련된 논의는 모두 '제주도 가족제도의 특징'으로 환원했다.

한국형사·법무정책연구원의 보고서에서는 주로 이창기의 저작에 정리된 '제주도 가족제도의 특징'을 바탕으로 '가족관계 불일치' 현상을 해석할 필요가 있다고 지적했다. 제주도 가족 연구자 이창기는 제주도 가족제도의 특징으로, 부계적 특성과 비부계적 특성이 공존한다는 점을 중요하게 꼽는다.[8] 한국형사·법무정책연구원의 보고서에서는 이창기의 논의를 참조하여 지역/마을을 기반으로 하는 공동체와 확장된 친족 범주인 '궨당' 문화가 제주인의 생존 토대였다는 점, 조상에 대한 제사가 중시된다는 점, 부부 중심의 핵가족과 장남 분가의 일반화, 균분상속 등이 '제주도 가족제도의 특징'으로 정리되었다. 그리고 보고서는 이를 기반으로 하여 가족 관계의 회복이 이뤄져야 한다는 점을 강조했다.

지금까지 4·3의 경험에 의미를 부여하고 설명을 제공하는 공식적인 해석들은 공식화될 수 있는 사건과 경험을 선별하고 규범화하는 동시에, 여성의 경험과 기억을 사적화하고 역사에서 주변적인 것으로 위치지어왔다. 이 때문에 4·3의 진상규명 과정에서 여성의 피해는 비가시화되어왔고,[9] 여성의 사적 경험이 갖는 복잡성은 4·3의 피해를 범주화하는 과정에서 불필요한 것으로 여겨져 배제되곤 했다.[10] 살펴본 것처럼, 4·3이 가족에 어떤 영향을 미쳤는지에 관한 논의는 '희생자'를 계승하는 아들을 중심으로 제기되어왔고, '희생자'를 애도하고 추모하는 담론 역시 남성 중심적 사후 의례만을 주목하고 있다.

하지만 이제 보상금 입법과 함께 '희생자' 가족의 범위를 명확하게 할 필요성이 제기됨에 따라, 사적 영역의 가족관계 경험, 특히 여성의 경험은 해결 프로세스의 진전에 난점을 일으키는 중요한 쟁점으로 등장하게 되었다. 이 과정에서 '가족관계 불일치'라는 쟁점과 함께 딸들이 처한 가족 내 주변화된 위치가 문제화되었지만, 4·3 이전의 정상적인 '가족관계'의 회복에 초점을 맞추는 대부분의 논의는 4·3만을 '가족관계 불일치' 현상의 유일한 요인으로 지적하고 있다. 다시 말해 '가족관계 불일치' 상황에 처한 딸들이 "딸이기 때문에" 그런 상황에 처했다는 사실, 즉 '가족관계 불일치' 현상의 젠더화된 측면에 문제제기하거나, 딸의 경험을 의미있게 드러내주지 못하는 것이다.

3. 부계 혈통 중심적 가족과 딸의 불완전한 성원권

딸은 어떤 존재인가? 왜 하필이면 딸들이 이러한 상황에 처하게 되었는가? 이른바 '가족관계 불일치' 현상의 젠더화된 측면, 즉 여성인 딸들의 사례가 '가족관계 불일치'의 상당수를 차지하는 상황을 이해하기 위해서는, 한국 사회의 가족제도 안에서 딸이 위치되는 방식을 함께 살펴볼 필요가 있다.

한국의 가족 담론과 페미니스트 가족 비평 담론 모두에서 가족 내 딸의 위치와 지위는 적극적으로 논의되어 왔다기보다는 오히려 공백이었다. 이는 혈족, 친족, 인척제도 등의 한국의 가족제도가 모두 아버지에서 아들로 이어지는, 남성에 의한 부계 혈통 계승을 가족 범위 설정의 중심 원리로 삼고 있으며,[11] 이 같은 원칙 하에서 여성의 위치와 역할, 지위가 할당될 수밖에 없기 때문이다. 부계 혈통 중심적 가족 내에서 여성은 주로 어머니 혹은 아내, 며느리로 주체화되며, 가족 내 여성에 관한 논의는 어머니, 아내, 며느리를 중심으로 이뤄져왔다.

법적으로는 폐지되었지만, 한국과 제주 사람들의 일상 속에서 여전히 작동하고 있는 호주제를 살펴보면, 한국의 부계 혈통 중심의 가족제도가 어떤 방식으로 가족 내 여성의 위치와 지위를 결정하는지를 알 수 있다.[12] 아들이 아버지를 계승하는 부계 계승 제도, 남편의 혈족으로 아내를 종속시키는 부처제 결혼제도, 남성 지배 체제인 가부장 제도를 중심 원리로 하는 호주제는 부계 혈통의 계승과 유지를 위해 남성을 정상적 호주 승계자로 놓고 고안된 제도이다.[13] 전적으로 남성에 의한, 남성의 남성을 계승하는 실천만이 가족의 연속성을 담보한다고 보는 부계 중심주의적 가족 제도 하에서, 여성은 남성의 가족 계승을 보조하는 아내, 며느리, 그리고 어머니로 위치되고, 여성의 가족 내 성원권은 그와 연결된 남성에게 의존적으로 마련된다. 여성은 독립적으로 가구를 구성할 수 있는 행위자로 여겨지지 않기 때문이다.

따라서 남성은 결혼에도 불구하고 자신의 혈족을 떠나지 않지만, 여성의 경우 흔히 쓰이는 '출가외인(出嫁外人)'이라는 말처럼, 결혼과 함께 원가족으로부터의 성원권을 상실하게 된다. 결혼과 함께 남편의 혈족에 편입되며, 남편의 혈족 공동체 내에서 아들을 생산하는 과업이 주어지고, 이후에는 '아들의 어머니'[14]로 간주되기 때문이다. 다시 말해, 남성의 결혼은 아버지의 계승과 함께 새로운 가족을 대표하게 되는 호주권을 담보하지만, 여성은 결혼과 더불어 태어난 가족에서의 성원 자격을 상실하게 되는 것이다.[15]

호주제의 핵심은 남성이 가족을 대표한다는 점뿐만 아니라, 부계를 '계승'한다는 것이다. 즉 '아버지의 혈통'을 중심에 두는 계승제도에서 앞선 세대의 죽음 이후에도 가족의 연속성을 보증하는 존재가 요청되고, 이는 언제나 아들이며, 아들은 다시 아버지로 재생산되는 것이 호주제의 핵심이라는 것이다. 그렇기 때문에 부계혈통 중심주의가 강하게 작동하는 가족제도와 그것을 둘러싼 담론들에서 '계승자'가 되지 못하는 딸의 가족 내 성원권에 대한 논의 공간은 부재할 수밖에 없었다. 윗세대에서 아랫세대로 계속해서 이어지는 가족의 연속성은 부계를 원리로 하기 때문에, 잠재적으로 아버지가 될 아들에게서는 유지되는 반면, 여성인 딸에게서는 이어지지 못한다고 여겨진다. 이 때문에 여성의 경우, 자신이 태어난 가족에서의 성원권을 아버지에게 전적으로 소속되는 미혼 시기에 한해 임시적으로 확보할 수밖에 없는 것이다.

뿐만 아니라, 가부장적 사회에서 여성에게 결혼은 언젠가 해야 하는 운명으로 간주되기에, 여성의 미혼 상태 역시 태어난 가족에서의 성원권을 온전하게 보장해주지 않는다. 즉, 딸은 실제 결혼 여부와 상관없이, 미혼 상태이든 기혼 상태이든 원가족에서 잠재적 기혼 여성으로 간주되고, 딸인 여성의 가족 내 성원권은 임시적이고 부분적인 것으로서, 불완전하게 마련될 수밖에 없는 것이다. 정리하자면, 딸로서 여성은 아버지로 대표되는 부계 가족의 정당한 계승자이기보다는 출가외인으로 여겨지고, 한편으로는 결혼을 통해 아내나 며느리가 되어 남편의 부계 계승에 참여하지만, 다른 한편으로 결혼 여부와 상관없이 잠재적으로 남편의 혈족 구성원으로 간주되기 때문에, 원가족의 구성원권을 안정적으로 확보하지 못하게 된다.

이에 대해 함인희는 여성이 가족 내에서 갖는 사적 권력이 부계 혈연을 계승하는 가족 구성원을 통해서만 행사 가능한 간접적이고 의존적인, 파생적인 속성을 지닌다는 점을 지적한 바 있다.[16] 특히 전쟁과 같이 여성들이 가족 성원들의 죽음과 함께 살아가는 상황에서, 여성들의 성원권과 행위성이 모순적으로 작동한다는 점은 여실히 드러난다. 가족의 연속성 및 계승과 상속의 정당성, 즉 앞선 세대를 뒤따르는 세대가 계승하고 상속하며, 이를 통해 가족이 연속적이게 된다는 것을 둘러싼 모든 담론들이 근본적으로 젠더화되어 있기 때문에, 아버지의 죽음에 관해서 딸의 이야기, 특히 계승자이자 상속자로서 딸의 이야기는 그간 등장하지 못해왔다. 부계 혈통 중심의 가족 제도 내 계승과 상속의 젠더화된 구조 하에서 딸들은 가족의 정당한 계승자로 상징적으로 간주되지 못함과 동시에, 가족 내 물질적 자원을 승계하고 상속받는 권리에서도 '자연스럽게' 배제되곤 한다. 따라서 '희생자' 가족을 주요 행위자로 호명하는 4·3의 해결 국면 속에서 딸들이 주로 처하게 된 '가족관계 불일치' 상황은 이러한 맥락을 통해 이해되어야 한다.

4. 기록과 기억의 경합, 딸들이 말하는 4·3

'가족관계 불일치' 상황에 처한 딸들이 경험한 가족사는 애초에 공식 기록에 부합하지 않았고, 따라서 이들의 가족사는 공식적으로 기록된 문서나 객관적 증거를 통한 실증적 접근이 애초에 불가능했다. 그렇기에 '희생자'의 딸들이 처한 상황을 이해하기 위해서는 그들의 '말'에 귀를 기울여야 했다. 그리고 이들의 '말'은 대부분 아득한 어린 시절의 기억, 그리고 남겨진 가족 성원으로부터 구전된 이야기에 대한 어렴풋한 기억으로 구성되었다. 이들의 가족사를 '알고자' 했던 나뿐만 아니라 기록되지 않은 자기 자신의 가족사를 스스로 찾아 인정받고자 했던 '희생자'의 딸들 역시 '희생자'와 자신의 불일치된 기록의 행간을 읽기 위해서 무엇보다도 자신의 경험과 기억을 되돌아보아야만 했다. 즉, 나와 구술자 모두 구술자의 어렸을 적 경험에 대한 기억과 어렴풋한 기억으로 남은 그들의 가족으로부터 구전된 이야기를 애써 끄집어내는 수밖에 없었다.

> **고 할머니:** 그 소리 들은 거 있어. 나가 어떵 행 아냐고. 들은 것이 이시난, 물어보난 살살 나왐주. 꾸며내지 못할 거 아냐. 들은 기억이 이시난, 아직 치매도 안 걸리고 하난 그거 나오는 거여.

> **현 할머니:** 그 당시에 우린 너무 어려부니까 알지 못하고. (중략) 그 당시에 큰 후제는, 말 알아들을만이 큰 때, 할머니들 얘기하는 거 들은 거 뿐이주.

위에 인용한 구술 내용에서처럼, 구술자들은 자신의 가족관계에 대한 경험과 기억을 아주 오래전에 다른 가족 성원으로부터 구전된 이야기에 의존했다. 아버지를 제외한 동거 가족, 즉 어머니와 할머니를 통해서 왜 자신에게 아버지가 부재한지, 아버지가 어떻게 희생되었는지 등을 알고 있었던 것이다. 가족관계에 관한 구술자들의 지식은 기록된 가족관계와 일치하는 사실은 아니었음에도, 그들의 삶 전체에 걸쳐 4·3과 가족의 의미를 구성하고 있었고 이는 사적으로 통용된 지식이었지, 누군가 물을 때까지 공공연하게 말해지거나 인정되지 않았던 것으로 보였다.

구술자는 현 할머니, 고 할머니, 김 할머니로 총 세 명이다.

현 할머니의 아버지는 그녀가 두 살 때 ○○○폭포에서 총살당했고, 그녀의 할머니가 그 현장에 있었다고 한다. 아버지의 시신은 할머니가 수습했다. 현 할머니의 어머니는 그녀가 대여섯 살 때쯤 재가했다. 현 할머니는 일곱 살 때쯤 작은아버지의 딸로 출생신고가 되는데, 이때 법적 나이가 여섯 살 어리게 등록되게 된다. 어머니와는 법적 가족관계가 전혀 없음에도, 어머니가 나이 들어 사망할 때까지 왕래하며 지냈다. 그녀의 할머니는 여든까지 생존하여 그녀의 시집도 보내주었지만, 아버지 형제들은 할머니보다 오래

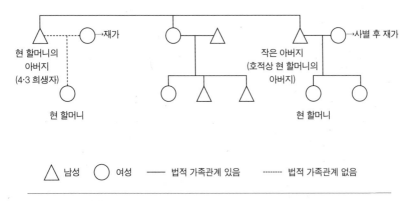

그림2 현 할머니의 가계도

살지 못했다. 현재 아버지 형제 중 생존해 있는 사람은 아무도 없다. 그녀의 육촌형제가 아버지의 족보 상 양자로 등록되어 아버지의 제사를 지내왔는데, 얼마 전 그가 사망하여 그 아들이 지내고 있다. 아버지의 묘지도 육촌이 관리하고 있었는데, 17~8년 전 도로 확장으로 묘지 이장이 필요해지자, 시신을 화장해 버렸다.

고 할머니는 4·3 당시 두 살이었고, 아버지는 총을 맞고 사망했다는 이야기를 들었다. 시국이 끝난 뒤 얼마 지나지 않아 어머니가 재가함에 따라 고 할머니는 어머니와 의붓아버지와 함께 살게 되었다. 이후 그녀는 의붓아버지와 어머니 사이에서 태어난 딸로 기록되었다. 재가한 어머니와 함께 살았음에도, 고 할머니는 사망한 아버지 제사에 참여하거나 명절에 아버지 가족을 방문하고, 작은아버지의 결혼 잔치에 참석하는 등 아버지 가족과 왕래하며 지냈다. 고 할머니는 11~12세 무렵, 아버지 가족들이 아버지의 사후 결혼을 준비하며 그녀를 초대했는데 가지 않았다. 사후 결혼이란 미혼인 채 사망한 가족 성원의 사후 처리를 하는 한 방식으로, 역시 미혼인 채 사망한 이성의 가족들과 합의하여 치르는 의례이다. 제사 등의 사후 의례를 중시하는 제주에서는 이른바 '무적귀신', 즉 제사를 지내주는 사람이 없는 영혼이 되지 않게 하기 위해, 미혼 자녀가 사망하면 가능한 사망 신고를 미뤄, 사후혼과 함께 혼인신고를 하고, 양자를 결정하여 이들 부부의 자녀로 입적시키고 나서야 사

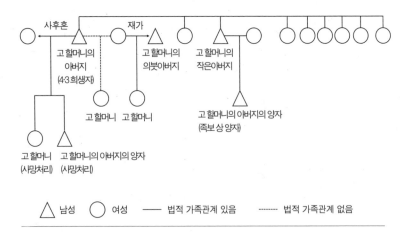

그림3 고 할머니의 가계도

망신고를 하는 것으로 호적 정리를 하곤 했다.[17] 그 뒤로는 아버지 가족들과 인연이 끊기게 되었다. 다시 연락이 닿은 건 아버지의 양자 노릇을 하고 있는 사촌동생과 2020년 만나게 되면서부터이다.

현재 김 할머니가 살고 있는 마을은 어머니의 고향이다. 아버지는 다른 마을 출신이었고, 4·3으로 가족이 해체되기 전까지는 아버지 마을에서 살았다. 마을 지서에 근무하던 아버지는 칼에 찔려 사망했다고 들었다. 시국이 끝나자 어머니는 시가로 돌아가지 않고 그녀와 친정 마을로 와서 살았다. 그러던 중 김 할머니가 7세가 되던 때, 아버지 가족에게서 연락이 와서 도장을 가지고 오라고 했다. 그때 큰아버지의 딸로 등록된 것 같다고 했다. 아버지의 양자

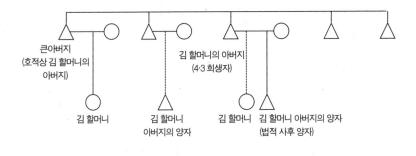

그림4 김 할머니의 가계도

는 집안 어른들끼리 상의하여 들였고, 이 양자는 아버지의 사후 양자로 법적으로 등록되어, 보상금 상속자일 뿐만 아니라 현재 아버지의 유일한 유족이기도 하다. 김 할머니의 어머니는 93세에 사망할 때까지 아버지의 배우자 자격으로 유족 연금을 받았다고 한다.

한편, 구술자들은 대부분 '희생자'와 자신의 관계를 증명할 객관적 자료를 가지고 있지 않았다. 김 할머니만이 '희생자'의 묘비에 자신이 딸로 기록되어 있는 것이 유일한 증빙 자료였으며〈그림5〉, 현 할머니와 고 할머니의 경우, 묘비, 족보 등과 같이 자신과 '희생자'의 친생 관계를 증명할 가족 내 기록을 가지고 있지 않거나 기록에 접근할 수 없었다.

그림5 김 할머니가 딸로 기록되어 있는 아버지 비석

또한 구술자들은 현재 70대 후반에서 80대 초반까지 고령이기 때문에, 세 사례에서 모두 구술자의 출생을 경험하거나 목격하여, '희생자'와 구술자의 관계를 직접적으로 증언할 수 있는 어머니, 할머니, 삼촌 등 윗세대 가족 성원들이 대부분 사망한 상태이다. 따라서 '희생자'인 아버지에 관한 제도적 권리를 되찾고자 함에도, 그들의 권리 찾기 과정이 어떻게 전개될지는 예측하기 어려운 상황이다.

5. 4·3과 가족의 탈구(dislocation)

탈구(dislocation)란 외부의 압력에 의해 관절을 형성하는 뼈들이 제자리를 이탈했지만, 완전히 떨어져 나가기보다는 긴장한 장력 속에 있는 상황을 지칭한다. 여성학에서는 원위치에서 벗어난 주체의 역사성과 위치성에 관한 문제를 제기하고, 원위치를 벗어난 주체의 재구조화된 삶의 양식을 논의하기 위해 이 개념을 주로 참조한다.[18] '탈구'라는 개념은 4·3의 결과로 가족관계 및 가족적 삶이 일반적인 배열에서 이탈하게 된 상황을 경험한 딸들의 생애사를 설명하기에 유용하다. 이는 4·3 이후의 가족이 정상 가족에 부합하지 않는 비정상 상태 그 자체를 문제화하려는 것이라기보다는,[19] 4·3 이후 아버지가 부재하는 부계 가족 공간에서의 딸과 어머니의 불완전한 성원권과 법적 지위의 불일치, 무/소속감, 가족 성원들의 이산과 분리, 상속권을 비롯한 유족권 및 보상권 등 가족과 결부된 권리 배제 등을 문제화하기 위함이다.

4·3 당시 매우 어린 나이였던 구술자들은 4·3의 '희생자'인 아버지가 부재한 가족 공간을 어떻게 경험했을까. 극한의 상황에서 탈구된 가족은 딸에게 어떻게 경험되었을까. 이는 구술자들이 딸로서 4·3을 경험한 방식이자, 구술자와 '희생자'의 법적 가족관계가 불일치하게 된 주된 경로이기도 하다.

아버지 부재의 공간에서 딸

구술자들의 아버지에 대한 기억과 경험은 아버지와의 직접적인 관계가 아니라, 아버지의 사망과 아버지의 부재에 관한 것으로 구성되었다. 모두 아버지의 얼굴을 기억하지 못할 정도로 어린 시절에 4·3과 아버지의 죽음을 경험했기 때문이었다. 구술자들은 아버지 사망 당시 두 살(현 할머니, 고 할머니), 다섯 살(김 할머니)이었다. 구술자 중 가장 나이가 많은 김 할머니의 경우, 아버지의 사망을 어렴풋하게나마 직접적으로 기억하고 있었으나, 현 할머니와 고 할머니는 아버지, 그리고 아버지의 죽음에 대한 직접적인 기억이 전혀 없으며, 아버지 사망과 관련된 이야기는 어느 정도 성장한 뒤 전해들었다고 했다.

어머니의 재가와 함께 의붓아버지의 자녀로 기록된 고 할머니의 경우를 제외하고, 현 할머니와 김 할머니의 사례에서 딸들은 부재한 아버지와는 물론이고 법적 가족들과 동거한 경험이 없었다. 현 할머니의 경우 작은아버지의 자녀로 신고되었지만 육지에 살고 있던 작은아버지와 왕래조차 없었고, 현 할머니가 결혼할 때까지 그녀와 함께 살았던 사람은 할머니('희생자(아버지)'의 어머니)였다. 김 할머니의 경우에는 4·3으로 마을이 초토화된 이후 삶을 재건하는 과정에서 어머니와 함께 어머니의 친정 마을로 이주했다. 따라서 김 할머니는 어머니 및 외가 가족들과 함께 살았고, 기록상 자신의 아버지로 되어 있는 큰아버지와는 함께 산 적이 없었다.

기록 상 가족들은 기록 상 딸로 되어있는 구술자들에게 자신의 물질적, 상징적 자원을 분배하거나, 돌봄을 제공하거나, 혹은 친밀성을 형성하지 않았고, 사망한 아버지를 어떤 점에서도 대체하지 못했다. 이 때문에 아버지의 죽음 이후 딸들은 살아온 시간 내내 아버지의 부재에 대해 의식할 수밖에 없었고, 이를 통해 아버지와의 관계를 감각했다. 따라서 '가족관계 불일치'에 대한 딸들의 감각은 어쩌면 기록과 사실의 불일치 그 자체를 인지하는 데에서 비롯된 것이라기보다도, 기록된 가족이 실질적으로 그들의 삶과 연관성이 없었다는 데에 기인하는 것 같았다. 이는 그들의 딸이라는 위치에서 비롯된 젠더화된 상황이었다.

> **현 할머니:** 나가 호적 나이가 너무 어리게 들다 보니까, 지금 내 나이가 칠십일곱인데, 호적 나이는 이제 일흔한 살이 될 건가? 오삼년 생. 원래 나이는 사칠년 생인디, (중략) 그때가 아버지가 출생신고를 못행 돌아가서부니까 나이는 먹어가고, 할머니들은 지금은 딸 아들 구별이 없주만은 그 옛날에는 지금은 딸이엔 허주만은 옛날에는 할머니들 지집년이랜 했어. 여자보고이. (중략) 지집년만씩 헌 거, 죽을티 살티 내부니까 내분 때문에 죽진 않고, 나이 먹어가니까 작은아버지 밑

으로 논 거라이. 이제 나가 출생신고도 못하고 나인 들고 해가니까 뭐 출생신고 안 행 내불면은 뭐 아무것도 뭐 이 나라에 어신 사람이 될 거 아니? 경허니까 작은아버지 밑으로 논 거주.

현 할머니는 아버지의 사망과 어머니의 재가 이후 홀로 남겨진 자신의 생존을 "지집년(딸)"이기 때문에 "죽을티 살티 내부니까, 내 분 때문에 죽진 않"은 우연적인 상황으로 간주했다. 그리고 죽지 않고 생존했기 때문에 나이가 들어가면서 법적 시민권이 필요하게 되자 그제서야 자신이 작은아버지의 자녀로 등록될 수 있었다고 말했다. 아들의 경우, 아버지를 정당하게 계승하고 대를 이음으로써, 아버지의 부재 유무와 관계 없이 아들의 성원권은 가족 내에서 안정적으로 보장되는 반면, 가족 내 성원권을 직접적으로 의존할 아버지가 부재한 가족에서 딸인 현 할머니에게는 어머니마저 재가한 상황에서, 생존조차 우연적이고 임의적인 것으로 여겨졌다.

생존자 어머니의 '딸의 어머니'라는 조건

아버지 부재의 공간에 남은 또 다른 가족 성원이었던 구술자들의 어머니는 자신의 딸과 관계를 맺으며 살아왔음에도 불구하고, 사망한 남편의 가족들을 떠날 수밖에 없었고, 이 때문에 자신이 낳은 딸과 기록상의 관계가 없는 채로 살게 되었다. 즉, 사망한 남편의 가족에서 생존자 어머니는 탈구적 위치에 놓일 수밖에 없었던 것이다. 부계 중심의 가부장제가 작동하는 제주의 가족과 마을에서 남편이 사망한, 게다가 사망한 남편과의 사이에서 낳은 아들이 없는 여성은 안정적인 성원권을 확보할 수 없었다.

4·3 이후 여성의 기억과 삶을 다룬 기존 논의들에서는 4·3의 결과로 남편을 잃은 여성들의 '홀어멍' 상태에 주목했지만,[20] '딸의 어머니'라는 생존자 어머니에게 닥쳐 온 남편의 죽음은 오히려 그들이 홀어멍으로 남을 수 없는 조건이 되었다. 말하자면, 부계 가족 내에서 부계를 유지할 아들을 낳지 않았으며, 오직 딸만 낳은 '딸의 어머니'라는 조건은 어머니가 재가할 수밖에 없는 구조적인 조건이었다. 현 할머니는 어머니의 재가를 다음과 같이 설명했다.

> **현 할머니:** (어머니의 재가 이유를 묻는 질문에) 살기 어려운 것보단도, 요즘은 조그만하면 재가를 안 하거든? 겐디 옛날에는 재가 안 한 사람도 그 당시에 있었주만은 재가 안 한 사람들은 딸 두 개, 세 개 있던가, 아들이 있던가, 경허민 그 애기들 뭐 형 재가 안했지만은 나의 어머니는 나, 딸 하나 뿐이고.

현 할머니는 아들을 가진 어머니이거나 자식이 여럿 되는 어머니였다면 자식들을 생각해서 재가하지 않았을 것이라고 말했지만, 사실상 '딸의 어머니'의 재가는 모성 없음에서 비롯된 것이라기보다는 부계 중심의 가부장제가 작동하는 가족과 마을 공간에서 어머니가 구조적으로 생존하기 위한 경로였다. 현 할머니는 아버지 사망 이후 어머니가 바로 재가한 건 아니지만, 본인이 대여섯 살 즈음(아버지 사망 이후 3~4년) 어머니가 재가했다고 기억하고 있었다. 어머니가 그리 멀지 않은 마을에서 재가했기 때문에, 어머니의 재가 이후에도 왕래를 하며 지냈다고 한다. 외가 친척들 역시 근처에 살았고, 현 할머니는 그들과도 가까운 거리를 유지해왔다.

한편, 고 할머니는 어머니의 재가와 함께 자신 역시 아버지의 가족을 떠난 사례이다. 고 할머니는 어머니의 재가에 대해 "살기가 힘들"고, "눈치 주니까 나왔"을 것이라고 추측했다. 아버지의 죽음 이후 생계를 위해 어머니는 시어머니(고 할머니의 할머니)에게 고 할머니를 맡겨두고 장사를 다녔는데, 장사를 마치고 돌아와보면 똥오줌도 치워져 있지 않고 아기는 굶은 상태였다고 했다. 이처럼 사망한 아버지의 아기가 딸이라는 것은 딸인 아기에게도, 딸만 낳은 며느리에게도 아버지의 가족과 시가에 살아남기 어려운 조건이었다. 고 할머니의 어머니는 "집도 없고 밥도 없는" 이웃 마을 남성에게 재가했고, 이후 고 할머니는 새아버지의 자녀로 출생신고가 되었다.

한편, 어머니의 재가 이후에도 고 할머니는 아버지의 가족과 인연을 맺으며 살아왔다. 아버지의 제사에 참여하거나, 작은아버지의 결혼에 방문하는 등의 가족 행사뿐만 아니라, 고모와도 왕래를 하며 지냈다고 한다. 고 할머니는 어머니가 자신을 아버지의 가족에 "붙이려고" 데리고 갔다고 말했다. 그녀의 어머니가 고 할머니를 시가에 맡기려고 데려간 것인지 아닌지, 그 의도는 분명하지 않았지만, 시가 가족으로부터 어머니가 탈구되자, 고 할머니는 사망한 아버지와 생존자 어머니 사이에서 어머니와 함께 살 것인지, 아버지가 부재한 아버지 가족에 머무를 것인지 선택해야 하는 상황을 거듭 경험했다.

> **고 할머니:** 데리러 왔는데, 나가 도망을 가 불었어. 왜 도망갔느냐하면 그런 걸 들어 부는거야. 죽은 혼서하면은, 죽은 사람끼리 결혼하면은 영장을 본다 하는, 그런 것이 무섭고, 두렵고 경해서 그 경해서 그때 당시에 안 가버렸어. 안 갔는데, 그때 단계가 죽은 혼서 하면서 나 호적을 올린 것 같애. 현○○로. (아. 죽은 혼서 한 어머니하고.) 응. 이부 어멍하고 혼인신고하면서 호적에 올리젠 허믄 혼인신고도 해야될 거 아니야. 죽은 혼서라도. 경해서 나를 이름을 올린거야. 올리고 우리 이제 제사 모시는 동생, 양자로. 경 오누이로 이제 올라갔어. (예. 남매로.) 남매로 올라갔는데, 난 그것도 몰랐어이. 몰랐는데 경허니까 중학교도 거기 왕 허랜 헌거야. 호적이 거기 있으니까. 나는 이제사

생각나지. 그때는 몰랐어. 경해서 이거 호적에 오른 줄도 몰랐고. 경했는데 이제 할 수 어시 안 가부니까 할망 할아버지도 뭣해연 이젠 그걸로 이제 끝해버렸지.

고 할머니의 어머니가 시가를 떠나자, 아버지의 가족에서는 사망한 아버지의 사후 처리를 위해 사후혼을 준비했다. 사후혼을 준비하는 과정에서 아버지의 가족에서는 고 할머니에게 연락하여, 사후혼 의례에 초대했다. 고 할머니는 당시 사후혼 의례를 치르는 과정에서 시신을 보게 될까 봐 무서워서 참석을 거절했지만, 아버지의 사후혼은 사실 아버지의 가족에서 고 할머니의 성원됨을 확정하는 결정적인 계기였다. 당시 고 할머니는 단지 무섭고 두려워서 사후혼에 가지 않았다고 기억했으나, 고 할머니의 불참은 아버지의 가족에서 고 할머니가 완전하게 분리되는 계기이기도 했다.

아버지와의 가족관계 기록 정정을 위해 최근에 와서야 확인해본 아버지의 제적등본에 동명의 딸이 있었다. 고 할머니가 아버지의 딸로 기록된 적이 있었던 것이다. 고 할머니는 아버지와 사후혼을 치른 여성 사이에서 출생한 딸로 되어 있었고, 또한 아버지의 제사를 지내는 사촌동생이 아버지의 아들로 등록되어 있었다. 현재 고 할머니와 고 할머니의 사촌동생은 '희생자'의 제적등본에 사망처리가 되어 있고, 사망한 해는 각각 1965년(고 할머니), 1967년(사촌동생)으로 기록되어 있다. 하지만 이 둘은 모두 사망처리된 상태였다. 고 할머니는 자신이 아버지의 사후혼에 참여하지 않은 것, 중학교를 보내준다고 했는데도 어머니를 떠나지 않은 것이 이 기막힌 기록, 즉 아버지에게 딸로 기록되었으나 결국엔 사망처리된 기록을 만들어냈다고 생각했다.

세 구술자의 사례에서 모두 4·3과 함께 남편을 잃은 어머니들은 딸과 관계를 맺으며 살아왔다. 현 할머니의 어머니는 재가했음에도 현 할머니와 왕래하며 지냈고, 고 할머니는 재가한 어머니와 함께 아버지의 가족을 떠났다. 그리고 김 할머니는 어머니와 함께 어머니의 친정 마을로 이주하여 함께 살았다. 하지만 각각 작은아버지와 큰아버지의 딸로 등록된 현 할머니와 김 할머니의 경우, 어머니와 법적으로 가족관계가 전혀 성립하지 않았고, 어머니의 딸로 기록된 고 할머니의 경우에는 아버지와 완전히 단절해야만 했다. 재가를 하지 않은 김 할머니의 어머니만이 '희생자'의 유족으로 권리를 보장받았지만, '희생자'의 사망과 함께 가족의 탈구를 경험한 다른 어머니들은 유족으로서의 권리를 보장받지 못했다. '희생자'와의 관계에서 정절을 지키는 것이 유족이 될 수 있는 조건이기 때문이었다. 하지만 구술자들의 어머니는 남편의 사망으로 시가 가족의 불완전한 성원이 될 수밖에 없었고, 이는 사망한 남편과의 사이에서 출산한 자식이 여성, 즉 딸이라는 사실에서 비롯되었다.

6. 딸의 '가족관계 불일치' 경험의 젠더화된 구성

4·3의 해결 과정이 생산한 '불일치' 경험

> **고 할머니:** (그간 아버지를 찾을 생각을 해보지 않았냐는 질문에) 편안해
> 사, 뭣도 편안해사 찾아보곡 허는거여.

> **김 할머니:** (아버지와의 가족관계 불일치가 한이 되었냐는 질문에) 한 되고
> 안 되고도 아니라. 난 뭐, 그때는 게 뭐 허여주는 게 없어부난. 그때
> 도 이추룩을 했으면 '아이고, 이거 해나 봐야지' 허주만은. 아무것도
> 뭐 허는 것이 어서부난 한 되고 안 되고 뭘. 허였으면 좋기야 하지만
> 은 그런대로 살았지. 이제까지 뭐, 원. 지금까지 산 걸 뭐.

내가 만난 딸들은 모두 아버지와 자신의 법적 가족관계가 불일
치한다는 사실을 안타깝게 토로했다. 하지만 이들의 삶에서 아버
지와의 가족관계가 잘못된 그 기록 자체가 문제를 일으킨 것은 아
니었다. 고 할머니는 그간 아버지와의 가족관계 기록에 관심을 가
지지 못한 까닭에 대해 삶이 편안하지 못했기 때문이라고 말하며
결혼 이후에 자신이 살아온 고된 삶에 대해 이야기했고, 김 할머니
는 기록이 제대로 되었으면 좋기야 했겠지만 그런대로 살았고, 지

금까지 살았으니 한이 될 것도 없다고 했다. 구술자들 스스로에게 자신의 가장 큰 정체성은 아버지의 딸이라기보다는 누군가의 아내이자 어머니였다.

하지만 다른 한편으로 4·3의 해결 과정에서 누가 '희생자'의 가족이고 가족이 아닌지를 명확히 하는 것이 최근에 와서야 문제가 되고 있다는 점에 주목할 필요가 있다. 다시 말해, 잘못 기록된 가족관계가 문제가 된 것은 가족관계에 대한 기록이 4·3의 제도적 해결 과정과 접합하면서부터였다.

구술자들은 처음부터 공식 문서와 자신의 기억/경험의 대조를 통해 '가족관계 불일치' 상황을 인지하고 있었다기보다는, 4·3 해결 과정이 이뤄지는 구체적 현장에서 '희생자'의 유족 등록이 거절 당하고, 보상금 청구권에서 배제되는 등 4·3의 공식적 해결 프로세스의 정당한 구성원 자격을 박탈당하는 경험을 통해 '가족관계 불일치' 상황을 인식하고 있었다. 말하자면, '가족관계 불일치'에 대한 경험은 4·3의 해결 과정에 의해 구성된, 4·3의 해결 과정이 생산한 경험이었다.

현 할머니: 그 당시에는 이 4·3도 '신청허라, 뭐허라' 허난 신청을 했겠지. 우리 집이 자네 아부지가 살아계신 때난 이 '4·3 나왐쪄, 신청허라' 하니깐. (중략) 신청해도 이렇게 이런 '유전자 검사허라', '보상이여',

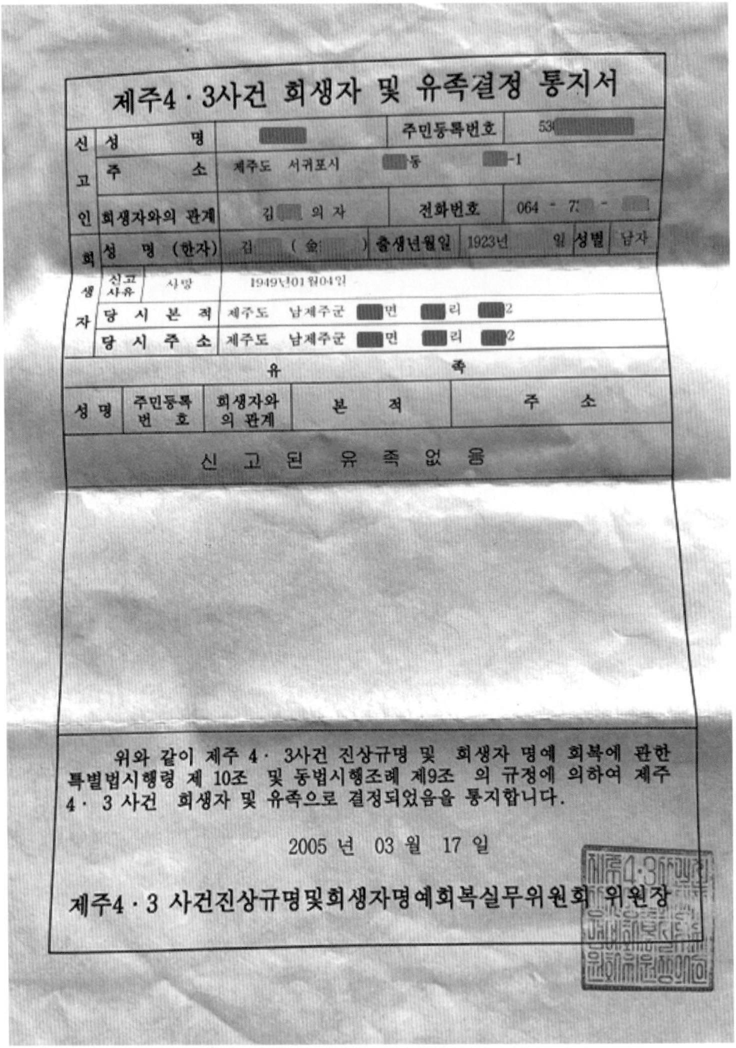

제주4·3사건 희생자 및 유족결정 통지서

신고인	성 명	▇▇▇	주민등록번호	53▇▇▇
	주 소	제주도 서귀포시 ▇동 ▇▇-1		
	희생자와의 관계	김▇▇ 의 자	전화번호	064 - 7▇ - ▇▇▇

희생자	성 명 (한자)	김 (金)	출생년월일	1923년 ▇월 ▇일	성별	남자
	신고사유	사망	1949년01월04일			
	당 시 본 적	제주도 남제주군 ▇▇면 ▇▇리 ▇▇2				
	당 시 주 소	제주도 남제주군 ▇▇면 ▇▇리 ▇▇2				

유 족				
성 명	주민등록번호	희생자와의 관계	본 적	주 소
신 고 된 유 족 없 음				

위와 같이 제주 4·3사건 진상규명 및 희생자 명예 회복에 관한 특별법시행령 제 10조 및 동법시행조례 제9조 의 규정에 의하여 제주 4·3 사건 희생자 및 유족으로 결정되었음을 통지합니다.

2005 년 03 월 17 일

제주4·3 사건진상규명및회생자명예회복실무위원회 위원장

그림6 현 할머니 아버지의 희생자 및 유족결정 통지서

뭐 헐 줄은 몰랐지.

현 할머니는 4·3특별법이 제정된 해인 2000년에 아버지를 '희생
자'로 신고했다. 하지만 현 할머니는 2000년에는 자신이 반드시 아
버지의 딸로 등록되어야 한다는 필요성을 그다지 느끼지 못했다.
당시에는 아버지를 '희생자'로 등록하는 것이 가장 중요한 문제였
고, 제도적으로 보장된 관계 없이도 아버지를 '희생자'로 접수하는
데까지 아무런 문제가 없었기 때문이었다.

제주4·3사건 희생자 및 유족결정 통지서에는 신고인과 '희생자'
및 유족의 정보를 기재한다. 특히 '신고인의 정보'의 하위 범주에는
신고인의 '희생자'와의 관계를 기재하는 란이 마련되어 있다. 현 할
머니가 보여준 '희생자' 결정 통지서에는 신고인인 현 할머니가 '희
생자의 자'로 적혀 있었다. 그와 동시에 이 통지서의 하단에는 "신
고된 유족 없음"이라는 문구가 적혀 있기도 했다〈그림 6〉. 현 할머니
의 아버지가 '희생자'로 결정되었다는 한 장의 통지서에서 현 할머
니는 '희생자'의 딸(신고인)로 기록되는 한편, '희생자'의 딸(유족)로
기록되지 못했다. 당시 현 할머니가 '희생자'의 딸이며 사실상 유족
이라는 점은 공식적으로 인정되지는 않았지만, '희생자'의 등록이
중요하기 때문에 가족관계가 인정되지 않음에도 현 할머니는 신고
자로서 '희생자의 자'로 암묵적으로 양해되었던 것이다.

현 할머니: 할머니 냥으로 갖다당 묻었지. 갖다당 묻어신디, 그것이 그 대로 이서시민 이추룩 헐 때 유전자 검사라도 할건데, 그 시청에서 나라에서 그 길가에 밭이라이. 밭에, 지금은 공동묘지 어디 했주만은 그때는 부락에 밭이 강 묻었어이. 게난 길 들어가면서 이것을 산을 이장하라 했어. 이장하라 하니까 이장해다가 **이런 시대**(강조 필자)가 나올 줄 알았으면, 이장해다가 공동묘지라도 묻었으면 할 건데, 화장 시켜 불었어.

구술 속에 등장하는 "이런 시대"는 보상의 시대, 그리고 '희생자' 와의 가족관계 기록이 일치하지 않는 딸들이 보상금 청구권자가 되기 위해 명확하고 객관적인 증거를 필요로 하는 시대를 일컫는 다. 4·3으로 아버지가 사망했을 시대, 아버지를 할머니가 묻었을 시대, 아버지의 묘를 이장하던 불과 10여년 전까지도, 중요한 것은 가족관계 기록보다도 아버지의 시신을 알맞게 수습하는 것이었다. 하지만 "이런 시대"가 오자, 현 할머니의 가족에서 이뤄졌던 아버 지의 사후 처리는 딸로서 현 할머니가 인정받을 가능성을 제한하 게 되었다.

김 할머니: 그디 강 해영 호적에만 있었으면 유가족 그 카드가 나오주 만은 게, 난 그런 건 아무것도 어시난. (김 할머니의 아들: 돌아가신 할

머니는 있어.) 어. 우리 어머니는 있었지. 미망인 것이 있었주만은, 어
디 난 어시난 게매 요 이제 호적관계 뭣만 되면 혹시 그런 거나 만들
수가, 만들어 줄 건가 했지. 이젠 뭐 병원가면 계속 단 천 원이라도
내엄네.

김 할머니는 '가족관계 불일치' 문제를 해결하여 '희생자'의 유족
증을 만들기를 기대했다. 유족증을 통해 병원비 할인 등의 혜택을
기대했기 때문이었다. 현재 김 할머니의 아버지의 유족은 김 할머
니의 사망한 어머니와 아버지의 사후 양자로 되어 있었다. 김 할머
니의 사망한 어머니는 '희생자'와 혼인 신고가 되어 있었고, '희생
자' 사후에 재가하지 않았기 때문에 배우자로 인정되어 '희생자'의
유족이 될 수 있었지만, 딸인 김 할머니의 경우에는 아버지뿐만 아
니라 어머니와의 관계를 증명할 증거를 아무것도 가지고 있지 않
았기 때문에 유족으로 인정될 수 없었다. 그리고 아버지의 사후 양
자는 집안에서의 합의로 아버지의 양자로 입적함에 따라 공식적
권리를 획득했지만, 아이러니하게도 친생자인 김 할머니에게는 그
러한 기회가 주어지지 않았다. 딸들에게 아버지와의 가족관계 기
록의 '불일치' 경험은 이처럼 4·3의 제도적 해결 과정에서 배제되
고 권리를 박탈당하는 경험을 통해 구성되고 있었다.

젠더화된 추모권/상속권과 딸들의 배제

지금까지 4·3의 해결 담론 속에서 딸들이 행위자로 등장하지 못하게 된 배경에는 '희생자'를 애도하고 추모하는 공적 담론이 젠더화되었다는 점이 자리한다. 제도적 해결 담론에서의 권리가 '희생자'뿐만 아니라 '희생자'의 가족에게도 확장된 것은 사망과 부상, 수형 등의 직접적인 '희생'뿐만 아니라 '희생자'와의 관계 역시 '희생'의 일부로 간주하는 것이다.

앞에서 살펴본 것처럼, '희생자'의 딸들은 가족관계 기록이 불일치함에도 불구하고, 아버지가 부재한 공간에서 탈구된 경험을 겪어왔고, 생존자 어머니와 '희생자' 아버지 가족 사이에서 모두 불완전한 성원으로 존재할 수밖에 없었다. 그러나 '희생자'의 가족, 즉 유족에 대한 공식 담론들에서는 가족관계 기록이 불일치되는 딸들의 권리에 대한 논의가 부재해 온 대신, 부계로 계승되는 추모 의례의 상징성만이 유일한 고려 대상이 되어왔다.

'희생자'의 가족이 명시적으로 제도 안의 행위자로 등장하게 된 것은 2000년 4·3특별법 제정을 통해서 '유족'이라는 지위를 얻게 되면서부터이다. 4·3특별법 제정과 함께 유족이라는 범주는 '희생자'와 구분되어 명시되었지만, 당시 연좌제에서처럼 문화적 차원에서 '희생자'와 '유족'은 4·3의 경험을 공유하는, 즉 동일시되는 범주로 여겨졌다. '희생자' 가족 공동체로서 유족회는 진상규명과 명예회복 운동과의 관계 속에서 대응, 통합, 확장 과정을 거치면서 4·3 담론 내 위치성을 확보해왔다.[21]

4·3특별법 제정 당시 '희생자'의 배우자 및 직계존비속(1순위), 형제자매(2순위)로 구획되었던 유족 범주는 2007년 4·3특별법 개정과 함께 "희생자의 제사와 묘지 관리를 수행하는 4촌 이내의 방계혈족(3순위)"까지로 확대되었다. 2000년 제정 이후 최초로 개정된 2007년의 4·3특별법은 '유족'뿐만 아니라 '희생자'의 범위 역시 '수형인'까지로 확장했고, 추가 진상조사 및 기념공간의 운영과 관리 등의 사업을 수행할 4·3평화재단의 설립과 그에 대한 정부 지원 근거 등을 마련함으로써 4·3 해결에 참여할 주체를 확대하고 해결 절차와 범위를 확장, 구체화했다.

2007년 개정법은 개정에 참여한 주체들에게 "현시점에서 최선을 다한 개정안"[22]으로 평가되기도 했다. 2007년 개정안의 '유족' 항목만 두고 보자면, '희생자의 제사와 묘지 관리를 수행하는', '4촌 이내의 방계혈족'이라는, 확장적이지만 동시에 제한적인 조건이 부여되었다. '4촌 이내의 방계혈족'은 민법상 상속인과 일치하는 범주로서, 여타 과거사 보상법에서 규정하는 '유족'의 범주와 일치한다. 그런데 4·3의 경우, '4촌 이내의 방계혈족' 중에서, '제사와 묘지 관리의 수행'이라는 조건으로 '유족'의 자격을 제한하고 있다.

2007년 개정 과정을 자세히 살펴보면, 당시 유족 확장 논의는 4·3평화공원이라는 구체적인 공간에서 '희생자'를 추모할 권리에 관한 것이었다. 2006년 9월 7일에 열린 국회 행정자치위원회 법안 소위원회에서 행정자치부 차관이 축소안에 대해서 역시 수용하기 어렵다는 입장을 밝히자, 개정안을 내놓은 강창일 의원은 이 안은 금전적 권리를 주장하기 위함이 아니라는 점을 강하게 호소하며 제사, 특히 '4·3평화공원 내 위패를 모시는' 한에서 반드시 필요한 안임을 강하게 주장했다.[23] 즉 '제사와 묘지 관리 수행'이라는 조건은 '추모할 권리'를 명시함과 동시에 금전적 권리를 철저하게 배제하는 한에서 마련된 것이었다.

하지만 '추모권'은 이미 금전적 권리와 강하게 연동된 담론이다. 2007년의 법 개정 과정에서 금전적 권리를 철저하게 배제하려고 했음에도, 제사 계승자와 호주 지위, 그리고 재산 상속권은 상속제도에 이미 연동되어 있다. 제주 사회에서 제사와 묘지 관리라는 조건이 토지나 가옥 등의 물질적 자원의 상속과 결부되어 있다는 점[24]은 '희생자'를 둘러싼 권리들의 착종을 보이는 대표적인 예이다. 또한 '제사와 묘지 관리 수행'이라는 조건이 법적으로 '희생자'의 가족됨을 결정하는 근거로 자리 잡게 되자, 이는 '희생자'와의 가족 관계의 정당성이 근거하는 가족적 실천으로 의미가 역전되었다.

이 과정에서 '희생자'의 사후 의례를 주관하는 남성 가족 성원들의 경험이 대표성을 갖게 되었다. 2005년에 이미 한국에서 호주제를 폐지함으로써 제사 계승과 호주권, 그리고 재산 상속권의 연동을 끊어내고자 했음에도, 2007년 개정된 4·3특별법은 제사 계승자의 법적 지위를 다시 마련함으로써, 한국 사회에서 폐지하고자 했던 가부장적 부계 계승주의를 되살려 놓았다.

한편, 현 할머니를 만나 면담했던 2023년 6월은 국가에서 '희생자'와 유족의 추가신고를 받는 기간이기도 했다. 현 할머니는 혹시 아버지의 유족이 될 수 있을지 기대하며 동사무소에 함께 가줄 것을 요청했다. 그러나 현 할머니와 동행한 동사무소에서 현 할머니의 유족 신청은 거절당했다. 현 할머니는 아버지의 시신을 화장하는 바람에 더 이상 묘지 관리 및 묘지 관리 주체가 필요하지 않은 상황이었으며, '희생자'의 4촌 이내 방계혈족 중 '희생자'의 제사를 지내는 사람이 존재하지 않았기 때문에, 아버지와 법적으로는 3촌 관계인 현 할머니와 유족의 지위를 두고 경합할 상대가 없다는 점을 호소했다. 그러나 동사무소에서는 2순위 유족에 해당하지 않는다면, 적어도 "제사와 묘지 관리 수행"이라는 조건을 제시해야 한다고 말하며 유족 신고를 거절했고, 특별법 개정이 이뤄지기를 기다리는 수밖에 없다고 말했다. 이처럼 젠더화된 추모권을 통해 구성되는 '가족됨'의 지위와 권리는 딸들의 개입과 행위성을 구조적으로 제한하고 있었다.

경합하는 상속자: 친생자 딸과 상징적 아들의 모순적 관계

생전에 아들을 가지지 못한 채 사망한 구술자들의 아버지는 모두 양자, 즉 부계를 계승할 상징적 아들을 두고 있었다. 이는 '희생자'의 가계를 잇기 위해 '희생자'의 가족이 사후에 만들어낸 자리였고, '희생자'의 양자는 모두 '희생자'의 가문 내에서 '희생자'의 자녀뻘 되는 항렬의 남성이었다. 김 할머니의 사례에서는 아버지의 양자가 사후 양자로 입적함으로써, 호적(가족관계등록부) 상 양자관계가 성립했고, 현 할머니와 고 할머니의 사례에서 아버지의 양자는 가족 내에서만 양자로 인정되는 경우였다.

김 할머니는 아버지의 양자에 대해 이야기하고 싶지 않아 했다. 김 할머니는 아버지의 유족에 관한 질문에 대답을 하지 않았고, 옆에서 면담을 듣던 김 할머니의 아들이 '양자 온 아들'이 현재 유족으로 되어 있다고 일러주었다. 양자에 관한 질문을 더 던지자, 김 할머니는 "[아버지 자식은] 나 하나니까" "큰기(말하기) 싫어서 안 큰는다(말한다)."고 말했다. '희생자'의 양자가 '희생자' 몫으로 남아 있던 집터와 토지를 상속받고, 김 할머니의 어머니에게서도 별도의 일군 재산을 상속받았음에도, '양자 노릇'을 제대로 하지 않았기 때문이었다. '양자 노릇'이란 노인이 된 어머니의 돌봄을 의미했고, 어머니가 사망할 때까지 함께 살며 어머니를 돌본 것은 김 할머니였다. 김 할머니는 '양자 노릇'조차 하지 않는 양자가 아버지와 어머니의 재산 대부분을 상속했음에도, 친생자인 자신을 대신하여 '희생자'에 대한 권리를 전적으로 갖게 되는 것을 불합리하게 여겼다.

> **김 할머니:** 호적은 이제 나는 못 올라가도, 나영에 엄마가 이시니까 엄마영에 양재 아들이다 허영 올렸지. (중략) 할머니가 살아이시난, 이제 할머니 양재다 허영 거기 올려낭 다 올려갔지. 나는 안 해도. 그것 뿐이야. (할머니도 어머니신디 올려주지, 게민.) 게매 경허주만은… 그것이 경 되었나? 그것이 안 되었지.

김 할머니의 사례에서, '희생자'의 양자는 '희생자'의 사후 양자로 가족관계등록부에 기록되어 있고, 그 때문에 '희생자'에 대해서 유족의 권리를 갖고 있었다. '희생자'의 배우자로 남아 있었던 김 할머니의 어머니를 통해 양자로 신고될 수 있었던 것이다. 반면에 김 할머니는 '희생자'와 어머니 사이에서 태어난 친생자였음에도 불구하고, '희생자'와의 관계는커녕 어머니와의 관계도 법적으로 기록될 수 없었다. 남성인 양자는 부계 상징성과 함께 아버지의 사후에도 '희생자'와의 가족관계를 법적으로 확보할 수 있었지만, 여성이자 딸인 김 할머니의 '희생자'와의 가족관계는 부차적으로 여겨졌기 때문에 기록되지 못했던 것이다.

이러한 상황은 상징적 아들인 양자와 친생자 딸의 유족됨을 둘러싼 경합 관계를 형성했고, 이 경합에서 상징적이고 물질적인 자원을 확보하고 있는 양자가 더 유리한 위치에 있었다. 상징적 아들들은 4·3특별법이 규정하는 가족됨의 차원에서, 그리고 가족 내에서 부계 계승의 상징성을 담보하는 차원에서, 가족과 국가에서 물질적이고 상징적인 권리와 자원을 보장받는 반면에, 가족관계 기록이 불일치한 딸들의 경우에는 그러한 물질적, 상징적 권리 및 자원에서 전적으로 배제되고 있었다.

한편, 상징적 아들이 물질적 자원을 확보하지 못했을 경우에는 친생자 딸과 협력 관계를 형성하기도 했다. 아버지 사망 이후, 어머니의 재가와 의붓아버지의 딸로 등록됨으로써 아버지와의 서류상 관계를 비롯하여 아버지 가족과 모든 관계가 끊어지다시피 했던 고 할머니의 경우, 아버지의 양자는 아버지와의 가족사를 이어주는 통로가 되어주었다. 아버지의 얼굴은 물론, 이름조차 모른 채로 평생 살아온 고 할머니는 새아버지가 자신의 '친아버지'가 아니라는 어렴풋한 불일치 감각, 그리고 어머니에게 들은 아버지에 대한 이야기의 조각들을 통해 사망한 아버지와의 관계를 파악하고 있었다.

이러한 상황에서 2020년에 고 할머니를 찾아온 아버지의 양자는 고 할머니에게는 자신의 가족사에 접근하는 유일한 통로였다. 아버지의 양자는 고 할머니가 갓 결혼했을 때에도 한 번 찾아온 적이 있었는데, 당시에도 권리를 찾자고 말했다고 한다. 사망한 아버지 명의의 토지를 양자가 아닌 아버지의 형제가 소유했고, 친생자인 고 할머니와 함께라면 그것을 되찾을 수 있으리라 생각했기 때문이었다. 고 할머니는 아버지의 양자가 처음 찾아왔을 당시에는 법적 아버지가 아닌 다른 아버지의 친정 식구가 찾아오는 것에 대해 부담스럽게 여겨 거절했지만, 남편과 시댁 식구들이 모두 사망한 지금으로서 고 할머니는 아버지에 대한 권리 찾기를 망설이지 않았다. 고 할머니는 아버지의 양자에게 그간 아버지의 사후 의례를 도맡아 준 것에 대해, 그리고 자신에게 연락을 해준 것에 대해 고마움을 느끼고 있었다.

고 할머니: 가이 연락할 때까진… 현재는 이젠 죽은 아방도 만났고, 가이로 허여가지고 산도 알았고, 제사도 알았고, 아방 이름도 알았고 다 한 거야. (중략) 야이는 이제 '누님이 이제랑 제사 맡읍센'까지도 해 났어. "이제 난 이제까지 했으니깐 누님 제사 맡읍서" 허멍. "이제까지 해시난 허라게" 나 영했지. "제사 먹으레는 가마. 나 얼마사 살아질티는 모르지만은 살 때까지는 가마" (게민 이제 제사 먹으레 간지는 한 몇 년 된 거 마씨?) 2년 댕겼져. 이제 또 돌아오면 한 3년. (중략) 아맹해도 핏줄이 있으니까. 혈육 아냐 지금. 양재가, 사망신고 들였지

만은 오누이로 이서난 거 아니야. 우리 아방 제사 멩질만 해준 것도 고마운디. 그래서 나는 그것이 고마워 가지고 인연을 끊을 생각을 안 해. 이거 타먹어도 좋고 말아도 좋다만은 인연은 안 끊을 거여. 살아 있을 때까지는. 게난 "만약에 이거 해여그네 중인 설 사람 어시믄 나가 서주쿠다" 하더라고. 동생이. 지가 적극적으로 나선 해주켄. 저번에 어멍아방이영 막 싸왔구랜. 왜 아방네가 이거 먹젠 햄시냐고. 보상받은 거 누님신디 다 넘기라고. 경 막 싸와나구랜 경 곧더라고.

고 할머니는 아버지의 양자인 이 동생이 자신을 찾아올 때까지 사는 일이 바빠 아버지를 찾아볼 생각은커녕 아버지 자체에 대한 생각을 거의 하지 못하고 지냈다고 했다. 최근에 자신을 찾아온 아버지의 양자와 연락하고 지내게 되면서, 고 할머니는 아버지의 이름도 알게 되고, 묘지도 처음으로 가보았으며, 제사에도 참여하고 있다.

법적 인정과 관련해서 이들의 관계는 한쪽(혈연)이 인정되면 다른 한쪽(문화적 실천)이 배제되어야 하는 모순적인 것이었지만, 아버지의 양자를 통해 고 할머니는 아버지와의 가족사를 역추적하면서 자신의 가족사를 새로 쓰고 있었다. 이렇게 다시 이루어지고 있는 아버지와의 사후 관계 회복은 단지 물질적 자원을 상속할 권리에만 국한되는 실천이 아니라, 딸들이 자신의 가족사를 새로 씀으로써, 가족 내 딸들의 자리에 대해 질문하고 부계 계승 중심주의적 가족사에 균열을 내는 실천으로 새롭게 거듭나고 있었다.

7. 계승자/상속자로서 딸의 자리를 질문하기

4·3으로 가족 성원의 죽음을 경험한 남겨진 가족의 '피해'는 다양한 방식으로 논의되고, 기념되고, 또 보상되고 있다. 단지 '사건'의 정의에 해당하는 7년 7개월(1947년 3월 1일~1954년 9월 21일)의 기간으로 4·3의 피해를 국한하지 않는다는 점에서 이는 4·3 해결 담론의 고무적인 진보일지도 모른다. 하지만 이 같은 '가족의 피해' 담론은 가족을 하나의 동질적인 단위로 구성함으로써, 개별 가족 성원이 서로 다른 위치와 지위를 통해 겪는 경험의 내적 차이를 보지 못하게 한다. 그뿐만 아니라, 남편 및 아버지의 죽음이 부계 중심적 가족에서 의미화되고 기억되는 지배적인 방식이 특히 여성 가족 성원들을 어떻게 탈구시키는지를 은폐한다.

보상금 입법과 함께 최근 쟁점화된 딸들의 '가족관계 불일치' 상황은 그간 하나의 단위로 전제되어 온 '희생자'의 가족 담론에 질문을 제기하고 있다. 이들은 '희생자'의 친생자임에도 불구하고, '희생자'와의 친생 관계가 기록되지 않아 공적 해결의 프로세스에서 권리를 박탈당했다. 이러한 딸들의 존재는 가족이라는 '하나'의 단위가 사실상 아들의 가족을 아버지의 가족과 동일시하고, 아들이 아버지를 계승하는 부계 중심적 가족의 형상이었음을 드러낸다. 이 글에서는 '가족관계 불일치' 현상이 그 자체로 젠더화된 현상임을 지적하면서, '가족관계 불일치' 현상 너머의 딸들의 경험과 기억을 통해 이 현상 자체를 재구성하고, 4·3과 가족의 피해를 여성학적 문제로 위치시켜 논의하고자 했다.

살펴본 것처럼, 아버지가 부재한 가족 공간에서 딸들은 가족관계 기록에서뿐만 아니라, 물질적 자원의 분배 및 돌봄의 차원에서도 배제되었고, 따라서 딸들의 생존은 우연적이고 임의적인 것으로 기억된다. 이는 딸들이 부계를 잇는 계승자로 여겨지지 않기 때문에 만들어진 젠더화된 상황이다. 또한 4·3으로 남편을 잃은 여성 생존자는 '딸의 어머니'라는 조건 때문에 딸과 함께 부계 가족으로부터 탈구되었다. 자신의 성원권을 의존할 남편과 아들이라는 존재가 없는 가족 공간에서 어머니는 탈구될 수밖에 없었다.

한편, 딸들의 '가족관계 불일치' 경험은 4·3의 해결 담론이 '희생자'의 가족을 권리 주체로 호명함으로써 구성된 현상이었다. 그동안 4·3을 둘러싼 공식적인 담론들은 '희생자'에 대한 권리를 규정함에 있어 부계 중심주의적 가족 담론에 의존해 왔다. 부계로 계승되는 추모 의례의 상징성만을 유일하게 고려하는 젠더화된 해결 담론 속에서 딸들은 권리의 박탈을 통해 아버지와의 '불일치된' 가족관계를 경험했다. 이 과정에서 사망한 아버지의 부계 혈통을 계승하고 사후 의례를 주관하는 상징적 아들인 아버지의 양자와 친생자 딸은 아버지의 상속자로서 경합 관계에 놓이게 되었다. '희생자-아버지'의 상징적 아들인 양자에게 가족사는 부계를 엮어주는 상징적 장치들로 확증된다.

하지만 딸에게 아버지와의 가족사는 어머니 혹은 할머니에게서 구전된 기억과 어렴풋한 불일치 감각, 돌봄의 부재와 지위의 공백 등 비물질적인 매개를 통해 부분적으로 구성되었다. 기록에서의 배제, 교육의 부재 등으로 자신의 가족사에 제한적으로 접근할 수밖에 없지만, 구술자들은 막연한 가족관계 불일치 감각에서 출발하여, 자신의 가족사를 알아가고 재구성해나가고 있다. 여기에는 가족의 '정상성'에 대한 관념이 어느 정도 내재화되어 있을지라도, 계승자이자 상속자로서 '딸됨'의 의미를 다르게 구성할 가능성이 열려 있다.

마지막으로 제기하고 싶은 것은 법적/국가적 '해결' 프로세스의 근본적인 난점이다. 4·3특별법 개정을 통해 '가족관계 불일치'라는 곤경을 어느 정도 해소할 수 있다고 하더라도, 해결 담론이 전제하는 불일치-정정-일치의 단순 프로세스는 딸들의 아득한 세월을 '보상'해줄 수 있을까? 딸들의 경험과 기억에 비추어볼 때, '가족관계 불일치'를 경험하는 딸들에게 4·3 '이전'과 '이후'의 시간은 과연 분절적일까. 4·3 이전과 이후에도 지속되어 온 부계 중심주의적 시간은 '불일치' 경험을 생산했을 뿐만 아니라, 부계 가족에 개입하기 위한 딸들의 행위성 역시도 제한하고 있다.

단지 기록이 일치하지 않을 뿐, 상실과 함께 탈구된 삶은 지속되어 왔다. 전쟁과 같은 극한의 상황에서 가족 성원의 상실과 부재를 살아낸 이들에게 '희생자'의 가족이었음을 스스로 입증하라는 법적/국가적 요구는 타당한가.

참고문헌
주석

참고문헌

『화산도』의 여성주의적 독해: 4·3에서 여성의 목소리를 듣는다는 것
(장은애)

1. 기본자료

김석범, 1999, 「메시지」, 『동아시아의 평화와 인권』, 역사비평사.

김석범, 2015, 김학동·김환기 역, 『화산도』, 보고사.

김석범·김시종, 2007, 이경원·오정은 역, 문경수 편, 『왜 계속 써왔는가 왜 침묵해 왔는가』, 제
　　주대학교 출판부.

2. 단행본

가야트리 스피박 외, 2018, 태혜숙 역, 「서벌턴은 말할 수 있는가?」, 로절린드 C. 모리스 편,
　　『서벌턴은 말할 수 있는가?』, 그린비.

거다 러너, 2918, 강세영 역, 『가부장제의 창조』, 당대.

권귀숙, 2006, 『기억의 정치』, 문학과지성사.

김현아, 2004, 『전쟁과 여성』, 여름언덕.

리처드 로티, 2020, 김동식·이유선 역, 『우연성, 아이러니, 연대』, 사월의책.

미하일 바흐찐 외, 1990, 송기한 역, 『마르크스주의와 언어철학』, 한겨레.

미하일 바흐찐, 2011, 김근식 역, 『도스또예프스끼 시학의 제(諸)문제』, 중앙대학교 출판부.

제주4·3연구소 엮음, 1999, 『동아시아의 평화와 인권』, 역사비평사.

제주4·3연구소 편, 2019, 『4·3과 여성, 그 살아낸 날들의 기록』, 각.

3. 논문

고명철, 2021, 「탈식민 냉전 속 동아시아 하위주체의 '4·3증언서사'」, 『탐라문화』 67.

고성만, 2023, 「4·3특별법의 고도화, 과거청산의 편협화」, 『비판적 4·3 연구』, 한그루.

권귀숙, 2004, 「기억의 재구성 과정-후체험 세대의 4·3」, 『한국사회학』 38.

권귀숙, 2014, 「제주 4·3의 진상규명과 젠더연구」, 『탐라문화』 45.

김성례, 1999, 「국가폭력과 여성체험」, 제주4·3연구소 엮음, 『동아시아의 평화와 인권』, 역사비평사.

김성례, 2001, 「국가폭력의 성정치학: 제주 4·3학살을 중심으로」, 『흔적』 2, 문화과학사.

김은실, 2018, 「국가폭력과 여성: 죽음 정치의 장으로서의 4·3」, 『4·3과 역사』 18.

박경열, 2009, 「제주 여성 생애담에 나타난 4·3의 상대적 진실: 김인근과 현신봉의 생애담을 중심으로」, 『통일인문학』 47.

박보름·고명철, 2023, 「김석범 소설에 나타난 혁명적 여성 주체-한글 『화산도』(1967)와 대하소설 『화산도』(1997)을 중심으로」, 『한민족문화연구』 82.

박상란, 2019, 「제주4·3에 대한 여성의 기억서사와 '순경 각시'」, 『Journal of Korean Culture』 45.

박필현, 2015, 「폭력의 경험과 근대적 민족국가-초기 4·3소설을 중심으로」, 『현대문학이론연구』 63.

염미경, 2017, 「제주 4·3, 동아시아 여성과 소수자 인권 그리고 평화」, 『4·3과 역사』 17.

오금숙, 1999, 「4·3을 통해 바라본 여성인권 피해사례」, 제주4·3연구소 엮음, 『동아시아의 평화와 인권』, 역사비평사.

오노 데이지로, 2006, 「제주 4·3항쟁과 역사인식의 전개상: 김석범론」, 『재일 디아스포라 문학』, 새미.

임성택, 2019, 「김석범-『화산도(火山島)』의 여성 인물 연구」, 『일본어문학』 81.

임성택, 2017, 「김석범의 '4·3소설' 연구-작중 인물의 유형을 중심으로」, 전북대학교 박사학위논문.

정원옥, 2016, 「끝나지 않은 애도: 4·3사건 피해여성은 말할 수 있는가」, 『4·3과 역사』 16.

4. 기사·잡지·자료

제주 4·3사건 진상규명 및 희생자 명예회복 위원회 편, 2003, 『제주 4·3사건 진상 보고서』.

한림화, 「살아남았기에 더 고통스러웠던 4·3 제주여성」, 제주의 소리, 2018. 4. 28., ⟨http://w
　　ww.jejusori.net/news/articleView.html?idxno=203829⟩(2020.11.23. 검색)

한림화, 2018, 「기조강연: '제주4·3사건' 진행 시 제주여성사회의 수난과 극복 사례」, 『역사의
　　상처, 문학의 치유』.

허영선, 「4·3의 이 깊은 기억, 아무도 모릅니다-허영선 시인이 만난 제주4·3피해 생존 여성들 여
　　성들의 파괴된 삶이 증명하는 참혹한 역사」, 한겨레 21: 死·삶-4·3을 말한다, 2018. 3. 26.

희생자의 얼굴 너머: 4·3 다큐멘터리 영상과 재일제주인 여성
(허민석)

1. 단행본

권귀숙, 2006, 『기억의 정치-대량학살의 사회적 기억과 역사적 진실』, 문학과지성사.

김창후, 2008, 『자유를 찾아서-김동일의 억새와 해바라기의 세월』, 선인.

도린 매시, 2016, 박경환·이영민·이용균 역, 『공간을 위하여』, 심산.

레이 초우, 2005, 강수현·김우역 역, 『디아스포라의 지식인』, 이산.

린다 맥도웰, 2010, 여성과 공간 연구회 역, 『젠더, 정체성, 장소』, 한울.

사카이 나오키, 2008, 최정숙 역, 『일본, 영상, 미국』, 그린비.

서경식, 2009, 『고통과 기억의 연대는 가능한가?』, 철수와 영희.

윤아랑, 2022, 『뭔가 배 속에서 부글거리는 기분』, 민음사.

이승민, 2017, 『영화와 공간』, 갈무리.

재일제주인의 생활사를 기록하는 모임, 2015, 김경자 역, 『재일제주인의 생활사2-고향의 가족, 북의 가족』, 선인.

2. 논문

고성만, 2021, 「4·3 '희생자'의 변용과 활용-무장대 출신자의 과거청산 경험을 사례로」, 『사회와 역사』 129.

고성만, 2023, 「4·3특별법의 고도화, 과거청산의 편협화」, 『비판적 4·3 연구』, 한그루.

고지혜, 2023, 「디아스포라 문학 연구의 궤적과 쟁점-2000년 이후 한국현대문학연구를 중심으로」, 『현대문학의 연구』 81.

곽영빈, 2018, 「페르/소나로서의 역사에 대한 반복강박-임흥순과 오디오-비주얼 이미지」, 『한국예술연구』 21.

김동현, 2013, 「로컬리티의 발견과 내부식민지로서의 '제주'」, 국민대학교 박사학위논문.

김동현, 2016, 「'재일제주인'의 소환과 동원의 수사학」, 『동악어문학』 68.

김민환, 2023, 「제주4·3평화공원 조성의 정치학-폭동론의 '아른거림'과 세 곳의 여백」, 『비판적 4·3 연구』, 한그루.

김영주, 2022, 「전쟁과 여성」, 『역사에서 기억으로』, 진실의 힘.

다카무라 료헤이, 2014, 「재일제주인 구술사를 통해서 본 제주 4·3의 한 단면」, 『재일제주인과 마이너리티』, 제주대학교 재일제주인센터.

목정원, 2017, 「무엇보다 우리의 현재를 위하여-임흥순의 「우리를 갈라놓는 것들」에서 보이는 재연의 문제에 관하여」, 임흥순 외, 『임흥순 우리를 갈라놓는 것들: 믿음, 신념, 사랑, 배신, 증오, 공포, 유령』, 국립현대미술관.

문경수, 2023, 「재일 제주인의 시각에서 본 제주4·3-과거청산의 아포리아: 법정립적 폭력」, 『비판적 4·3 연구』, 한그루.

서동진, 2018, 「역사를 잃은 세계의 기억 멜랑콜리」, 강수정 외, 『빨강, 파랑, 그리고 노랑』, 국
립현대미술관·현실문화연구.

소영현, 2009, 「마이너리티, 디아스포라-국경을 넘는 여성들」, 『여성문학연구』 22.

양인실, 2013, 「일본 TV 영상물의 재일제주인 표상」, 『일본비평』 8.

이지치 노리코, 2014, 「'국경선을 넘는 생활권'의 생성과 변용-재일 제주도 출신자의 이동 경
험으로부터」, 『재일제주인과 마이너리티』, 제주대학교 재일제주인센터.

이지치 노리코, 2023, 「오사카 4·3운동이 구축하는 로컬적 화해 실천」, 『비판적 4·3 연구』, 한그루.

조명기·장세용, 2013, 「제주 4·3사건과 국가의 로컬기억 포섭 과정」, 『역사와 세계』 43.

조은애, 2018, 「'재일조선인 1세 여성' 라이프 스토리와 자기/민족지적 욕망-다큐멘터리 영화
「해녀 량상」과 「하루코」를 중심으로」, 『사이間SAI』 25.

태지호, 2012, 「텔레비전 다큐멘터리를 통한 사회적 기억제도로서의 영상 재현에 관한 연구:
〈우리는 8·15를 어떻게 기억하는가〉(KBS)에 나타난 1945년 8월 15일의 기억을 중심으
로」, 『한국방송학보』 26.

허민석, 2020, 「탈장소화되는 제주-4·3 다큐멘터리에서 재일제주인 여성의 재현을 중심으로」,
『여성문학연구』 51.

현무암, 2014, 「밀항·오무라수용소·제주도-오사카와 제주도를 잇는 '밀항'의 네트워크」, 제주
대학교 재일제주인센터 편, 『재일제주인과 마이너리티』, 제주대학교 재일제주인센터.

Axel, Brian Keith, 2002, "The Diasporic Imaginary," *Public Culture*, vol.14 no.2.

3. 기타 자료

김선명, 「한낮의 어둠-「우리를 갈라놓는 것들」」, 『REVERSE』, 2019. 12. 3. http://reverse
media. co. kr/article/290 (접속일: 2020. 10. 20.).

한국갤럽조사연구소, 「제주4·3에 대한 국민 인식 조사 결과 보고서(요약)」, 2019. 12.

「"4·3사건 당시 일본행 한국인 난민들"…증거 영상 최초 발굴」, KBS NEWS, 2019. 1. 20. http://

mn.kbs.co.kr/news/view.do?ncd=4119710(접속일: 2019.12.11.).

「다큐멘터리로 본 재외제주인 삶」,『제주매일』, 2018.2.6. https://www.jejumaeil.net/news/articleView.html?idxno=175841(접속일: 2019.12.11.).

「서귀포지역 재일제주인의 발자취 찾는다」,『제주매일』, 2018.3.4. https://www.jejumaeil.net/news/articleView.html?idxno=176866(접속일: 2019.12.11.).

「양정환 감독이 말하는 4·3-1부 양정환 감독이 느낀 4·3」, 채널4·3(유튜브), 2019.7.20. https://www.youtube.com/playlist?list=PL0dRPxylqS-TAFr_8kZQT-m99dGFaBVS6g(접속일: 2020.10.20.).

「제72주년 제주 4·3 희생자 추념식 추념사」, 대한민국 청와대 홈페이지, 2020.4.3. https://ww w1.president.go.kr/articles/8401(접속일: 2020.10.20.).

증언-공백으로 읽기: 여성의 기억이 말해질 때의 침묵에 대하여
(송혜림)

1. 단행본

Farge, Arlette, 2020, 김정아 역,『아카이브 취향』, 문학과 지성사.

Assmann, Aleida, 2011, 변학수·채연숙 역,『기억의 공간-문화적 기억의 형식과 변천』, 그린비.

Morris, Rosalind C.·Spivak, Gayatri Chakravorty, 2013, 태혜숙 역,『서발턴은 말할 수 있는가?: 서발턴 개념의 역사에 관한 성찰들』, 그린비.

우에노 지즈코·아라라기 신조·히라이 가즈코, 2018, 서재길 역,『전쟁과 성폭력의 비교사』, 어문학사.

윤택림, 2019,『(역사와 기록 연구를 위한) 구술사 연구방법론』, 아르케.

제주4·3연구소, 2013,『다시 하귀중학원을 기억하며』, 한울.

제주4·3연구소, 2019, 『4·3과 여성, 그 살아낸 날들의 기록』, 각.

한국정신대문제대책협의회 2000년 일본군 성노예 전범 여성국제법정 한국위원회 증언팀, 2001, 『강제로 끌려간 군위안부들 4: 기억으로 다시 쓰는 역사』, 풀빛.

제주4·3평화재단, 2019, 『제주4·3사건추가진상조사보고서 I』.

2. 논문

고성만, 2008, 「4·3 위원회의 기념 사업에서 선택되고 제외되는 것들」, 『역사비평』 82, 역사비평사, 167-174쪽 참고.

권귀숙, 2014, 「제주4·3의 진상규명과 젠더 연구」, 『탐라문화』 45권.

김귀옥, 2016, 「한국 현대사 연구에서 구술사 연구의 탄생과 역할, 과제」, 『구술사연구』 제7권 2호.

김수진, 2013, 「트라우마의 재현과 구술사: 군위안부 증언의 아포리아」, 『여성학논집』 30권 1호.

김성례, 2002, 「여성주의 구술사의 방법론적 성찰」, 『한국문화인류학』 35권 2호.

김영희, 2018, 「'5·18'의 기억 서사와 '여성'의 목소리」, 『페미니즘 연구』 18권 2호.

박상란, 2019, 「제주4·3에 대한 여성의 기억서사와 '순경 각시'」, 『Journal of Korean Culture』 45.

송혜림, 2022, 「위증과 무고, 증언의 지형도 그리기」, 『사이間SAI』 33.

양현아, 2001, 「증언과 역사쓰기-한국인 '군 위안부'의 주체성 재현」, 『사회와 역사』 60.

양현아, 2006, 「증언을 통해 본 한국인 '군위안부'들의 포스트식민의 상흔(Trauma)」, 『한국여성학』 제22권 3호.

이용기, 2010, 「'새로운 민중사'의 모색과 구술사 방법론의 활용」, 『역사문화연구』 37.

이정주, 1999, 「제주 '호미' 마을 여성들의 생애사에 대한 여성학적 고찰」, 이화여대 여성학 석사학위논문.

이지은, 2023, 「일본군 '위안부; 서사 연구」, 서울대학교 국어국문학과 박사학위논문.

이희영, 2007, 「여성주의 연구에서의 구술자료 재구성」, 『한국사회학』 41권 5호.

정지영, 2015, 「침묵과 망각으로 말하는 '구술사'」, 『동북아 문화연구』 43.

3. 기타 자료

제주여민회, 『2019 제주여성 4·3의 기억 III』, 2019.

「제주4·3사건 진상규명 및 희생자 명예회복에 관한 특별법(법률 제18745호)」, 2022. 1. 11.

「"자식도 날 부끄러워했어"…14개 장해등급 숫자에 저울질 된 70년 삶」, 제주의 소리 2022. 10. 31.

「아물지 않은 상처…70년 지난 4·3이 현재진행형인 이유」, 미디어제주 2018. 3. 18.

「몸에 새긴 상처…후유장애는 '불인정'」, 제주MBC 2020. 4. 1.

「특공대 고문에 먼 두눈…'독한 년' 덕에 마을이 살았다」, 한겨레 2019. 1. 3.

「한라산의 통곡…살아남은 자의 아픔」, JIBS뉴스 2019. 4. 3.

학살 이후의 친족지(親族誌): 친족지(親族知)의 생성과 실천
(고성만)

1. 단행본

권헌익, 2012, 유강은 옮김, 『학살, 그 이후-1968년 베트남전 희생자들을 위한 추모의 인류학』, 아카이브.

권헌익, 2020, 정소영 옮김, 『전쟁과 가족-가족의 눈으로 본 한국전쟁』, 창비.

김혜숙, 1999, 『제주도 가족과 궨당』, 제주대학교출판부.

이창기, 1999, 『제주도의 인구와 가족』, 영남대학교출판부.

제주4·3사건진상규명및희생자명예회복위원회, 2003, 『제주4·3사건진상조사보고서』.

제주4·3평화재단, 2019, 『제주4·3사건추가진상조사보고서 I 』.

진성기, 2010, 『제주의 세시풍속(濟州島民俗誌)』, 디딤돌.

崔在錫, 1979, 『濟州島의 親族組織』, 一志社.

탐라사진가협의회, 2011,『가매기 모른 식게-북촌리·동복리 사람들의 4·3 유산』, 각.

현용준, 2009,『제주도 사람들의 삶』, 민속원.

遠藤正敬, 2013,『戸籍と国籍の近現代史-民族·血統·日本人』, 明石書店.

松田素二, 2009,『日常人類学宣言！一生活世界の深層へ／から一』, 世界思想社.

嶋陸奥彦, 2010,『韓国社会の歴史人類学』, 風響社.

徐勝, 2011,『東アジアの国家暴力と人権·平和』, かもがわ出版.

竹田旦, 1990,『祖霊祭祀と死霊結婚』, 人文書院.

Morris-Suzuki, Tessa, 2010, *Borderline Japan: foreigners and frontier controls in the postwar era*, Cambridge, Cambridge University Press.

2. 논문

고성만, 2023,「4·3특별법의 고도화, 과거청산의 편협화」,『비판적 4·3 연구』, 한그루.

김성례, 1999,「근대성과 폭력-제주 4·3의 담론정치」,『제주 4·3 연구』, 역사비평사.

김은실, 2016,「4·3 홀어멍의 "말하기"와 몸의 정치」,『한국문화인류학』49-3, 한국문화인류학회.

김종민, 1999,「4·3 이후 50년」,『제주 4·3 연구』, 역사비평사.

김창후, 2011,「4·3 진상규명운동 50년사로 보는 4·3의 진실」,『4·3과 역사』11, 각.

문무병, 2011,「4·3 트라우마의 눈물치료와 4·3 해원상생굿」,『4·3과 역사』11, 각.

박찬식, 2011,「4·3 사자(死者)에 대한 기억 방식의 변화-제주지역민을 중심으로」,『4·3과 역사』11, 각.

염현주, 2021,「제주 4·3 이후 '홀어멍 마을' 여성의 경험과 기억」, 제주대학교 일반대학원 사회학과 석사학위논문.

유철인, 2004,「구술된 경험 읽기-제주 4·3 관련 수형인 여성의 생애사」,『한국문화인류학』37-1, 한국문화인류학회.

이정주, 1999, 「제주 '호미' 마을 여성들의 생애사에 대한 여성학적 고찰: '4·3' 경험을 중심으로」, 이화여자대학교 여성학과 석사학위논문.

이정주, 2000, 「4·3에 관한 생애사로 엮은 제주 '호미' 마을의 역사」, 『濟州島研究』 17, 제주학회.

이지치 노리코, 2023, 고성만 옮김, 「오사카 4·3운동이 구축하는 로컬적 화해 실천」, 『비판적 4·3 연구』, 한그루.

崔弘基, 1996, 「韓国戸籍制度の発達」, 『戸籍と身分登録』, 早稲田大学出版部.

本田洋, 1993, 「墓を媒介とした祖先の〈追慕〉-韓国南西部—農村におけるサンイルの事例から」, 『民族學研究』 58-2, 日本民族学会.

玄容駿, 1977, 「済州島の喪祭: K村の事例を中心として」, 『民族学研究』 42-3, 日本民族学会.

李仁子, 1996, 「異文化における移住者アイデンティティ表現の重層性: 在日韓国·朝鮮人の墓をめぐって」, 『民族学研究』 61-3, 日本民族学会.

伊地知紀子, 2004, 「生活共同原理の混淆と創造—韓国·済州島の生活実践から」, 『文化人類学』 69-2, 日本文化人類学会.

板垣竜太·水野直樹, 2012, 「創氏改名時代の族譜-父系血縁集団の対応に注目して」, 『韓国朝鮮文化研究: 研究紀要』 11, 東京大学大学院人文社会系研究科韓国朝鮮文化研究室.

金成禮, 2005, 藤枝真 옮김, 「大虐殺の後で—済州島における女性の痛みと生存の連帯」, 『戦後思想のポリティクス(戦後·暴力·ジェンダー)』, 青弓社.

佐藤信行, 1973, 「済州島の家族-○村の事例から」, 『韓国農村の家族と祭儀』, 東京大学出版会.

髙村龍平, 2004, 「済州道におけるマウル共同墓地の設置と利用」, 『村落社会研究』 10-2, 日本村落研究学会.

Hunjoon Kim, 2009, "Seeking Truth after 50 Years: The National Committee for Investigation of the Truth about the Jeju 4·3 Events," *International Journal of Transitional Justice*, Volume 3, Issue 3.

3. 기타 자료

한국형사·법무정책연구원, 2022, 『제주4·3사건 가족관계 실태조사 및 개선방안 연구』.

아버지의 기록, 딸의 기억: 4·3과 딸의 가족사
(김상애)

1. 단행본

김혜숙, 1999, 『제주도 가족과 궨당』, 제주대학교출판부.

양조훈, 2015, 『4·3 그 진실을 찾아서』, 선인.

양현아, 2011, 『한국 가족법 읽기』, 창비.

이재경, 2003, 『가족의 이름으로』, 또하나의문화.

이창기, 1999, 『제주도의 인구와 가족』, 영남대학교출판부.

라셀 살라자르 파레냐스, 2009, 문현아 옮김, 『세계화의 하인들』, 여이연.

2. 논문

고성만, 2023, 「4·3특별법의 고도화, 과거청산의 편협화」, 『비판적 4·3 연구』, 한그루.

권귀숙, 2014, 「제주4·3의 진상규명과 젠더 연구」, 『탐라문화』 45.

김상애, 2022, 「변화하는 제주도 개발 담론과 마을, 땅을 둘러싼 성원권의 젠더정치학」, 이화
　　여자대학교 여성학과 석사학위논문.

김석윤·현혜경, 2019, 「제주4·3사건 직계부재 희생자에 대한 의례와 기억의 연속에 대한 연
　　구」, 『민주주의와 인권』 19-4.

김은실, 2016, 「4·3 홀어멍의 "말하기"와 몸의 정치」, 『한국문화인류학』 49-3.

김종민, 2015, 「4·3 희생자 유족회의 발족과 통합」, 『제주4·3 70주년 어둠에서 빛으로』, 제주

4·3평화재단.

안문희, 2022, 「제주4·3사건 진상규명 및 희생자 명예회복에 관한 특별법상 유족의 범위에 대한 검토」, 『민사법의 이론과 실무』 25-2.

이정주, 1999, 「제주 '호미'마을 여성들의 생애사에 대한 여성학적 고찰-4·3 경험을 중심으로」, 이화여자대학교 여성학과 석사학위논문.

이해응, 2013, 「중장년 조선족 이주여성의 노동경험과 탈구적 삶에 관한 연구」, 이화여자대학교 여성학과 박사학위논문.

정한샘, 2022, 「'제주4·3사건 진상규명 및 희생자 명예회복에 관한 특별법'상 유족의 범위와 보상금 수령권자에 대한 검토」, 『법조협회』 71-6.

조은, 1999, 「모성의 사회적·역사적 구성-조선 전기 가부장적 지배 구조의 형성과 '아들의 어머니'」, 『사회와 역사』 55.

함인희, 2006, 「한국전쟁, 가족 그리고 여성의 다중적 근대성」, 『사회와 이론』 9.

현혜경·김석윤, 2022, 「제주4·3사건 가족관계등록부 불일치 희생자 및 유족의 명예회복에 관한 연구」, 『민주주의와 인권』 22-2.

현혜경·김석윤·허유순, 2019, 「제주4·3사건 직계부재 희생자에 대한 방계혈족의 기념의례와 인정투쟁」, 『민주주의와 인권』 19-2.

3. 기타 자료

「제주4·3평화재단 "4·3특별법 개정, 4·3 해결의 의미있는 진전"」, 헤드라인제주, 2021. 12. 9.

한국형사·법무정책연구원, 2022, 「제주4·3사건 가족관계 실태조사 및 개선방안 연구」, 부분 공개.

주석

두 번째, 비판적 4·3 연구를 열어가며

1) 박찬식, 2018, 『4·3과 제주역사』, 각.

2) 허호준, 2013, 「제주 4·3 연구의 새로운 모색-연구현황과 과제탐색」, 『제주 4·3 연구의 새로운 모색』, 제주대학교출판부.

3) 김동현, 2023, 『기억이 되지 못한 말들』, 소명출판.

4) 양정심, 2008, 『제주4·3항쟁-저항과 아픔의 역사』, 선인.

5) 金奉鉉·金民柱, 1963, 『濟州島人民들의《4·3》武裝鬪爭史: 資料集』, 交友社.

6) 金奉鉉, 1978, 『濟州島血の歷史-4·3武裝鬪爭の記錄』, 国書刊行会.

7) 金奉鉉, 1978, 앞의 책, 5쪽.

8) 이산하, 2018, 『한라산-이산하 장편서사시』, 노마드북스.

9) 고성만, 2023, 「비판적 4·3 연구를 열어가며」, 『비판적 4·3 연구』, 한그루, 10쪽.

『화산도』의 여성주의적 독해: 4·3에서 여성의 목소리를 듣는다는 것
(장은애)

1) 이 글은 2015년 번역·출간된 보고사판 『화산도』(총12권)를 텍스트로 삼는다. 이후 이 글에서 판본에 대한 정보는 따로 표기하지 않으며, 텍스트의 본문을 인용할 때는 괄호 안에 권수, 페이지를 표기한다.

2) 출처는 각각 http://www.bogosabooks.co.kr/?c=user&mcd=bgb0001&me=bbs_detail& idx=60&brandCode=1&cur_page=1&sParam=%26brandCode%3D1과 https://www. bunshun.co.jp/searchresult.html?hl=&q=%E7%81%AB%E5%B1%B1%E5%B3%B6이다.

3) 바흐찐의 서사 방법론인 다성적 대화주의에 의해 정초되는 혁명은 "다양한 의식들 사이에 서 일어나고 있는 의식들의 상호작용과 상호의존성"(미하일 바흐찐, 2011, 김근식 역, 『도 스또예프스끼 시학의 제(諸)문제』, 중앙대학교 출판부, 48쪽)을 전제로 하며, 이를 통해 드 러나는 혁명의 모습은 "동등한 권리를 가진 타인의 자율적 의식을 수용하기 위해 그 의식 을 특별히 확장시키고, 심화시키고, 재건시키"(미하일 바흐찐(2011), 같은책, 89-90쪽)는 과정 속에서 미정형의 가능성으로 나타난다고 말하는데, 이는 본 논문이 4·3에서 도출하 고자 하는 혁명의 모습에 다름 아니다.

4) 권귀숙은 4·3이라는 비극적 사태를 총체적으로 인식하기 위해서는 여성의 전쟁 경험과 목 소리에 귀 기울여야 한다고 강조하면서 "여성의 기억은 남성의 기억과 다르다. 사건 이후 오랜 시간이 경과한 경우, 여성이 중요하게 생각하는 과거와 남성의 그것과는 차이가 있 다. 즉 사건이 그 이후의 삶에 미치는 영향이 다른 것이다. 그러므로 여성의 경험과 기억을 모두 포함함으로써 전쟁/제노사이드의 과거와 현재를 보다 완전히 이해할 수 있다. 현재 의 시점에서 역사적 진실을 규명할 때, 여성 경험과 목소리가 배제된다면, 기억의 불완전 한 전승뿐만 아니라 생존 여성의 상처마저 하찮은 것으로 정리되거나 여성의 희생이 당연 한 것으로 간주되는 또 다른 문제를 발생시킨다."(권귀숙, 2014, 「제주 4·3의 진상규명과 젠더연구」, 『탐라문화』 45, 173쪽)라고 말한다. 이상에서 권귀숙은 4·3에 대해 여성과 남성 이 직면하게 되는 실존적 상황이 다르다는 점을 지적하고 있으며, 아울러 4·3이 남성의 기 억으로 전유(專有)된다면 4·3의 기억을 재건하는 과제가 필연적으로 불완전함을 노정할 수밖에 없다는 사실을 비판한다. 한편 김현아는 권귀숙과 동일한 문제의식을 공유하며 "전 쟁과 전쟁의 기억과 기억의 재현에서 시선의 바깥에 놓여 있던 여성들의 고통을 사회적인 것으로 만들 때, 그리고 그녀들이 겪은 고통에 공감할 때 비로소 우리는 그러한 고통을 가

저온 배경과 상황을 공유할 수 있게 되고 그 과정에서 사회 구성원이 가졌던 무관심과 공포에 대해서도 같이 반성할 수 있는 기회를 가질 수 있"(김현아, 2014, 『전쟁과 여성』, 여름언덕, 139쪽)다고 언급한다. 이상의 논의에 기대어 이 글에서는 여성의 체험이 배제될 때 4·3에 대한 총체적인 인식이나 생성적 논의는 불가능하며, 나아가 4·3을 혁명으로 사유하는 것을 지연시킨다고 주장하고자 한다.

5) 대한민국에서 금기로 여겨졌던 4·3을 세상에 알리는 계기가 되었던 현기영의 「순이삼촌」은 1978년 계간지 『창작과비평』에 발표되었으며, 이듬해인 1979년에는 단편집 『순이삼촌』에 표제작으로 수록됐다.

6) 2000년에 제정된 이후 2021년에 두 번에 걸쳐 개정된 4·3 특별법은 대외적으로 '과거사 해결의 모범'으로서 언급되고 있지만 '희생자'를 둘러싼 해석의 문제 등과 관련하여 여전히 많은 과제를 남겨두고 있다. 이상에 관해서는 고성만, 2023, 「4·3특별법의 고도화, 과거청산의 편협화」, 『비판적 4·3 연구』, 한그루, 233-260쪽 참조.

7) 2019년 정부는 『제주4·3사건 진상조사보고서』에서 미진했던 구체적인 피해 실태에 대하여 추가조사를 진행하고 그 결과를 『제주4·3사건 추가진상조사보고서』 I에 담았으며, 해당 보고서는 기존 보고서에 비해 마을별, 집단학살 사건, 수형인 행방불명, 예비검속, 교육계, 군인·경찰·우익단체의 구체적인 피해 실태와 행방불명 희생자 유해발굴에 관한 내용이 보완되었다.

8) 임성택, 2019, 「김석범 『화산도(火山島)』의 여성 인물 연구」, 『일본어문학』 81; 2017, 「김석범의 '4·3소설' 연구-작중 인물의 유형을 중심으로」, 전북대학교 박사학위논문; 박필현, 2015, 「폭력의 경험과 근대적 민족국가-초기 4·3소설을 중심으로」, 『현대문학이론연구』 63.

9) 박보름·고명철, 2023, 「김석범 소설에 나타난 혁명적 여성 주체-한글 『화산도』(1967)와 대하소설 『화산도』(1997)를 중심으로」, 『한민족문화연구』 82.

10) 권귀숙, 2014, 「제주 4·3의 진상규명과 젠더연구」, 『탐라문화』 45; 2004, 「기억의 재구성

과정-후체험 세대의 4·3」,『韓國社會學』38; 2006,『기억의 정치』, 문학과지성사; 김성례,
2001,「국가폭력의 성정치학-제주 4·3을 중심으로」,『혼적』2; 1999,「국가폭력과 여성체
험」, 제주4·3연구소 엮음,『동아시아의 평화와 인권』, 역사비평사; 박경열, 2009,「제주 여
성 생애담에 나타난 4·3의 상대적 진실: 김인근과 현신봉의 생애담을 중심으로」,『통일인
문학』47; 정원옥, 2016,「끝나지 않은 애도: 4·3사건 피해여성은 말할 수 있는가」,『4·3과
역사』16; 염미경, 2017,「제주 4·3, 동아시아 여성과 소수자 인권 그리고 평화」,『4·3과 역
사』17; 김은실, 2018,「국가폭력과 여성: 죽음 정치의 장으로서의 4·3」,『4·3과 역사』18;
박상란, 2019,「제주 4·3에 대한 여성의 기억서사와 '순경각시'」,『Journal of Korean
Culture』45; 오금숙, 1999,「4·3을 통해 바라본 여성인권 피해사례」, 제주4·3연구소 엮음,
『동아시아의 평화와 인권』, 역사비평사.

11) 오금숙은 4·3 당시 여성이 겪은 피해 사실을 유형별로 정리한다. 그에 의하면 4·3 전 시기
에 걸쳐 여성에 대한 성희롱이나 강간, 살해가 발생했고, 4·3 후반기에 이르러서는 제주
여성과 육지 응원경찰 및 서북청년들과의 강제결혼 사례가 두드러졌으며, 4·3 후반기부
터 4·3 이후까지는 생계유지, 연좌제, 호적, 사회적 편견과 멸시 등이 문제가 되었다고 한
다(오금숙, 1999, 앞의 논문, 237-238·249쪽 참조).

12) 한림화, 2018,「기조강연: '제주4·3사건' 진행 시 제주여성사회의 수난과 극복 사례」,『역사
의 상처, 문학의 치유』, 32쪽.

13) 한림화, 2018, 위의 글, 31쪽.

14) '빨갱이'를 둘러싼 인종주의적 담론은 비과학적 사고를 바탕으로 하고 있다. 그러나 문제
는 그러한 인종적 편견이 일단 발동하게 되면 그 자체로서 '빨갱이'의 인종적 특징을 나타
내는 기정사실로 간주되고 나아가 현실적 구성력을 갖는 담론효과를 발휘한다는 것이다.
'빨갱이'라는 인종적 편견이 구성되는 방식과 그것이 어떠한 담론효과를 발휘하는지에 대
해서는 김득중의 『빨갱이의 탄생』(2019) 556-561쪽 참조.

15) 권귀숙은 4·3에서 자행된 대량학살의 동학을 설명하면서 학살의 배후인 국가의 주도하

에 '우리'인 '국민'과 비국민이자 '적'인 제주도 사람을 경계 짓고, 학살을 정당화하며, 학살 행위를 반복함으로써 일상화해 최종적으로는 제주도인을 인간 이하의 존재로 비하하는 일련의 과정을 통해 직접적으로 학살을 담당했던 토벌대들이 살인에 무감각한 '살인기계' 로 훈육되었으며, 그 결과 제주도에서 끔찍한 대량학살이 발생하게 되었다고 지적한다 (권귀숙, 2006, 『기억의 정치』, 71-97쪽 참조). 권귀숙의 이러한 설명을 통해 알 수 있는 사실은 4·3을 둘러싼 증오와 혐오가 국가폭력에 의해 조직되었다는 사실이다. 따라서 4·3 을 둘러싼 증오와 혐오를 직시하고 그것의 책임을 묻는 것은 국가폭력의 피해자인 제주 도민뿐만 아니라 국가폭력의 공모자이지만 또 한편으로는 피해자인 토벌대에게 일어난 인권유린을 추궁하는 일이기도 하다는 점을 확인해 두고 싶다.

16) 김성례, 2001, 앞의 논문, 273-281쪽 참조.

17) 김성례는 해산 중 갑자기 들이닥친 하귀특공대에 의해 입산자의 아내라며 살해당한 문씨 여인(증언은 문씨 여인의 손윗동서인 안인순)의 사례를 소개하며 '빨갱이의 몸'이라는 메 타포가 생성되고 작동하는 방식에 대해 다음과 같이 설명한다. "아이를 출산하고 있는 여 성을 살인해야 한 이유는 무엇이었나? 그녀는 또 다른 빨갱이를 재생산할 위험이 있는 임 신한 몸이었기 때문이다. '빨갱이의 몸'의 위험은 우선 빨간색 자체의 상징성과 출산하는 몸이 연상시키는 '피가 흐르는' '열린 몸'의 상징성에서 도출된다. 또한 빨간색은 반역의 색 이며 공산주의자의 색이다. 빨간색은 반공국가에서 정치적인 금기의 색이며, 그것이 연상 하는 또 다른 피의 이미지와 결합하여 보다 복합적인 의미망을 만들어낸 것이다. '빨갱이 의 몸'은 오염의 위험이 있는 몸, 즉 흐르는 피로 사회를 붉게 물들일 수 있는 몸이며, 동시 에 피의 흐르고 침투하는 성질과 결부된 빨간색의 몸은 사회에 불온한 기운을 퍼뜨리는 선 정적이고 매혹적인 몸이다. 위의 증언에서 '빨갱이년'의 '열려진 몸'은 폭력 행위자에게 성 적 욕망의 대상이면서 동시에 그의 억압된 성적 욕망에 대한 불안의 대상이 되는 것이다. 가해자는 욕망의 대상을 고문하거나 살해함으로써 자신의 억압된 성적 욕망을 해소한다. '빨갱이년의 열린 몸'의 감염성과 선정성은 빨갱이의 정치적인 위험으로 인식되어 그 위험

에 대한 두려움이 동네 이웃 청년으로 하여금 안인순의 동서를 서둘러 살해하도록 이끈 것이다. 임신한 '빨갱이의 몸'에 가해진 잔혹성은 빨갱이 인종을 제거하기 위한 인종말살의 행위와 같다. 성적 욕망의 대상을 신속하게 제거함으로써 반공국가는 온전히 정화된 남성의 건강한 몸으로 재창조될 수 있는 것이다."(김성례, 2001, 앞의 논문, 279-280쪽).

18) 한림화, 2018, 앞의 글, 26-27쪽.

19) 김성례, 2001, 앞의 논문, 285쪽 참조.

20) 김현아는 『전쟁과 여성』에서 여성에게 가해지는 전시 성폭력이 가부장제와 군사전략이 공모한 합작품임을 폭로한다. 그는 전쟁 중 여성에게 가해지는 성폭력이 "성화된 폭력으로, 여성에 대한 성폭력으로, 여성에 대한 성폭력이 '적' 남성에 대한 가장 상징적인 모욕이며 공동체를 파괴하는 무기가 된다는 가정하에 전략적으로 채택되는 군사전술"임을 지적한다. 이처럼 여성에 대한 성폭력이 군사전술로서 작동할 수 있었던 배경에는 여성을 남성의 소유물로 간주하던 가부장 공동체의 일상적인 폭력과 억압이 있다. 가부장제 사회에서 여성의 신체는 여성 개인의 몸이 아니라 남성과의 관계 속에서 가부장제 사회가 일상적으로 만들어내는 상징과 신화, 기표들에 점령당하고 오염된 몸이었다. 이러한 상황으로 인해 전쟁 시 여성에 대한 성폭력은 여성 개인을 향한 폭력이면서 동시에 가부장적 공동체 전체에 대한 모욕으로 간주되었다. 즉, 전시 성폭력은 가부장제에 의한 여성 억압이라는 현실을 군사적으로 이용한 결과인 것이다. 이상에서 확인할 수 있듯, 전시 성폭력과 가부장제적 억압은 여성을 둘러싼 별개의 폭력이 아니다. 그 둘은 오히려 매우 긴밀하게 연결되어 있으며 더욱이 전시 성폭력은 가부장제라는 여성 억압구조를 토대로 하여 작동한다(김현아, 2004, 앞의 책, 57-58쪽 참조).

21) 정원옥, 2016, 「끝나지 않은 애도: 4·3 사건 피해여성은 말할 수 있는가」, 『4·3과 역사』 16, 220쪽.

22) 한림화는 여성의 고통을 전유해서 마치 자신의 것인 양 전시하는 남성들에 비해 정작 자신이 겪은 고통을 언어화하지 못하는 여성들의 기묘한 대조를 "제주여성 인권말살 현장

중에 직접적인 강간을 포함한 성폭력 즉 성고문에 대한 사례는 들어도 또 들어도 끝이 없을 정도로 무수히 많았다. 그중에는 심지어 가해자들이 제주여성을 성노예로 삼은 예도 몇 건 있었다. 타살 또는 성고문을 직접 목격했거나 그 현장에 있었던 이로부터 전해 들었다며 증언한 이들은 대부분이 남성이었다. 여성들은 결코 입을 열지 않았다."라고 기록한다(한림화, 2018, 앞의 글).

23) 이상과 관련하여 최근 여성의 몸과 마음, 그리고 기억에 새겨진 4·3을 기록하려는 여러 시도가 있었다는 점을 언급하고 싶다(고명철, 2021, 「탈식민 냉전 속 동아시아 하위주체의 '4·3증언서사'」, 『탐라문화』 67; 제주4·3연구소 편, 2019, 『4·3과 여성, 그 살아낸 날들의 기록』, 각). 이상의 시도는 4·3의 공식기억에서 여성의 경험과 기억이 매우 적은 부분만을 차지하고 있다는 문제의식에서 출발하고 있으며, 남성을 매개하지 않은 여성의 경험이 공식 기억에 기입되기 어려웠던 지난날의 기억 생성 과정에 대한 반성과 성찰 속에서 4·3을 증언하는 여성의 목소리를 경청할 것을 요구한다. 나아가 이에 대한 실천과 해석의 작업을 수행한다. 이러한 귀한 시도들이 몹시 반가우면서도 한편으로 아쉬운 점도 있다. 4·3에 대한 여성의 증언 중 적지 않은 사례에서 자신이 겪은 일을 '자신의 것'으로서 서사화하지 못하고 아버지나 오빠, 남편 등 남성의 이야기와 결부시켜 의미화하려는 경향이 공통적으로 발견되기 때문이다. 이러한 문제는 단순히 여성의 목소리를 기록한다고 해서 여성의 기억과 경험이 온전히 전달되는 것은 아니라는 사실을 보여주기에 주의를 기울일 필요가 있다. 특히, 여성이 직접 발화하는 순간에도 여성의 의식 및 사유를 구속하는 보이지 않는 구조로서 가부장제가 여전히 작동하고 있다는 점을 고려한다면 그러한 억압의 구조를 직시하고 그것을 돌파하는 방법을 찾는 것이 여성의 목소리를 듣는 것만큼이나 중요한 과제임을 지적하지 않을 수 없다. 그런 의미에서 여성의 목소리를 듣고 기록하는 것은 여전히 도전적인 과제임에 분명하다.

24) 출처는 제주4·3평화재단 홈페이지(https://jeju43peace.or.kr/kor/sub01_01_02.do)이다.

25) 김성례, 2001, 앞의 논문, 281-282쪽.

26) 경야(經夜) 사건은 이유원의 동창인 오남주가 서울에서 유학하던 중 그의 여동생 오정애가 무장대가 된 그의 큰형과 일가친척의 목숨을 살리는 조건으로 서북청년단과 결혼하게 되었다는 소식을 듣고서 분노와 모멸 속에 살아 있는 어머니와 여동생의 장례를 치른 사건인데, 이는 가부장제 질서하에 자행된 제주 여성에 대한 남성의 상징적인 살해 행위라는 점에서 대단히 문제적이다.

27) 가야트리 차크라보르터 스피박, 2018, 태혜숙 역, 「서벌턴은 말할 수 있는가?」, 로절린드 C. 모리스 편, 『서벌턴은 말할 수 있는가?』, 그린비, 61-66쪽 참조.

28) 오정애가 복중 태아와 함께 자살한 것을 윤리적 행위로 볼 수 있을지는 논란의 여지가 있다. 태중의 아이를 죽이는 행위가 올바른 것이었는지는 윤리적인 판단이 필요한 문제이지만, 그럼에도 불구하고 오정애의 자살은 여성을 비참하게 만드는 구조적 폭력에 대한 고발이라는 점에서 일종의 저항이라고 평가할 수 있다.

29) 강요배, 관덕정 돌하르방(Kwanduk-jung Dol Hareubang, 2014, Conte on paper, 54×39cm). 출처는 학고재 갤러리(http://hakgojae.com/cn/page/3-1-view.php?news_num=692&pageNo=19&f_num=11&s_col=&s_txt=)이다.

30) 거다 러너는 여성성에 부여된 신성이 여성의 생명 잉태 능력에 대한 숭배에서 비롯된다고 주장한다. 그에 따르면 고대인은 생명을 주는 어머니가 삶과 죽음에 대한 권력을 지니고 있다고 믿었으며 이러한 믿음이 여신숭배 신앙을 낳았다고 한다. 한편 러너는 여신의 몰락과 문자 발명의 관련성을 지적하며, 문자의 발명 이후 여성의 '생산'이 남성들의 '창조'로 대체되었고 그 과정은 남성에 의해 여성의 능력이 종속되어 가는 것과 한 궤로 맞물린다고 설명한다(거다 러너, 2018, 강세영 역, 『가부장제의 창조』, 256-269쪽). 이처럼 러너의 논의는 여성의 본질을 생물학적 성(Sex)에 국한하는 까닭에 생물학적 본질주의(Biological Essentialism)의 한계를 벗어나지는 못하지만, 여성성의 신화화를 통한 여성 착취의 역사적 맥락을 설명하기에 유용한 측면이 있다. 따라서 본 논문은 여성의 성을 본질로 간주하는 그의 시각에 대해서 비판적 거리를 유지하면서도 여성 착취의 역사를 재

구성하는 목적하에 러너의 논의를 전략적으로 인용하고자 한다.

31) '유방 없는 여자'에 대한 보다 상세한 내용은 『왜 계속 써왔는가 왜 침묵해 왔는가』(김석범·김시종, 2007, 이경원·오정은 역, 문경수 편, 『왜 계속 써왔는가 왜 침묵해 왔는가』, 제주대학교 출판부) 73-79쪽 참조.

32) 김현아, 2004, 앞의 책, 261쪽.

33) 거다 러너는 가부장제의 온정주의적 지배에 길들여진 여성이 남성과의 의존적 관계를 통해 형성한 자신의 계급적 정체성에서 벗어나 자신이 속한 계급 바깥의 여성과 연대하는 것이 얼마나 어려운지 다음과 설명한다. "공적 무력함(Public Powerlessness)과 경제적 의존상태에서 자신과 자녀들을 위해 강한 보호자를 선택하는 것은 여성들로서는 합리적인 선택이었다. 여성들은 그들이 한 남자의 '보호' 아래 있는 동안은 항상 자기 계급 남성들의 계급적 특전을 공유하였다. [중략] 계급특전과 인종특전은 여성들이 스스로를 하나의 응집된 집단으로 인식하는 능력을 약화시키는 데 기여한다. 모든 억압받은 집단의 여성들은 특이하게도 사회의 모든 계층에서 발생하기 때문에 사실상 그들은 같은 성격을 가진 하나의 집단(Coherent Group)이 아니다."(거다 러너, 2018, 앞의 책, 381-382쪽) 이상의 논의를 참고하여 이유원과 부엌이 사이에 연대의 가능성이 싹틀 수 있었던 결정적인 배경으로 이유원이 가부장제의 구속을 거부함으로써 가부장제에 기반한 신분제에서 벗어나 부엌이와의 동지 의식을 각성했기 때문이라고 설명할 수 있다.

34) 우연성에 기반한 자아의 창조에서 출발해 혁명과 연대로 나아가는 일련의 과정에 관해서는 리처드 로티의 『우연성, 아이러니, 연대』(리처드 로티, 2020, 김동식·이유선 역, 『우연성, 아이러니, 연대』, 사월의책)를 참조한다.

35) 오노 데이지로는 문난설과 이방근 사이에서 발생하는 성적 긴장과 그것이 이방근의 내면에 불러일으키는 정조를 "허무적인 성"(오노 데이지로, 2006, 「제주 4·3항쟁과 역사인식의 전개상: 김석범론」, 『재일 디아스포라 문학』, 새미, 268쪽)이라고 해석한다. 그에 따르면 '서북과 연관된 여자'인 문난설과의 성적 결합 후 이방근이 느끼는 무력감은 4·3에

대한 그의 허무주의적 심상을 표출하는 것에 다름 아니다. 오노 데이지로는 이방근이 여성들과 맺는 모든 관계를 '허무'로 읽어내는데(오노 데이지로, 2006, 같은 논문, 266-269쪽 참조), 그의 이러한 해석은 여성들의 편에서 들려오는 목소리를 경청하지 않은 결과로, 남성의 목소리만을 담은 불균형한 분석이 서사 해석을 빈약하게 만들 수 있음을 보여주는 사례이다.

36) 김석범, 1999, 「메시지」, 『동아시아의 평화와 인권』, 역사비평사, 429쪽.

희생자의 얼굴 너머: 4·3 다큐멘터리 영상과 재일제주인 여성
(허민석)

1) 한국갤럽조사연구소, 「제주4·3에 대한 국민 인식 조사 결과 보고서(요약)」, 2019. 12., 6쪽; 19쪽.

2) 김동현, 2013, 「로컬리티의 발견과 내부식민지로서의 '제주'」, 국민대학교 대학원 국어국문학과 박사학위논문, 159쪽.

3) 고성만, 2023, 「4·3특별법의 고도화, 과거청산의 편협화」, 『비판적 4·3 연구』, 한그루, 255쪽.

4) 문경수, 2023, 「재일 제주인의 시각에서 본 제주4·3·과거청산의 아포리아: 법정립적 폭력」, 『비판적 4·3 연구』, 한그루, 54쪽.

5) 「제72주년 제주 4·3 희생자 추념식 추념사」, 대한민국 청와대 홈페이지, 2020. 4. 3. https://www1.president.go.kr/articles/8401 (접속일: 2020. 10. 20.).

6) 사카이 나오키, 최정숙 역, 2008, 『일본, 영상, 미국』, 그린비, 35-36쪽.

7) 권귀숙, 2006, 『기억의 정치-대량학살의 사회적 기억과 역사적 진실』, 문학과지성사, 207-208쪽.

8) 권귀숙, 2006, 앞의 책, 239쪽.

9) 김영주, 2022, 「전쟁과 여성」, 『역사에서 기억으로』, 진실의 힘, 141-142쪽.

10) 일례로 한국 근·현대문학 분야에서 디아스포라 연구의 흐름에 대해서는 고지혜, 2023,

「디아스포라 문학 연구의 궤적과 쟁점-2000년 이후 한국현대문학연구를 중심으로」, 『현
대문학의 연구』 81 참조.

11) 소영현, 2009, 「마이너리티, 디아스포라-국경을 넘는 여성들」, 『여성문학연구』 22, 67쪽.

12) 문경수, 2003, 앞의 글, 67쪽.

13) 이지치 노리코, 2023, 「오사카 4·3운동이 구축하는 로컬적 화해 실천」, 『비판적 4·3 연구』,
한그루, 228-229쪽.

14) 고지혜, 2023, 앞의 글, 388쪽.

15) 소영현은 "월경하는 여성들에 주목하는 방식으로 국경을 넘는 여성들을 생물학적 실체의
영역에 가둬버리는 순간, 월경하는 여성들에 대한 서사는 그녀들이 접하고 있는 이질적
인 공간성과는 별개로 그녀들만의 수난 서사이자 통합적 여성 주체가 재구성하는 자기
서사로, 그리하여 그녀들의 여정은 여성 버전의 거꾸로 된 서사로 이해되는 데 그치게 될
것"이라고 지적한다. 소영현, 2009, 앞의 글, 71쪽.

16) 도린 매시, 2016, 박경환·이영민·이용균 역, 『공간을 위하여』, 심산, 346쪽.

17) Brian Keith Axel, 2002, "The Diasporic Imaginary," *Public Culture* vol. 14 no. 2, p. 426.

18) 태지호, 2012, 「텔레비전 다큐멘터리를 통한 사회적 기억제도로서의 영상 재현에 관한 연
구: 〈우리는 8·15를 어떻게 기억하는가〉(KBS)에 나타난 1945년 8월 15일의 기억을 중심
으로」, 『한국방송학보』 26, 443쪽.

19) 4·3 재현의 측면에서 재일제주인 여성의 이미지를 분석하는 이 글에서는 재일제주인 여
성의 생애를 다룬 또 다른 다큐멘터리 영화인 「해녀 양상」(하라무라 마사키, 2004), 「하루
코」(노자와 가즈유키, 2004)를 다루지 못했다. 양영희 감독의 「수프와 이데올로기」(2021)
역시 분석 대상의 범주에 포함되는 작품이지만 미처 논의를 전개하지 못했다. 이 작품에
관한 논의는 추후의 과제로 남겨둔다. 「해녀 양상」과 「하루코」를 분석한 선행 연구로는 조
은애, 2018, 「'재일조선인 1세 여성' 라이프 스토리와 자기/민족지적 욕망-다큐멘터리 영
화 「해녀 량상」과 「하루코」를 중심으로」, 『사이間SAI』 25, 195-236쪽.

20) 「"4·3사건 당시 일본행 한국인 난민들"…증거 영상 최초 발굴」, KBS NEWS, 2019. 1. 20. ht tp://mn.kbs.co.kr/news/view.do?ncd=4119710(접속일: 2019. 12. 11.).

21) 서경식, 2009, 『고통과 기억의 연대는 가능한가?』, 철수와 영희, 35쪽.

22) 양인실, 2013, 「일본 TV 영상물의 재일제주인 표상」, 『일본비평』 8, 83쪽.

23) 이지치 노리코, 2014, 「국경선을 넘는 생활권'의 생성과 변용-재일 제주도 출신자의 이동 경험으로부터」, 『재일제주인과 마이너리티』, 제주대학교 재일제주인센터, 271-272쪽.

24) 김동현, 2016, 「재일제주인'의 소환과 동원의 수사학」, 『동악어문학』 68, 147-148쪽.

25) 「서귀포지역 재일제주인의 발자취 찾는다」, 『제주매일』, 2018. 3. 4. https://www.jejuma eil.net/news/articleView.html?idxno=176866(접속: 2019. 12. 11.).

26) 「다큐멘터리로 본 재외제주인 삶」, 『제주매일』, 2018. 2. 6. https://www.jejumaeil.net/n ews/articleView.html?idxno=175841(접속일: 2019. 12. 11.).

27) 재일제주인 관련 다큐멘터리의 제작 현황을 살펴보기 위해 작성한 이 목록은 제주 MBC 홈페이지(www2.jejumbc.com), STUDIO JEJUMBC(www.youtube.com/@STUDIO JEJUMBC), 제주학 연구센터(jst.re.kr)의 제주학 아카이브 등을 참고했다.

28) 2000년대 이후 국가가 평화의 기표로 4·3 사건의 사회적 기억을 재규정하며 포섭해 나가는 과정과 관련해서는 조명기·장세용, 2013, 「제주 4·3사건과 국가의 로컬기억 포섭 과정」, 『역사와 세계』 43, 216-223쪽 참조.

29) 다카무라 료헤이, 2014, 「재일제주인 구술사를 통해서 본 제주 4·3의 한 단면」, 『재일제주인과 마이너리티』, 제주대학교 재일제주인센터, 226쪽.

30) 정확한 명칭은 '오무라(大村) 입국 수용소'이다. 해방 후 200만 명의 재일조선인 가운데 과반수가 귀국하는데, 4·3을 전후로 많은 사람들이 다시 일본으로 도항했다. 이때 발각되면 '불법입국'으로 다루어져 강제 송환되는데 그 과정에서 밀입국자들을 수용했던 시설이 바로 오무라 수용소다. "'냉전의 공간'에서 오무라 수용소는 '자신의 외부 혹은 타자와의 분할과 격리, 배제에 의해 스스로를 구성하는 경계'로서 탄생한, 국가의 본성이 드러나는

'다른 장소'였다." 현무암, 2014, 「밀항·오무라수용소·제주도-오사카와 제주도를 잇는 '밀
항'의 네트워크」, 『재일제주인과 마이너리티』, 제주대학교 재일제주인센터, 97-98쪽.

31) 「양정환 감독이 말하는 4·3-1부 양정환 감독이 느낀 4·3」, 채널4·3(유튜브), 2019.7.20.
https://www.youtube.com/playlist?list=PL0dRPxylqS-TAFr_8kZQT-m99dGFaBVS6g(접
속일: 2020.10.20.).

32) 고성만, 2021, 「4·3 '희생자'의 변용과 활용-무장대 출신자의 과거청산 경험을 사례로」, 『사
회와 역사』 129, 280-287쪽 참조.

33) 김민환, 2023, 「제주4·3평화공원 조성의 정치학-폭동론의 '아른거림'과 세 곳의 여백」, 『비
판적 4·3 연구』, 한그루, 129쪽.

34) 김창후, 2008, 『자유를 찾아서-김동일의 억새와 해바라기의 세월』, 선인, 61쪽.

35) 이승민, 2017, 『영화와 공간』, 갈무리, 91쪽.

36) 서동진, 2018, 「역사를 잃은 세계의 기억 멜랑콜리」, 강수정 외, 『빨강, 파랑, 그리고 노랑』,
국립현대미술관·현실문화연구, 140쪽.

37) 곽영빈, 2018, 「페르/소나로서의 역사에 대한 반복강박-임흥순과 오디오-비주얼 이미지」,
『한국예술연구』 21, 214쪽.

38) 김선명, 「한낮의 어둠-「우리를 갈라놓는 것들」」, 『REVERSE』, 2019.12.3. http://reverse
media.co.kr/article/290(접속일: 2020.10.20.).

39) 이 부분은 졸고인 허민석, 2020, 「탈장소화되는 제주-4·3 다큐멘터리에서 재일제주인 여
성의 재현을 중심으로」, 『여성문학연구』 51에서의 분석과 견해가 달라져 대폭 수정했다.
제주대학교 사회학과 대학원 수업에서 서면으로 전달받은 익명의 선생님의 논평을 상당
부분 참조했다. 좋은 의견을 전해주신 선생님께 이 자리를 빌려 감사드리고자 한다.

40) 목정원, 2017, 「무엇보다 우리의 현재를 위하여-임흥순의 「우리를 갈라놓는 것들」에서 보
이는 재연의 문제에 관하여」, 『임흥순 우리를 갈라놓는 것들: 믿음, 신념, 사랑, 배신, 증
오, 공포, 유령』, 국립현대미술관, 188쪽, 13번 각주 참고.

41) 이 문단의 서술 역시 졸고의 논의와 견해가 달라져 대폭 수정한 부분이다. 영화평론가 윤아랑의 언급을 참고했다. 그는 임홍순이 "상이한 사건 사이에 반복을 찾아 그것을 겪는 각각의 여자들을 '무엇무엇 하는 여자'로 함께 호명할 때 그 여자들이 각각 어떤 조건에 둘러싸여 있는지를 깊이 파고들지 않"는다고 지적한 바 있다. 윤아랑, 2022, 『뭔가 배 속에서 부글거리는 기분』, 민음사, 157-158쪽.

42) 레이 초우, 강수현·김우역 역, 2005, 『디아스포라의 지식인』, 이산, 82쪽.

43) 레이 초우, 2005, 앞의 책, 83쪽.

44) 도린 매시, 2016, 앞의 책, 357쪽.

45) 도린 매시, 2016, 앞의 책, 353쪽.

증언-공백으로 읽기: 여성의 기억이 말해질 때의 침묵에 대하여
(송혜림)

1) 제주 4·3의 투쟁은 진실을 밝히겠다는 일념으로 진상규명 활동을 시작한 초기 활동가들 덕분이었다. 80년대부터 제주 공동체 저변에서 증언과 증거를 수집해 온 이들을 주축으로 제주신문과 제민일보에서 〈4·3의 증언〉과 〈4·3은 말한다〉의 기획 기사를 연재됐다. 그 성과는 초기 증언집 출간으로 이어졌는데 제주4·3연구소는 『이제사 말햄수다』 1-2권 (1989)을 출간하며 출범한다. 제주일보4·3취재반 또한 기획 기사를 보강하여 단행본 『4·3은 말한다』 1-5권(1994~1998)을 편찬했다.

2) 제주4·3연구소가 엮은 『4·3과 여성, 그 살아낸 날들의 기록』(2019)에 수록된 허호준의 「제주4·3과 여성의 기억」 편 참고.

3) '양○○'을 어떻게 지칭할 것인가는 석사 논문을 썼던 2020년에도, 그 연구를 고쳐 쓰는 2023년 현재에도 가장 어려운 고민이다. 인터뷰 당시 본명을 사용하지 않고 '성'만 공개하

겠다는 약속을 했기 때문이기도 하지만, 지칭은 '호명'의 문제이기도 하기 때문이다. 4·3의 공식적인 명칭인 '희생자'나 일반적인 의미의 '피해자', 혹은 친근한 '할머니'로 명명할 수도 있으나, 이러한 지칭들은 양○○이 가진 다종한 주체성을 드러내 주지 못하고 그녀를 납작하게 표상할 위험이 있다. 그렇기 때문에 석사 논문에서는 일관되게 양○○을 '증언자'로 지칭했다. 이 글에서도 고심 끝에 완전한 가명이나 보편적 지칭어를 사용하지 않고 '양○○'으로 명명했다. 양○○의 기 증언은 전부 실명으로 공개되어 있어 성함을 가리는 것이 무의미할지도 모른다. 다만 덧댄 것 같기도 하고 뚫린 것 같기도 한 '○○'를 통해 목소리와 지면을 허락받지 못한 수많은 다른 이름들이 연결될 수 있기를 소망해 본다.

4) 제주4·3연구소, 2013, 『다시 하귀중학원을 기억하며』, 한울.

5) 다시 한번 연구를 위한 목적으로 귀한 녹화 영상 원본을 열람할 수 있게 도와주신 제주4·3 연구소와 제주4·3평화재단 담당자분들께 감사드린다.

6) 이 글을 완성할 때쯤 2019년 1월 한겨레 인터뷰 이후 양○○의 증언이 한 번 더 이루어졌다는 사실을 알게 되었다. '제주여민회'에서 〈제주 고령여성 4·3 구술채록〉 사업으로 2019년 4월 두 차례 양○○의 증언을 청취한 것이다. 구술의 내용은 『2019 제주여성 4·3의 기억 III』 자료집(2019)에서 〈구술자별 에세이〉로 읽을 수 있다. 본고에서는 아쉽게 이 구술까지 다루지 못했지만, 향후 기회가 닿는다면 다시 한번 분석 텍스트를 넓혀 다루고 싶다.

7) 사업 담당자는 당시 애월읍 수산리 거주민인 남성 2인에 대한 증언 채록을 진행하던 중, "우리 수산리는 양○○이 살렸어."라는 말을 듣고 나서 양○○을 찾아가게 되었다고 한다.

8) 2006년과 2015년의 증언 채록은 모두 면담자들이 양○○의 자택을 방문하여 이루어졌다. 카메라는 증언하는 양○○을 상체까지 비춰지도록 프레임을 고정하여 녹화했으며, 증언 중간에 중단·재개 없이 롱 테이크로 촬영되었다. 간혹 양○○이 동작을 크게 하거나 일어서는 등 프레임 바깥으로 벗어날 때 이를 따라잡기도 하고, 그녀가 보여주는 신체 부위나 지칭하는 사물을 클로즈업하기도 한다.

9) 윤택림, 2019, 『(역사와 기록 연구를 위한) 구술사 연구방법론』, 아르케.

10) 이용기, 2010, 「새로운 민중사'의 모색과 구술사 방법론의 활용」, 『역사문화연구』37, 407-435쪽.

11) 이용기 위의 논문 및 김귀옥, 2016, 「한국 현대사 연구에서 구술사 연구의 탄생과 역할, 과제」, 『구술사연구』제7권 2호.

12) 김성례, 2002, 「여성주의 구술사의 방법론적 성찰」, 『한국문화인류학』35-2, 31-64쪽.

13) 이희영, 2007, 「여성주의 연구에서의 구술자료 재구성」, 『한국사회학』41(5), 98-133쪽.

14) 김성례, 위의 논문.

15) 양현아, 2001, 「증언과 역사쓰기-한국인 '군 위안부'의 주체성 재현」, 『사회와 역사』60, 60-98쪽; 양현아, 2006, 「증언을 통해 본 한국인 '군위안부'들의 포스트식민의 상흔(Trauma)」, 『한국여성학』제22권 3호, 133-167쪽; 김수진, 2013, 「트라우마의 재현과 구술사: 군위안부 증언의 아포리아」, 『여성학논집』30권 1호, 35-72쪽.

16) 기억 지도는 증언자의 기억이 저장되고 연상되는 특수한 구조를 의미한다. 이 기억 지도는 현재와 과거를 교차하는 비선형적인 시간성과 비인과적인 논리구조를 내재하는 것이 특징이다. 연구진들은 기억 지도를 증언자가 자신을 재현하는 방식이 나타나는 지형으로 보고 이 지형에 기반하여 증언을 텍스트화했다. 이전의 증언집에서 연대기순으로 증언을 재구성했다면, 연구자의 언어를 증언에 덧씌우는 가필이 아닌 편집의 방식으로 증언을 옮기게 된 것이다. 한국정신대문제대책협의회 2000년 일본군 성노예 전범 여성국제법정 한국위원회 증언팀, 2001, 『강제로 끌려간 군위안부들 4: 기억으로 다시 쓰는 역사』, 서울·풀빛, 서문 참고.

17) Morris, Rosalind C.·Spivak, Gayatri Chakravorty, 2013, 태혜숙 역, 『서발턴은 말할 수 있는가?: 서발턴 개념의 역사에 관한 성찰들』, 그린비.

18) Assmann, Aleida, 2011, 변학수·채연숙 역, 『기억의 공간-문화적 기억의 형식과 변천』, 그린비.

19) 「특공대 고문에 먼 두눈…'독한 년' 덕에 마을이 살았다」, 한겨레 2019. 1. 3.

20) 권귀숙, 2014, 「제주4·3의 진상규명과 젠더 연구」, 『탐라문화』45권, 169-198쪽.

21) 박상란, 2019, 「제주4·3에 대한 여성의 기억서사와 '순경 각시'」, 『Journal of Korean Culture』45, 301-333쪽.

22) 김영희, 2018, 「5·18의 기억 서사와 '여성'의 목소리」, 『페미니즘 연구』18(2),149-206쪽.

23) Levi, Primo, 위의 책.

24) 이지은, 2023, 「일본군 '위안부; 서사 연구」, 서울대학교 국어국문학과 박사학위논문.

25) 우에노 지즈코·아라라기 신조·히라이 가즈코, 2018, 서재길 역, 『전쟁과 성폭력의 비교사』, 어문학사.

26) 제주4·3평화재단, 2019, 『제주4·3사건추가진상조사보고서 I 』, 88쪽.

27) 이정주, 1999, 「제주 '호미' 마을 여성들의 생애사에 대한 여성학적 고찰」, 이화여대 여성학 석사학위논문.

28) 「한라산의 통곡…살아남은 자의 아픔」, JIBS뉴스 2019. 4. 3.

29) 하귀중학교에 다니던 작은 동생은 음력 8월 스무닷새 날인 제삿날, 순경이 집에 와 잡아간 후로 찾을 수 없었다. 심한 고문을 받고 죽었다는 소문이 있었지만 사실 확인은커녕 시신조차 찾지 못했다고 한다. 큰 남동생이 동생의 소식을 듣고 서울에서 내려왔으나 그 또한 친구를 만나러 집을 나선 후 다시 돌아오지 못했다.

30) 양○○은 증언에서 그녀의 동생들이 당시에는 드물게 좋은 교육을 받았으며 마을에서 인정받는 수재였다는 점을 강조한다. 이들의 교육을 위해 부모는 넉넉지 않은 살림에도 경제적인 지원을 아끼지 않았다고 말한다고 말해진다. 양○○은 동생들이 주머니에 생쌀을 담고 다니며 배고플 때마다 씹어 먹으면서 공부했다는 일화를 모든 증언에서 덧붙인다. 고생만 한 동생들이기 때문에 배부른 밥 한번 먹이지 못한 한이 그녀에게 깊게 자리하고 있는 것이다.

31) 「특공대 고문에 먼 두눈…'독한 년' 덕에 마을이 살았다」, 한겨레 2019. 1. 3.

32) 이러한 생각은 4·3의 구술채록 사업을 진행했던 담당자로부터 들은 일화에 기초한다. 마을의 장년 남성들이 양○○에 대한 이야기가 나오자 언짢아하며 발언을 피했다거나 '기

분 나쁜' 웃음을 지으며 말을 대신했다는 사례들은 제주의 가부장 문화와 젠더 이슈에 예민한 여성 담당자가 겪은 일들이었다. 구체적인 언설 없이도 남성들의 감정이나 태도로부터 어떠한 의미를 품고 있는지 충분히 느낄 수 있다는 점은 의미심장하다. 이는 그들의 생각과 언어가 지배적인 질서 그 자체이기 때문에 가능한 일일 것이다. 그러나 소수자에게는 유추 가능한 침묵이 없다.

33) 그러나 강△△은 엄밀하게 말해 4·3의 당사자이며 존중받아야 할 아동 증언자이다. 그녀에게는 외할머니의 손을 잡고 지서를 다녀온 기억, 고문으로 다친 엄마의 몸을 보살핀 기억, 동네 친구들의 이해할 수 없는 놀림에 시달렸던 기억들이 존재한다. 이 어릴 적 기억들은 세월이 지나서야 4·3의 의미망과 연결된다. 자신이 겪거나 목격한 사태를 정확하게 이해하고 전달할 수 있는 증언자만 있는 것은 아니다. 그렇기에 증언자의 규범적 상에서 이탈해 있는 존재들의 목소리에도 귀 기울일 필요가 있다. 아동은 성인이 포착하지 못하는 장면의 사각지대를 기억하고 서술하는 경우가 많다. 이상하리만치 또렷하고 강렬한 감정과 연루된 기억의 양상이나 정형화된 피해 증언의 틀을 벗어난 서사 방식은 때론 사건의 이해에 중요한 함의를 제공하기도 한다. 그러나 한국 사회에서는 신뢰할 만한 증언자로 아동을 고려하지 않으며, 아동 증언을 청취하고 해석하기 위한 노력이 부족한 것이 현실이다.

34) 원고 작성 당시에는 추측에 불과했지만, 제주여민회의 『2019 제주여성 4·3의 기억 Ⅲ』에 수록된 〈구술자별 에세이〉를 참고하면 이러한 추측이 타당했음을 확인할 수 있다. 양○○과 딸 강△△의 구술이 거의 동등하게 이루어진 증언에서 구술자는 강△△을 '역사가 (…) 물고 뜯은 관계의 세월을 고스란히 감당해야' 했던 딸로 기록된다. 초등학생 때 '동생들 아버지인 남자분'의 이름이 불리며 친구들에게 놀림을 당했고, 강△△은 '평생 제주를 잊어버리고 다시는 돌아가지 않을 것이라 생각'하며 뭍으로 떠났었다. 제주여민회, 『2019 제주여성 4·3의 기억 Ⅲ』, 73쪽 참고.

35) 주체성과 행위성을 읽어내는 시각을 가질 수 있도록 필진 워크숍(23. 7. 14.)에서 생각을 보태어주신 필진 선생님들께 감사드린다.

36) 고성만, 2008, 「4·3 위원회의 기념 사업에서 선택되고 제외되는 것들」, 『역사비평』, 역사비평사, 167-174쪽 참고.

37) 「아물지 않은 상처…70년 지난 4·3이 현재진행형인 이유」, 미디어제주 2018. 3. 18., 「몸에 새긴 상처…후유장애는 '불인정'」, 제주MBC 2020. 4. 1.

38) 「제주4·3사건 진상규명 및 희생자 명예회복에 관한 특별법(법률 제18745호)」, 2022. 1. 11.

39) 「"자식도 날 부끄러워했어"…14개 장해등급 숫자에 저울질 된 70년 삶」, 제주의 소리 2022. 10. 31.

40) 양○○은 2006년 증언에서 국가지원금에 대한 불만을 표현한다. 여기에서 '병신된' 몸이 4·3희생자 안에서 자신의 위치를 결정하는 중요한 요소라는 사실이 드러난다. 그녀는 4·3 희생자이자 그중에서도 장애 1급으로 인정받은 희생자이다. 그녀가 '병신'된 처지를 강조하는 것은 다른 일반 희생자와 자신 간의 위계를 설정하여 합당한 지원을 받지 못하는 불만을 정당화하려는 의도와도 관련 있다. 반면, 지원금과 서비스에 대한 불만은 2015년 증언에서는 많이 누그러지는데, 이는 후유장애인 대상 지원금을 받다가 자신의 노력으로 행불자 유족에 대한 지원금을 함께 받을 수 있게 되면서이다. 또한 해당 면담이 이루어지는 목적을 명료하게 인지하고 있기 때문이기도 하다.

41) 정지영, 2015, 「침묵과 망각으로 말하는 '구술사'」, 『동북아 문화연구』43, 117-135쪽.

42) 아를레트 파르주, 2020, 김정아 역, 『아카이브 취향』, 문학과 지성사, 98쪽.

학살 이후의 친족지(親族誌): 친족지(親族知)의 생성과 실천
(고성만)

1) 영문 표기로는 'experiential knowledge'가 적합하다.

2) "제주도에서 죽은 사람의 혼인은 사혼, 사후 혼인, 사후 결혼, 죽은 혼사, 죽은 혼서, 사망

혼사, 사망 혼서 등 여러 가지 이름으로 불린다. 사후혼은 정상적인 혼인이 아니라 하더라도 가족제도 내지 친족조직의 성격을 규명하는 데 간과할 수 없는 위치를 차지한다." 崔在錫, 1979, 『濟州島의 親族組織』, 一志社, 219-244쪽. 제주 사람들의 영혼 결혼에 대해서는 김혜숙(1999)과 현용준(2009)의 연구도 참고할 가치가 크다.

3) "제사를 운용하는 방식에 있어서 한국의 전통사회와 제주도 사이에 상당한 차이가 나타나는데, 그중에서도 가장 두드러진 것은 장남이나 종손이 제사를 전담하지 아니하고 여러 자손이 조상제사를 나누어 봉행하는 제사 분할의 관행이 넓게 분포되어 있다는 점이다. 제주도에서는 이것을 '제사분짓'이라 한다. 분할의 대상이 되는 제사는 주로 기제사이지만 차례까지도 분할하는 경우가 매우 많다." 이창기, 1999, 『제주도의 인구와 가족』, 영남대학교출판부, 188쪽.

4) Kim, Hunjoon, 2009, "Seeking Truth after 50 Years: The National Committee for Investigation of the Truth about the Jeju 4·3 Events," *International Journal of Transitional Justice*, Volume 3, Issue 3, p.412.

5) 김창후, 2011, 「4·3 진상규명운동 50년사로 보는 4·3의 진실」, 『4·3과 역사』 11, 각, 191쪽.

6) 徐勝, 2011, 『東アジアの国家暴力と人権·平和』, かもがわ出版, 91쪽.

7) 한국형사·법무정책연구원, 2022, 『제주4·3사건 가족관계 실태조사 및 개선방안 연구』, 25쪽.

8) 제주4·3평화재단, 2019, 『제주4·3사건추가진상조사보고서 I 』, 88쪽.

9) 이창기, 1999, 앞의 책, 80쪽.

10) Morris-Suzuki, Tessa, 2010, *Borderline Japan: foreigners and frontier controls in the postwar era*, Cambridge: Cambridge University Press, 75.

11) 제주4·3평화재단, 2019, 앞의 책, 84-85쪽.

12) 박찬식, 2011, 「4·3 사자(死者)에 대한 기억 방식의 변화-제주지역민을 중심으로」, 『4·3과 역사』 11, 각, 89-103쪽.

13) '제주4·3사건 진상규명 및 희생자 명예회복에 관한 특별법' 제2조는 '제주4·3사건'을 '1947

년 3월 1일을 기점으로 1948년 4월 3일 발생한 소요사태 및 1954년 9월 21일까지 제주도에서 발생한 무력충돌과 그 진압과정에서 주민들이 희생당한 사건'으로 정의한다.

14) 한편 일본에서는 4·3 당시부터 추도 집회가 열렸다. "재일 제주인들의 일부는 '초토화작전'으로 인해 대학살이 벌어지던 49년에 오사카의 이쿠노구(生野区)나 도쿄의 아라카와구(荒川区) 같은 집주 지역에서 출신 마을 별로 추도 집회를 열기도 했다." 이지치 노리코, 고성만 옮김, 2023, 「오사카 4·3운동이 구축하는 로컬적 화해 실천」, 『비판적 4·3 연구』, 한그루, 202쪽에서 재인용.

15) 권헌익, 2012, 유강은 옮김, 『학살, 그 이후-1968년 베트남전 희생자들을 위한 추모의 인류학』, 아카이브, 209-210쪽.

16) 권헌익, 2020, 정소영 옮김, 『전쟁과 가족-가족의 눈으로 본 한국전쟁』, 창비, 18쪽.

17) 2019년 12월 기준 제주4·3위원회에 심의·결정된 희생자는 총 14,442명으로, 이 가운데 사망자 10,389명, 행방불명자 3,610명, 수형자 279명, 후유장애자 164명이다. 추가진상조사 결과, 행방불명자는 29.5%인 4,255명으로 파악됐다. 제주4·3평화재단, 2019, 앞의 책, 84-87쪽.

18) 玄容駿, 1977, 「済州島の喪祭: K村の事例を中心として」, 『民族學研究』 42-3, 日本民族学会, 256쪽. 제주 사람들의 사생관에 대해서는 진성기(2010, 앞의 책, 194-195쪽)의 논의도 시사적이다. "자손으로서도 조상의 영혼에 대해서 '기일제ㅅ, 멩질날 이외에랑 절대로 ᄌ손가지에 인ㅅᄒ지 맙서. 놈본양 ᄒ영 모른 체 ᄒ여줍서. 귀신은 반가왕 알은 채 ᄒ민 생사름은 괴로움이 되는 법이우다'라고 해서 되도록 자기 조상의 영혼이라 할지라도 일상 시에는 멀리하려고 한다. 그것은 사령(死靈)과 인간과의 사이가 가깝게 되면 사람들이 이승길은 멀어지고 저승길과 점점 가깝게 된다고 믿기 때문이다."

19) 高村(2004, 19-30쪽)에 따르면, 4·3의 영향으로 마을 내 연고주의에 기반하여 운용되어온 계왓이 해체된 사례도 있다.

20) 金成禮, 2005, 藤枝真 옮김, 「大虐殺の後で―済州島における女性の痛みと生存の連帯」,

『戰後思想のポリティクス (戰後・暴力・ジェンダー)』, 靑弓社, 236쪽.

21) 권헌익(2012, 앞의 책, 225쪽)에 따르면, "사자에게 (조상의 공간이든 영웅의 공간이든) 공간을 정해주는 것이 중요한 게 아니라 죽음의 역사적 기원으로부터 해방시키는 것이 중요하다. 이러한 맥락에서 초월은 주검의 이동이 끝나는 장소의 정체성에 의해 결정되는 것이 아니라 그러한 이동 자체에 내재한 것이다." 그의 지적처럼, '초월'의 의미는 죽음과는 정반대의 지향을 추구하는 삶에 대한 희구와 그 실천에 있을지 모른다. 그러나 학살 이후의 반공 사회에서 무장대·민간인과 친족 성원의 죽음에 지속됐던 감시와 억압은 매 순간 그들의 '초월'의 프로세스에 균열을 일으켰고, 유족은 그에 대한 대응책을 모색하는 과정에서 자신들만의 독특한 기법을 고안하게 됐다.

22) 김성례(1999)는 굿을 진정한 의미의 추모적 재현(memorial representastion)으로 의미 부여하며, 이러한 무속적 재현은 '용서와 화합'이라는 말로 치장된 국가폭력의 공식적 재현에 대항하는 것으로 이데올로기적 효과를 얻는다고 설명한다. 여성에 국한된 것은 아니지만, 문무병(2011)은 굿이 4·3에 의한 트라우마를 치유하고, 무념의 죽음을 맞은 사람들의 이야기를 재구성한다고 설명한다.

23) 이정주, 2000, 「4·3에 관한 생애사로 엮은 제주 '호미' 마을의 역사」, 『濟州島硏究』 17, 제주학회, 51-93쪽; 유철인, 2004, 「구술된 경험 읽기-제주 4·3 관련 수형인 여성의 생애사」, 『한국문화인류학』 37-1, 한국문화인류학회, 3-39쪽.

24) 이정주, 1999, 「제주 '호미' 마을 여성들의 생애사에 대한 여성학적 고찰: '4·3' 경험을 중심으로」, 이화여자대학교대학원 석사학위청구논문; 김은실, 2016, 「4·3 홀어멍의 "말하기"와 몸의 정치」, 『한국문화인류학』 49-3, 한국문화인류학회, 313-359쪽; 염현주, 2021, 「제주 4·3 이후 '홀어멍 마을' 여성의 경험과 기억」, 제주대학교 일반대학원 사회학과 석사학위논문.

25) 伊地知(2004, 292-312쪽)는 4·3을 분석 대상으로 삼지는 않지만 식민지 지배 경험이나 해방 후의 급격한 정치변동에 휘말려 번롱되면서도 직면한 현실에 유연하고 창발적으로 대

처해온 제주 사람들의 역사와 현실에 대해 분석했다.

26) 주요 문헌으로 佐藤信行, 1973,「済州島の家族-〇村の事例から」,『韓国農村の家族と祭儀』, 東京大学出版会, 109-145쪽; 崔弘基, 1996,「韓国戸籍制度の発達」,『戸籍と身分登録』, 早稲田大学出版部, 165-180쪽; 嶋陸奥彦, 2010,『韓国社会の歴史人類学』, 風響社; 遠藤正敬, 2013,『戸籍と国籍の近現代史-民族·血統·日本人』, 明石書店 등이 있다.

27) 주요 문헌으로 本田洋, 1993,「墓を媒介とした祖先の〈追慕〉-韓国南西部─農村における サンイルの事例から」,『民族學研究』58-2, 日本民族学会, 142-169쪽; 嶋陸奥彦(2010, 앞의 글) 등이 있다.

28) 李仁子, 1996,「異文化における移住者アイデンティティ表現の重層性: 在日韓国·朝鮮人の墓をめぐって」,『民族学研究』61-3, 日本民族学会, 393-422쪽.

29) 板垣竜太·水野直樹, 2012,「創氏改名時代の族譜-父系血縁集団の対応に注目して」,『韓国朝鮮文化研究 : 研究紀要』11, 東京大学大学院人文社会系研究科韓国朝鮮文化研究室, 74-32쪽.

30) 그러나 지금까지의 연구들은 대규모 인명 살상이 그 이후의 기록매체의 생산과 변칙적 운용에 어떠한 영향을 끼치는가에 대한 물음에 충분한 답을 제시하는 데에는 이르지 못했다. 李仁子(1996, 앞의 글)나 板垣·水野(2012, 앞의 글)의 논의 역시 일제하의 식민지 지배나 전시체제, 한국전쟁 등을 배경으로 하지만 구체적인 억압 기제나 폭력을 직접적으로 다룬 것은 아니었다.

31) 진성기(2010, 128-129쪽)에 의하면, 제주 사람들은 제사 때 으레 가마귀가 찾아오게 마련인 것으로 알고 있고, '가마귀 모른 식개'는 아들 없는 망인(亡人)의 제사를 딸 집에서 지내는 것을 뜻하며, 따라서 누구도 모르는 조용한 제사로서 그날 밤 집안 식구들만 모여 앉아 '불흔접씨 싸는 식개'로 관념되고 있다. 그러나 4·3에서 피살된 근친을 성원으로 두는 친족집단의 경우 '가마귀 모른 식개'는 성 역할에만 구애받는 것은 아니다. 탐라사진가협의회(2011)에 따르면, 집단 학살이 광범위하게 벌어졌던 북촌리, 동복리의 경우 상혼이

제사 문화에도 반영되는데, 형이 피살된 어린 동생의 제사를 모시는 사례나 혈연관계가 없는 방계 친척을 모시는 무방친 제사, 한날에 피살된 친부와 장인의 제사를 모시는 사례 등이 확인된다.

32) "2021년에 전부 개정된 4·3 특별법은 '제주4·3사건'을 여전히 '소요사태'로 정의함으로써 과거청산의 궤적과 성과에 역행하는, 퇴행적인 해석을 채택해 버리고 말았다. 이행기의 시간성과 무관하게, '소요사태'라는 잔재는 지난 20여 년간 이어져온 피해자들의 분투와 역사 인식의 변혁에도 불구하고, 과거청산의 사회화가 요원한 우리의 현실을 방증한다." 고성만, 2023, 「4·3특별법의 고도화, 과거청산의 편협화」, 『비판적 4·3 연구』, 한그루, 252-253쪽.

33) 김종민, 1999, 「4·3 이후 50년」, 『제주 4·3 연구』, 역사비평사, 373쪽.

34) "연좌제에 의한 피해로 '보안감찰' 및 '요시찰'에 의한 피해, 신원조사에 의한 각종 입학, 취직시험 및 직장에서의 불이익, 출입국 시의 제한 등을 꼽을 수 있다." 제주4·3사건진상규명및희생자명예회복위원회, 2003, 『제주4·3사건진상조사보고서』, 500-508쪽.

35) 권헌익, 2012, 앞의 책, 22쪽.

36) 제주4·3평화재단(2019, 앞의 책, 517-518쪽)에 따르면, 제주국제공항(구 정뜨르비행장)에서의 유해발굴 결과, 약 387구가 발굴됐고, 그 가운데 유전자 감식을 거쳐 2019년까지 131명의 신원이 확인됐다. 제주공항 남북활주로 동북지점 유해 중 확인된 희생자 91명은 대부분 1949년 10월 2일 집행된 군법회의 사형 판결자이며 일부 9연대 군인도 신원이 확인되었다.

37) 竹田旦, 1990, 『祖霊祭祀と死霊結婚』, 人文書院, 192-198쪽.

38) "진압군은 (…) 주민들을 집결시킨 가운데 호적과 대조하며 도피자 가족을 찾아냈다. 이때 청년이 사라졌다는 이유로 나이 든 부모와 아내, 그리고 어린아이 등 주로 노약자들이 희생됐다. 주민들은 이를 '대살(代殺)'이라고 불렀다." 제주4·3사건진상규명및희생자명예회복위원회, 2003, 앞의 책, 391쪽.

39) 2011년 2월 2일 D-7 자택에서 이루어진 인터뷰에서 그는 "호적을 가지고 사람을 죽이고 살리고 했으니 그게 살생부가 아니고 뭡니까."라고 말했다.

40) B-8과의 인터뷰는 2010년 3월 31일 그의 자택에서 이루어졌다.

41) D-7과의 인터뷰는 2011년 2월 2일 그의 자택에서, 2011년 3월 31일 제주지방법원에서 이루어졌다.

42) "1948년 11월 중순경부터 강경진압작전이 전개됐다. 그동안에도 분별 없는 총살이 곳곳에서 벌어지긴 했지만 그 강도와 희생 규모 면에서, 그리고 전 지역에 걸쳐 동시에 벌어졌다는 점에서 '11월 중순 이후'는 이전 기간과 뚜렷한 차이가 있다. 제주도에 계엄령이 선포된 것도 바로 이때이다. 1948년 11월부터 1949년 2월까지 약 4개월 동안 벌어진 강경진압작전 때 대부분의 중산간 마을이 불에 타 사라지는 등 제주도는 그야말로 초토화됐다. 특히 11월 중순 이전에는 주로 젊은 남성들이 희생된 데 반해 강경진압작전 때에는 토벌대가 남녀노소 가리지 않고 주민들을 총살함으로써 제주4·3사건 희생자 대부분이 이때에 희생됐다. 본 위원회에 신고된 희생자 통계를 보면, 15세 이하 전체 어린이 희생자 중 1948년 11월부터 1949년 2월까지의 희생자가 76.5%를 차지한다. 또한 61세 이상 희생자 중에서는 이 기간에 76.6%가 희생됐다." 제주4·3사건진상규명및희생자명예회복위원회, 2003, 앞의 책, 293쪽.

43) D-7과의 인터뷰는 2012년 9월 14일 자택에서 이루어졌다.

44) 목격자, 체험자, 생존자들의 기억과 구술이 중요한 이유는 그 때문이다.

45) 권헌익, 2012, 앞의 책, 154쪽.

46) H와의 인터뷰는 2012년 8월 25일과 같은 해 12월 29일 그의 자택에서 이루어졌다.

47) F-7과의 인터뷰는 2009년 9월 23일과 2012년 9월 27일 그의 자택에서 이루어졌다.

48) E-3과의 인터뷰는 2010년 3월 31일 제주시청에서, 2011년 2월 2일과 같은 해 9월 14일 그의 자택에서 이루어졌다.

49) I-9의 부인 역시 동향 출신으로 시부모를 비롯한 시댁 가족의 4·3 경험과 인명 피해에 대

해 유년 시절부터 상세히 알아 왔다.

50) 필자의 조사에서 확인된 각 기록의 차이는 세 종류 모두 확인되지 않은 경우에도 유사하게 확인된다. 유족들의 기억과 '제적등본' 상의 기록이 상이한 경우가 대부분이었다.

51) 松田素二, 2009, 『日常人類学宣言！一生活世界の深層へ／から一』, 世界思想社, 172쪽.

52) 영문 표기로는 'kinship knowledge'가 적합하다.

아버지의 기록, 딸의 기억: 4·3과 딸의 가족사
(김상애)

1) '희생자'는 제주4·3의 법적, 제도적 해결 과정에서 생산된 피해자 범주이다. 고성만(2023)은 과거청산 국면에서 '희생자'가 과거사에 연루된 모든 성원의 목소리를 대변하는 상징적 주체로 자리매김되고 기능해왔음을 지적했다. 이 글에서는 '희생자'의 가족뿐만 아니라, '희생자' 역시 문제적 범주임을 염두하는 의미에서 따옴표를 친 '희생자'로 표기하였다.

2) 「제주4·3평화재단 "4·3특별법 개정, 4·3 해결의 의미있는 진전"」, 헤드라인제주, 2021. 12. 9.

3) 특별법 제2조 제2항은 '희생자'를 "제주4·3사건으로 인하여 사망하거나 행방불명된 사람, 후유장애가 남은 사람 또는 수형인"으로 규정한다. 따라서 '후유장애가 남은 사람'과 '수형인'의 경우, '생존 희생자'일 가능성이 있다. 하지만 이러한 경우는 매우 소수에 해당한다. 2022년 5월 20일자, 제주4·3사건진상규명및희생자명예회복위원회 공고 제2022-1호에 붙여진 "(신청기간별) 제주4·3희생자 명단"에 따르면, 전체 '희생자' 14,577명(+α) 중 '생존 희생자'는 총 105명으로, 전체 '희생자'의 약 0.7%를 차지함을 알 수 있다.

4) 안문희, 2022, 「제주4·3사건 진상규명 및 희생자 명예회복에 관한 특별법상 유족의 범위에 대한 검토」, 『민사법의 이론과 실무』 25-2.

5) 정한샘, 2022, 「제주4·3사건 진상규명 및 희생자 명예회복에 관한 특별법」상 유족의 범위

와 보상금 수령권자에 대한 검토」,『법조협회』71-6.

6) 김석윤·현혜경, 2019, 「제주4·3사건 직계부재 희생자에 대한 의례와 기억의 연속에 대한 연구」,『민주주의와 인권』19-4; 현혜경·김석윤·허유순, 2019, 「제주4·3사건 직계부재 희생자에 대한 방계혈족의 기념의례와 인정투쟁」,『민주주의와 인권』19(2), 113-152.

7) 현혜경·김석윤(2022), 「제주4·3사건 가족관계등록부 불일치 희생자 및 유족의 명예회복에 관한 연구」,『민주주의와 인권』22-2; 한국형사·법무정책연구원, 2022, 「제주4·3사건 가족관계 실태조사 및 개선방안 연구」, 부분 공개.

8) 이창기, 1999,『제주도의 인구와 가족』, 영남대학교출판부.

9) 권귀숙, 2014, 「제주4·3의 진상규명과 젠더 연구」,『탐라문화』45.

10) 김은실, 2016, 「4·3 홀어멍의 "말하기"와 몸의 정치」,『한국문화인류학』49-3.

11) 양현아, 2011,『한국 가족법 읽기』, 창비.

12) 페미니스트 법학자 양현아는 호주제 폐지와 함께 시작된 가족관계등록제도가 여전히 가족을 하나의 단위로 보며 개인의 신분을 가족에 귀속시키는 '가(家)의식'을 바탕으로 한다고 지적하면서, 형식적으로는 개인별 편제라고 하지만 여전히 이전 호적제도와 연속성이 크다고 평가한다.

13) 양현아, 2011,『한국 가족법 읽기』, 창비; 이재경, 2003,『가족의 이름으로』, 또하나의문화.

14) 페미니스트 사회학자 조은은 한국의 가부장적 지배 구조의 형성 과정에서 여성이 규범화되는 방식은 어머니됨을 통해서이며, 이때 어머니됨은 '아들의 어머니'가 되는 것이라고 지적했다. 이는 동시에 딸됨과 부인권의 약화를 의미한다. 4·3과 여성에 관한 연구들에서는 4·3의 결과로 '홀어멍(홀어머니)'이 된 여성들이 아들을 통해 제도적 영역뿐만이 아니라, 시가 가족과 마을에서의 성원권을 확보하고 있다는 점이 지적되기도 했다. 이에 관한 내용은 이정주(1999)와 김은실(2016)의 논문 참조.

15) 양현아, 2011,『한국 가족법 읽기』, 창비.

16) 함인희, 2006, 「한국전쟁, 가족 그리고 여성의 다중적 근대성」,『사회와 이론』9.

17) 김혜숙, 1999, 『제주도 가족과 궨당』, 제주대학교출판부.

18) 라셀 살라자르 파레냐스, 문현아 옮김, 2009, 『세계화의 하인들』, 여이연; 이해응, 2013, 「중장년 조선족 이주여성의 노동경험과 탈구적 삶에 관한 연구」, 이화여자대학교 여성학 과 박사학위논문.

19) 4·3과 가족에 관한 초기 연구에 해당하는 이창기의 논의에서는 제주도 가족과 인구에 대 한 종합적인 분석을 시도하면서 1950년대 제주도 여성의 유배우율이 전국치에 비해 현 저히 낮은 원인으로, 일제시대의 해외이출과 4·3으로 인한 남성 인구의 결손이 꼽힌다. 4·3과 남성 사망의 결과는 여성 사별자 비율을 높이고, 여성 1인 가구의 증가를 가져왔다 는 것이다. 이 글에서는 가구 구성의 외적 형태를 통해 가족의 '해체'나 '위기'를 말하는 대 신에, 어떤 가족 성원으로 가족 성원의 부재를 경험하느냐에 따라 가족의 '해체'나 '위기' 를 경험하는 방식이 다르다는 점에 주목한다. 전쟁 중 가족 성원의 죽음은 함인희가 지적 했듯 "인구 구성뿐만 아니라 가족 성원들의 생애 전반에 걸쳐 영향을 미치는 사건"이기 때문이다.

20) 이정주, 1999, 「제주 '호미'마을 여성들의 생애사에 대한 여성학적 고찰-4·3 경험을 중심 으로」, 이화여자대학교 여성학과 석사학위논문; 김은실, 2016, 「4·3 홀어멍의 "말하기"와 몸의 정치」, 『한국문화인류학』 49-3.

21) 4·3 유족회의 등장과 통합 과정은 김종민(2015) 참조.

22) 양조훈, 2015, 『4·3 그 진실을 찾아서』, 선인. 489쪽.

23) 제17대 국회 제262회 제1차 행정자치위원회 법안심사소위원회 회의록(2006. 9. 7.) 참고.

24) 김상애, 2022, 「변화하는 제주도 개발 담론과 마을, 땅을 둘러싼 성원권의 젠더정치학」, 이화여자대학교 여성학과 석사학위논문.

에필로그

『화산도』의 여성주의적 독해: 4·3에서 여성의 목소리를 듣는다는 것
(장은애)

여성주의 시각의 연원과 그 가능성

여기서는 「『화산도』의 여성주의적 독해: 4·3에서 여성의 목소리를 듣는다는 것」의 집필 배경에 관한 짧은 이야기를 덧붙이고 싶다. 이 글은 석사논문을 집필하던 당시 퇴고 과정에서 삭제한 부분을 정리하여 다시 쓴 것이다.

나는 석사논문에서 김석범의 『화산도』에 등장하는 주요 인물의 의식을 분석하고, 이를 통해 4·3의 의미를 새롭게 규명하고자 했다. 이를 위해 세 명의 남성 인물을 각각 독립된 장으로 구성하여

4·3의 의미와 한계, 가능성 등을 살폈다. 이처럼 남성 인물을 중심으로 논문의 논리를 구축하는 과정에서 여성의 이야기는 서술상 논의의 중심이 아닌 주변부에 할당할 수밖에 없었다. 그마저도 논문 심사 도중 서술이 산만하다는 지적을 받고서 나는 논문의 '완성도'를 위해 여성들의 이야기를 '삭제'했다.

당시 나는 독립된 하나의 장, 절을 온전히 감당하기에는 서사 속 여성의 존재감이 미미하다고 생각했다. 그래서 여성 인물의 존재 의의를 보다 적극적으로 발견하고 평가하는 데 힘을 쏟기보다 『화산도』를 경유하여 얻은 4·3에 대한 새로운 해석에서 여성의 흔적을 서둘러 지워버리는, 손쉬운 방법을 택했다. 그 결과 4·3의 가능성이 오로지 남성들의 전유물인 것처럼 보이는 착시가 발생했다. 그렇게 여성의 존재를 '소거'한 논문으로 석사학위를 받았다.

서사적 측면에서 볼 때 『화산도』에서 여성의 이야기는 남성 인물을 중심으로 조직된 사유의 흐름에 비판적으로 개입한다. 나아가 이를 통해 소설이 내포한 4·3의 혁명적 가능성을 견인하는 비판적 사유의 한 축으로서 기능한다. 그런데 논문을 집필하는 과정에서 여성의 존재를 누락해 버리는 바람에 4·3을 혁명으로 재정의하는 사유에서 여성의 몫이 불투명하게 처리되는 결과가 초래되고 말았던 것이다.

혁명으로부터 여성의 몫을 박탈했다는 생각이 내내 부채감으로 남았다. 부채감을 덜기 위해 퇴고 과정에서 삭제했던 여성들의 이야기만 따로 모아 새롭게 다시 썼다. 그러나 공란투성이인 여성의 이야기를 통해 4·3의 새로운 측면을 투시하겠다는 기획은 역시나 만만한 작업이 아니었다. 여성의 이야기를 듣고 해석하고 기록하려는 시도는 자취가 거의 남기지 않은 존재의 희미한 흔적을 따라가야만 하는 작업의 특성상 조금만 한눈을 팔아도 샛길로 빠지기 일쑤였다. 여성의 이야기인 줄 알고 집중해서 듣고 있었는데, 조연인 줄 알았던 친족 남성의 이야기가 비대해지더니 어느 순간 여성의 이야기는 온데간데없이 사라지고 이야기의 주인공이 남성으로 바뀌어 있는 경우도 허다했다.

어려움만 있었던 것은 아니다. 예상치 못한 기쁨도 있었다. 여성주의 렌즈를 통해 여성이라는 하위주체의 사유와 감각에 정동하여 세상과 접속하고, 그 과정에서 여태껏 비가시화되어 왔던 세계의 타자들과 조우한 것은 큰 기쁨이었다. 새로 만난 이들과 어떠한 관계를 맺을 것인지 사유하고 더불어 어떻게 하면 이들과 함께 세계의 부조리를 돌파해 나갈 수 있을지 상상하는 일은 그 자체로 혁명에 관한 충실한 사유였다.

'여성'은 관습화된 것을 낯설게 보게 하고 주의를 기울이지 않았던 곳으로 시선을 향하게 하는 방법론이다. 그러므로 여성을 사유의 주변이 아닌 중심으로 옮긴다는 발상은 도전적이지만 그만큼 가치 있는 과제이다. 그럼에도 불구하고 많은 경우 여성의 이야기는 일관된 논리와 체계를 갖추지 못했다는 평가를 받으면서 공적 지식장으로의 진입이 거절되어 왔다. 그렇다고 해서 좌절하지는 않는다. 여성들의 이야기는 여태껏 그러한 편견과 맞서 싸우면서 여기까지 온 것이므로.

희생자의 얼굴 너머: 4·3 다큐멘터리 영상과 재일제주인 여성 (허민석)

나는 왜 4·3에 관심을 가지게 되었는가. 나는 어떻게 4·3, 다큐멘터리, 재일제주인, 여성이라는 주제어로 이뤄진 글을 쓰게 되었는가. 필자는 서울에 살고, 부산이 고향이며, 영화를 즐겨 보지도, 일본어를 잘하지도 않는, 생물학적 남성인 한국문학 전공자다. 이렇게 쓰고 나니 내가 작성한 논문과 논문을 작성한 나 사이의 거리가 한없이 멀게 느껴진다. 실제로 개인적인 혹은 특별한 이유가 있어서 이 주제를 선택했던 것은 아니었다.

이 글의 시작은 '공간과 젠더'를 주제로 한 대학원 수업의 기말 과제였다. 그러므로 사실 4·3보다는 공간 이론에 대한 관심이 글을 쓰게 된 최초의 동기에 더 가깝다고 말할 수 있다. 공간 이론을 4·3 영상 분석에 바로 연결 짓다 보니, 졸고에는 4·3을 둘러싼 담론의 형성과 전개, 4·3의 문화적 기억 및 다큐멘터리 제작의 역사, 젠더와 공간 이미지의 분석 방법론 등 논의의 배경이나 맥락을 설명하는 부분이 많이 소략한 편이다. 이번에 원고를 수정하며 그런 부분을 최대한 보완해 보려고 했지만 역부족이었다.

여러모로 아쉽지만, 그럼에도 이 논문은 소중한 인연들을 선물해 준 글이기에 개인적으로 남다른 의미가 있다. 특히 제주대에서 열리는 〈4·3 연구〉라는 수업에 일일 손님으로 참여해 논문에 대한 여러 코멘트를 들을 수 있었던 경험은 잊지 못할 것 같다. 여러 선생님의 논평을 듣는 과정에서, 나는 4·3이라는 사건과 사건을 기억하는 우리 사이에 멀거나 가깝다는 말로는 다 표현하기 어려운 미세한 거리'들'이 존재한다는 사실을 알 수 있었다.

그날 수업에서 "제주 사는 저희도 4·3 잘 몰라요."라고 했던 한 선생님의 말씀이 이후 오랫동안 머릿속을 떠나지 않았다. 그 한마디가 '4·3을 안다는 것은 무엇인가?'라는 물음으로 다가왔다. 단지 4·3의 현장에 얼마나 가까이 있는가가 4·3에 대한 앎의 정도를 결정하지 않는다는 것, 더 중요한 것은 사건으로부터 우리가 취하는 미세한 거리들을 '바탕'으로 4·3에 대한 새로운 앎을 만들어 내는 데 있다고 이제는 생각한다.

'왜 4·3에 대한 글을 쓰게 되었는가.'를 설명하기란 여전히 내게는 어렵다. 오히려 이 글을 쓰고 난 후에야 나와 4·3 사이의 거리

혹은 관계가 조금 더 분명해진 것 같다. 이 글에서는 나와 4·3 사이에 가로 놓인 복잡한 관계망을 충분하게 구체적으로 설명하지 못했다. 후일 다른 글을 통해 그런 문제에 대해 좀 더 책임감 있게 해명하고 싶다.

증언-공백으로 읽기: 여성의 기억이 말해질 때의 침묵에 대하여 (송혜림)

나는 서귀포 정방동에서 태어났다. 귤나무가 듬성듬성 심어진 마당 있는 집에서 조금 걸어 나가면 칠십리 바다가 있었고, 그 바닷길을 따라 걷다 보면 정방폭포에 다다른다. 나의 유년기는 그 아름다운 풍경 안에서 흘러갔다. 고요히. 그러나 그 길 어디쯤에서 4·3의 집단 학살이 일어났다는 사실은 그 집을 떠난 한참 후에야 알았다. 발 딛고 있던 지면이 뒤흔들리는 느낌이었다. 익숙했던 산책길의 감촉이 별안간 달라졌다. 역사는 평평한 단면의 풍경 아래 층층이 쌓인 과거의 지층을 드러내 준다. 매끈하다고 생각했던 표면은 울퉁불퉁해지고, 여태껏 난 한 번도 그것에 대해 제대로 안적이 없었다는 부끄러움을 느끼게 한다. 그건 땅에 대해서도, 이야기에 대해서도, 사람에 대해서도 마찬가지이다.

직장을 다니다 뒤늦게 대학원에 들어갔을 때 제주의 역사로 몸을 향한 것은 그 부끄러움 때문이기도 했다. 4·3에 관한 문헌과 증언집을 읽으며 배워나가면서 종종 의아했다. 지면에 옮겨진 살아남은 자들의 말들은 어째서 명료하고 매끄러울까. 증언에서 이야기되는 피해나 목격의 순간은 참으로 참혹한데, 고통의 울퉁불퉁한 면들은 모두 어디로 간 걸까. 편집이라는 과정을 염두에 두더라도 살아있는 입말과 책으로 매개되는 문장 간의 간극은 깊어 보였다. 또한 수많은 증언 안에서 잘 보이지 않는 여성 증언자와 4·3의 피해가 아닌 4·3 이후의 삶 이야기. 아카이브에서는 찾기 어려웠던 다른 목소리를 듣기 위해 나는 고향 제주를 다시 찾았다. 그렇게 할머니를 만났고, 할머니들을 만났고, 투박한 사투리에 머리를 싸매며 이야기를 들었다. (제주 출신인데도 사투리를 못 한다며 된통 혼나기 일쑤였다.) 말해진 언어의 '공백'과 '바깥'을 읽는 작업은 그 경험과 기억, 그분들 삶의 보이지 않는 역사를 더듬는 일과 같았다.

내가 만난 증언들 중에서 양 할머니의 아카이브 증언을 다시 읽는 작업으로 2020년 석사논문을 썼다. 이 책에 실은 글은 논문의 주요 내용을 축약해 가져오되 지난 몇 년간 쌓은 새로운 배움과 시각으로 수정하고 보완했다. 학위논문의 형식에 맞추기 위해 덜어내야 했던 마음들을 여기에 더 보태기도 했다. 학술적인 연구 논문과 대중적인 에세이 사이에서 아슬아슬한 균형을 잡는 글을 쓰고 싶었지만, 그 어디에도 속하지 못하고 헤매는 글에 그친 것 같다.

이 글을 읽는 순간 모두가 덩달아 길을 잃을지도 모르겠지만 좌표도 알 수 없는 어딘가에서 누군가는 간직하고 싶은 무언가를 주워 올릴 수 있길 꿈꾸어 본다.

학살 이후의 친족지(親族誌): 친족지(親族知)의 생성과 실천
(고성만)

한 사람의 '희생자'가 탄생하기까지 중앙·지방 정부의 여러 영역에서 수년에 걸친 교차 검증이 이루어진다. 신고주의라는 제도적 특성 때문이겠지만, 그 바탕에는 무지한 신청자의 인정욕구라는 선입견 또한 짙게 깔려 있다. 편견은 그들을 구제하려는 선한 마음과 행동에도 반영되는데, 신청자가 작성한 '희생자 신고서'와 첨부 서류로 요구되는 '제적등본'을 대조하는 장면에서 두드러지게 나타난다.

두 자료 사이에는 정합성이 떨어지는 경우가 비일비재하고, 많은 경우 행정기관의 조사원은 신청자의 진술을 수용하여 공부상(公簿上) 또는 제적상(除籍上)의 기록이 실제의 사망 정보와 다른 이유를 시대 탓, 조상 탓, 착오 탓으로 하는 '사실조사 결과서'를 작성한다. 안타까운 처지의 신청자를 구제하려는 방편에서 구사되는 조사원의 질문과 그렇게 짜맞추어져 가는 상황에 합을 맞추는 신청자 간의 응답이 몇 차례 오가고 나면 '시대가 어수선해서', '경황이 없어서', '못 배워 무지해서', '당시 사정을 잘 아는 어머니가 돌아가셔서'와 같은 응변이 소구력을 갖는 서사로 재구조화된다.

과거를 현재화하는 과정에서 빚어지는 연극적 상황. 나의 관찰에서 '제적등본'은 '희생자' 신청과 검증을 둘러싸고 벌어지는 짧막한 단편극의 소품 같은 것이었다. 그런데 더 흥미로운 사실은 조사원이 돌아가고 난 뒤에 펼쳐진, 그들에게는 꺼내 보이지 않던 '족보'와 '묘비'라는 별도의 세계가 운용된다는 점이었다. 이 글에서 다룬 친족집단의 아카이브들은 '희생자'의 공적 승인을 둘러싸고 다양한 행위자들의 복잡미묘한 감정 동학이 작동되는 현장에서 접하게 된 자료였다.

이 탁월한 왼손-오른손의 정치를 서툰 문장으로나마 정리할 수 있게 된 것은 그로부터 10여 년이 지난 후, 교토에서의 박사과정 때였다. 2012년에 한국어로 번역된 『학살, 그 이후』(권헌익)에서 얻은 배움을 밑돌 삼아 이듬해 첫 투고부터 게재에 이르기까지 꼬박 2년이 걸려 논문을 일단락 지을 수 있었다. 나의 4·3 공부와 연구의 거의 모든 시간이 이 자료의 수집과 해석 곳곳에 있었음을 이번 작업을 통해 새삼 깨닫게 됐다.

10여 년 전에 발표한 글을 한국어로 고쳐 쓰게 된 배경에는 2021년에 4·3 특별법이 전부 개정된 이후에 확산되는 친족집단의 학살 이후에 대한 오독과 곡해가 있다. '뒤틀린', '왜곡된', '꼬여버린', '뒤엉킨' 등으로 규정되는 학살 이후의 가족·친족 관계를 현재적 관점에서 재배치하는 일이 '회복' 또는 '정상화'로 표현되고 '청산', '해결'의 우선 과제로 부상하면서 가계 기록에 대한 몰역사적 해석이 도처에서 이루어지는 상황에 비판적 개입이 필요했기 때문이다.

그럼에도 불구하고 이 글의 시야는 여전히 협소하고 분석 또한 서툴다. 학살 이후 제주 사람들이 구사해 온 궁리와 지혜에 대한 다각적인 접근을 개척하는 데 독자들의 조언을 청한다.

아버지의 기록, 딸의 기억: 4·3과 딸의 가족사
(김상애)

할머니. 어머니나 아버지의 어머니를 부르는 말이지만, 노년의 여성을 일반적으로 이르는 말이기도 하다. 현재를 살아가는 역사적 존재들, 그들 가운데 여성들은 할머니로 불리곤 한다. 몇몇 페미니스트 연구자들은 연구 대상을 '할머니'로 지칭하는 것을 꺼린다. '나이 듦', '무력함' 등의 상징성 때문이다. 반대로 '할머니'는 때로 긴 세월을 이겨낸 강인한 여성으로 표상되기도 한다. 특히 '제주 할망'이 그러하다.

내가 만난 여성들은 실제로 30대 초반인 나만한 손자, 손녀가 있는 '할머니'였다. 하지만 아버지와의 법적 가족관계 회복을 기다리는 딸이기도 했다. 이들 중 특히 고 할머니와 현 할머니는 2022년 여름 '가족관계 불일치' 실태조사의 조사원과 조사 대상자로서 처음 만났다. 이 관계에서 나는 그들을 할머니가 아니라, '선생님' 혹은 '어르신'이라고 불렀다. 할머니들은 나와 존댓말로 이야기했고, 미리 정해진 질문을 중심으로 이어간 대화는 15분을 채 넘기지 않았다.

조사원으로서의 내 임기는 석 달 남짓이었다. 임기가 끝난 뒤에도 이들과 종종 전화를 주고받았는데, 할머니들은 주로 내게 특별법 개정의 진행 경과를 물었다. 조사를 진행했던 때로부터 1년여가 지난 뒤 이들을 다시 만났다. 나는 할머니가 살아온 인생이 궁금하여 다시 찾아뵈었다고 말했다. 그들은 1년 전과는 비슷하지만 조금은 다르게 자신의 이야기를 꺼냈다. 이번에는 반말로 대화했고, 내게도 질문을 던졌다. 제주도 아이인지, 부모님은 무엇을 하는지, 결혼은 했는지 등을 묻고 답하며, 두 번째, 세 번째 만남이 이어졌다. 만남이 거듭되면서 할머니들의 가족관계를 증명할 무언가를 함께 애써 더듬어 보거나, 관련 서류 업무차 읍사무소에 동행하기도 했다. 일차적으로 나는 그들에게 가족관계 회복의 조력자였을 때지만, 잠시나마 편하게 묻고 의지할 수 있는 손녀가 될 수 있기를 나는 바랐다.

한편, 김 할머니는 내가 태어나기도 전에 이미 나의 부모, 조부모와 관계를 맺고 있던 이웃이었다. 그녀는 이미 형성된 관계 속에서 자신의 가족사에 대해 말해주었다. 할머니가 어떻게 살아왔는지 듣고자 한다고 하자, 자신은 아는 것이 없고 할 말이 없다고 했다. 내가 그녀에게서 듣고 싶었던 이야기는 딸로서 자신, 그리고 자신이 속한 가족에 대한 것이었고 이는 그녀만이 아는 내용이었지만, 할머니 본인은 그것을 공적으로 말해질 수 있는 것이라 여기지 않았던 것이다. 동시에 그녀가 내게 말한 내용은 이야기가 끝난 후에도 관계가 이어질 이웃에게 말할 수 있을 만큼의 제한적인 이야기였다. 할머니와 나의 관계는 이야기의 내용과 그 이야기가 말해지는 방식을 만들어 냈다고 할 수 있을 것이다.

'할머니'라는 단어로 노년 여성을 일반화하고 고정시킬 수 있다는 비판에도 불구하고, 그들을 '할머니'라고 지칭하기로 한 것은 '할머니'가 되어버린 딸들의 시간을 드러내고, 이들과의 관계에 나름의 책임을 갖기 위함이었다. 아버지가 사망한 이후 70여 년간 딸로 기록되지 못한 이 여성들은 어느새 할머니가 되었다. 나는 그녀들의 이야기를 듣고자 하는 다음 세대의 여성으로서 그들과 맺은 관계에 책임 있게 응답하는 연구자가 되고 싶다.

필자 소개

장은애

왜 4·3을 연구하냐는 질문을 많이 받는다. 그럴 때마다 왜 4·3을 공부하는 사람에게만 유독 이런 질문이 몰리는 걸까…? 하고 진지하게 고민한다. 여태껏 만족스러운 답을 찾지는 못했지만, 자이니치 소설가 김석범의 『화산도』로 석사논문을 집필하면서 인연을 맺은 4·3과의 첫 만남 이후 4·3은 내내 중요한 화두였다. 4·3에서 출발하여 여러 방향으로 사유를 확장해 나가는 가운데, 최근 관심을 두고 있는 주제는 자이니치, 페미니즘, 일본군 '위안부', 마이너리티 등이다. 현재는 박사 논문을 준비하고 있는데, 박사 논문에서는 4·3이 내포한 '혁명'에 관한 사유 및 실천을 구체화하려고 한다. 그리고 이를 위해 이론과 방법을 열심히 모색하는 중이다. 4·3을 공부하면서 세계가 비약적으로 확장되는 경험을 했다. 특히 제주, 일본, 서울 등 여러 장소에서 만난 멋진 동료들 덕분에 매번 나에게 주어진 한계를 넘어설 수 있었고, 그 점에 감사한다. 개인적인 바람은 이 멋진 동료들과 다정한 마음을 주고받으며 오래도록 함께 공부하는 것이다.

허민석

현재 대학원에서 한국현대소설과 비평을 전공하고 있다. 지금까지 한국문학-미디어사-문화적 기억이라는 세 키워드가 만나는 장면에 관심을 두고 공부해 왔다. 관련 주제로 「탈장소화되는 제주-4·3 다큐멘터리에서 재일제주인 여성의 재현을 중심으로」(2020), 「1980년대 텔레비주얼 쇼크와 공동체 감각의 변화-KBS 이산가족찾기(1983)에 대한 재현을 중심으로」(2020), 「1990년대 비남성 작가 SF 소설의 젠더 정치적 의미-송경아와 듀나(DJUNA)를 중심으로」(2020) 등의 논문을 작성했다. 4·3을 공부하게 된 후로 픽션으로는 미처 다 담아낼 수 없는 사람들의 서사와 목소리들이 존재하며, 또한 역설적으로 픽션을 통해서만 재현 가능해지는 비가시화된 역사적 이미지들이 존재한다는 사실을 실감하고 있다. 역사와 기억을 재현함에 있어 픽션이 지닌 한계와 역량에 대해 더 잘 설명하고 싶다는 욕심을 가지고 있으며, 앞으로는 문학 이론과 비평 개념의 역사를 충실하게 읽고 깊이 있게 공부해 나가고자 한다. 이와 관련해 식민지 말기와 해방기 조선의 문학장에 번역·수용된 문예이론을 주제로 한 논문을 구상하는 중이다.

송혜림

실패를 무릅쓰며 감행하는 용기 있는 증언에 귀 기울이고 있다. 한국 사회에서 주변화된 목소리를 젠더, 계급, 인종, 장애, 국가, 세대 등의 교차하는 축 속에서 두텁게 읽어 내려 한다. 특히 여성과 아동, 장애와 비인간의, 증언에서 밀려나는 서사들을 붙잡고 있다. 그리고 이들을 거부했던 증언의 한계 지어진 구획을 정동 연구로 돌파해 보고자 노력하고 있다. 근현대 한국사의 국가폭력 사건과 관련된 증언 연구에 집중하고 있으며, 피해자 증언을 둘러싸고 형성되는 국가와 법·제도, 문화적 재현과 대중의 정동을 비판적으로 사유한다. 논문으로는 「위증과 무고, 증언의 지형도 그리기」(2022), 「법은 국가폭력에 대한 사법정의를 구현할 수 있는가: 제주 4·3 재심청구 2차 재판을 중심으로」(2022) 등이 있다. 박사 논문에서는 한국 사회의 증언 담론이 형성된 궤적을 추적하고 그 안에서 증언이 처한 위험과 저항적 가능성을 동시에 보려고 한다. 희생자 인정과 배·보상과 관련한 사법 문제, 부상하는 치유 담론 안에서 여전히 답보 중인 훼손된 몸과 트라우마에 대한 사유, 포스트 메모리 구축을 위한 증언의 다양한 매개 방식에 내재한 한계 등을 꿰어나가고 있다. 무엇보다 이런 연구 속에서 개인의 총체적인 삶을 훼손하거나 배반하지 않는 증언의 듣기와 말하기를 꿈꾼다. 숲을 좋아하고 초록의 생명에서 힘을 얻는, 연세대 비교문학 협동과정 박사 과정생.

고성만

처음으로 '4·3'을 알게 된 건 1999년 4월 제주시내 운동장에서 치러진 위령제에서였다. 섬을 본뜬 타원형의 가설 제단 위에 마을별로 망자의 이름이 적힌 종이 위패가 빽빽이 붙여져 있었는데, 주위를 에워싼 사람들의 다양한 표정이 아직도 선명하다. 그때는 그것이 여러 세대가 지나도록 진정되기 어려운 비통함, 이제 막 수면 위로 분출되기 시작한 울분이었다는 점을 알지 못했다. 또 그때만 하더라도 '4·3'에 관한 조사와 수집, 공부와 연구가 당대에 매듭짓기 어려운 과업이 될 줄도 몰랐다. 4·3특별법 제정 직후의 많은 변화 속에 20대를 보냈지만, 연구자의 사회적 책무와 쓸모를 인식하게 된 건 법과 제도, 의제에서 제외된 혹은 어느 틈새에 끼어 있는 사람들을 만나면서부터였다. '후유장애인' 불인정자, '희생자' 제외 대상자…. 박사과정에서는 오키나와전, 대만2·28사건과의 비교연구를 통해 국가별, 지역별 특수성이 반영된 '희생자'와 제외자들을 만났고, 그 내용을 정리하여『'희생자'의 폴리틱스: 제주4·3/오키나와전/대만2·28 역사청산을 둘러싼 고뇌(〈犧牲者〉のポリティクス: 済州4·3/沖縄/台湾2·28 歴史清算をめぐる苦悩)』(2017)에 썼다. 각지에서 경험을 문장으로 정리하고 처지를 입증해야 하는 상황에 난처해하셨던 분들의 구술을 대필하며 '희생자'로 인정받기 위한 과정에서 함께 나눈 궁리의 시간을 어떻게 정리해야 할지 고민 중이다.

김상애

여성으로서 나와 나를 둘러싼 세계를 이해하고 설명하는 앎과 삶의 언어로 페미니즘을 접했고, 여성학 연구자가 되기로 했다. 동국대학교 철학과를 졸업하고, 제주도 개발 담론의 변화와 함께 재구성되는 마을, 가족 내 여성들의 성원권에 관한 연구로 이화여자대학교 여성학과에서 석사학위를 받았다. 현재는 제주대학교 사회학과 박사과정에 재학하며, 제주 여성들의 '딸됨'에 관한 연구를 진행 중이다. 주된 관심사는 상속 그리고 세대 간 관계의 젠더정치이며, 이는 내 삶의 관심 주제이기도 하다. 나고 자란 제주에서 공부하고 살면서 제주라는 지역과 제주의 가족이 물려준 유산을 어떻게 물려받을지를 고민한다. 함께 쓴 책으로『페미니즘 고전을 찾아서』,『N번방 이후, 교육을 말하다』,『출렁이는 시간[들]』이 있으며,『제4물결 페미니즘』을 함께 번역했다. 에코페미니즘 연구센터 달과나무의 연구위원으로 활동 중이며, 동시대 페미니스트 연구-활동가 동료들과 함께《페미니스트 연구 웹진 Fwd(https://fwdfeminist.com)》를 운영하고 있다.